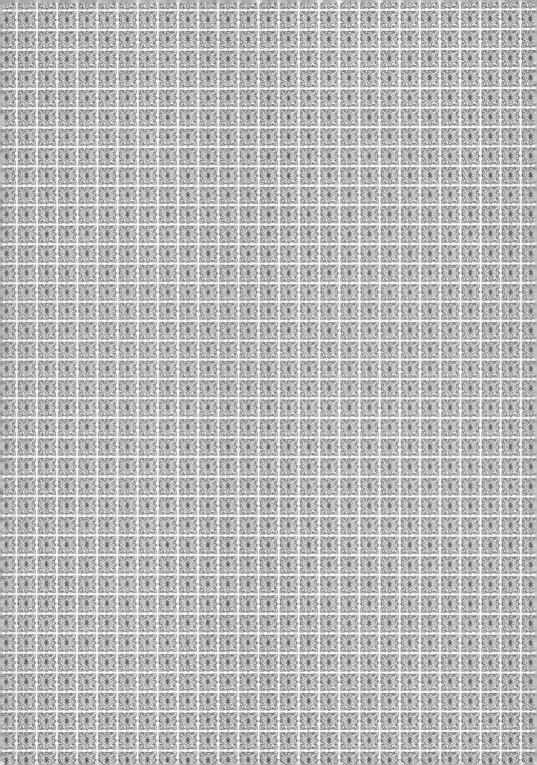

優婆塞戒經講記

——第二輯

平實導師 講述

ISBN 978-986-81358 3-3

目錄

自序

宣講菩薩戒的經典，有《梵網經、地持經、菩薩瓔珞本業經、優婆塞戒經》以及《瑜伽師地論》，此書所宣講之經典是其中一部經典，全名為《菩薩優婆塞戒經》。

此經專為在家菩薩宣示菩薩戒的精神，詳細的說明：在家菩薩修學佛法以布施為第一要務。佛陀如是開示之目的，實因佛菩提道之修證，必須先修集見道、修道、入地、成佛所必須具備之福德；若福德不具足者，即無可能進入大乘見道位中；欲求修道實證及成佛者，即無可能；是故菩薩以修施為首，次及持戒、安忍、精進、禪定，然後始能證悟而發起般若智慧，進入大乘見道位中。

非唯見道必須有福德為助，乃至見道後修學相見道位觀行所得之智慧，亦須具備福德作為進修之資糧；如是次第進修諸地，莫不如是；乃至即將成佛之前的等覺位中，尚須百劫專修布施，頭、目、腦、髓、舍宅、妻、子，無一不可布施，都無貪著；以如是百劫難施能施所得福德，方能成就佛地三十二大人相及無量隨形好，具足如是廣大福德之後始能成佛。由是緣故，　佛說菩薩六度乃至諸地所修十度波羅蜜，都以行施為首要。

然而布施與成就佛道之因果與關聯，屬於因果之了知，其中原理並非等覺菩薩所能全部了知，故說因果之深細廣大，唯佛與佛方能究竟了知。而菩薩盡未來際之修行，恆以施為上首，若不先行了知施因與未來受果之關聯者，即不能了知布施與異熟果報間之關係；若不知者，欲求諸菩薩盡未來際行施而成就佛果，殆無可能；由是緣故，佛為菩薩弟子四眾宣演此經，令得知悉行施與果報間之因果關係。於此部戒經中，佛為菩薩四眾細說「布施與菩薩世世不斷之可愛異熟果間之因果關係」，解說極為深入；若能了知其義者，即可不退於菩薩六度，是故選取此經而為菩薩四眾詳解之，欲助當代、後代菩薩四眾。

復次，此經亦詳說第一義諦之眞義，故於業行之說明中，宣示異作異受即是自作自受之眞義；如是正義，於一般經典中難得一見。若能確實了知其義，則於行施之際，既可不執著於未來世必將獲得之菩薩可愛異熟果報，亦可繼續行施，修集廣大福德，亦不致因此而壞世間法，導致家屬及世人之側目，令菩薩修施易得成功，道業因此而得助益；緣是，故選此經而爲衆人宣講，冀能助益菩薩四衆，同得見道而證菩提。

此外，初機學人樂種福田，然而大多不知福田與毒田差別所在；往往正當種福田時，所種卻是破壞正法之毒田。如是求福反成助惡之因由，端在不知三乘菩提差異所致，是故聞說深不可測之如來藏妙法時，即因名師誤導之故，即等視如來藏妙法同於外道神我，由是而極力護持否定如來藏之邪師，產生了力助破法者之愚行，以冀如來藏妙法消失不傳。由是緣故，欲藉此經中　佛所宣演三乘菩提異同所在之正法智慧力，令諸學人悉得了知眞實福田與假名福田——毒田——之差異所在，由是而令修學菩薩行者所作布施，悉皆正得廣大福德。今此戒經之中，對於三乘菩提之差異所在，有極爲詳盡之剖析；學人讀已，即能深入了知同異所在，以後修學佛道之時，庶幾有眼能判、功不唐捐。

又：戒爲修行之基本，未有不持清淨戒而能證得見道、修道功德者。此經中對於菩薩戒戒相施設之精神，以及戒之犯重與犯輕、性罪與戒持戒之精神者，即可把握持罪，都有極爲詳盡之開示；了知戒相及　佛設戒之精神者，即可把握持戒之精神，以戒法之智慧來持戒，不被戒相所繫縛而得身心自在、自不犯戒；如是生起戒體而自然不犯，庶能進道，是故選取此經而說之。

又如十善業道與十惡業道，其中之因緣果報正理，亦有詳細說明。並且特別說明：有人行於少施而得解脫分，有人行於大施而不得解脫分，悉皆各有其原因。若人能細讀此經，並且深解其義趣者，則求二乘解脫之道，輕易可得；然後進求大乘菩提，易得入道，未來成佛之道歷然於心，終無疑惑。如是眾理，於此戒經悉有開示。今將講記發行於世，願我佛門四眾弟子證解　佛旨，悉蒙法益。即以爲序。

菩薩戒子　**平實**　敬識

公元二〇〇五年中秋

【「善男子！夫菩提有四種子：一者不貪財物，二者不惜身命，三者修行忍辱，四者憐愍衆生。」】（上承第一輯〈解脫品〉第四未完部分）

講記 佛說，修學大乘菩提以四種法作基礎，要依這四種法爲基礎，才能成就大乘菩提：第一要不貪財物，如果來到同修會學法，還想從同修會裏面得到世間法中的利益，那叫做貪財利。有沒有這種人呢？會有人這麼笨嗎？來到這裡本來就是要學了義法的，還在同修會中貪什麼財利呢？但就是有！從我們出來弘法以來一直都有：在沒有得到法以前都不會起這種心，得法以後則有些人會開始生起這種心。正因爲這個緣故，所以我們禪三道場一直在換地方——現在還要再換——這一次禪三共修還要再換另一個地方舉辦。爲什麼呢？因爲有人貪財物、另外有人起了私心，配合起來而讓我們無法再借用同一個地方了；但是這種作法都會障礙他們自己的菩薩道，當他們的私心被檢舉了以後，就不得不

（大眾回答：沒有！）很多人說沒有，想想應該是沒有吧！不可能有嘛！

離開同修會了！所以修大乘法、行菩薩道，第一個條件是不貪財物。

第二是要不惜生命，如果害怕喪身捨命，就成不了大功德、大福德；外道都能不惜身命的護教，我們會中有些修行大乘菩提而號稱爲菩薩的人，竟然怕死怕得要命，不讓我摧邪顯正，那她（他）們就沒有資格修大乘菩提。你們想想：德蕾莎修女，幾十年前大家都以爲痲瘋病會傳染，她一個小女子卻敢去，這是何等大的慈悲心！眞是不惜身命。菩薩們則要在護持正法上面不惜身命，人家打仗時你去不惜身命，那倒用不著，因爲這是世間人該做的事，不是你菩薩該做的事；要把自己的身分定位好，你現在不是世間人，非人、非天而不是人；既然不是人，你去做人類所造的惡事幹什麼？所以你應該在菩薩所應該做的事上面來不惜身命，那就是護持正法。菩薩如果在護持正法上面凡事都瞻前顧後，一直怕傷害到自己，那我告訴你：這不是菩薩！菩薩要怎麼當呢？要像我同修那樣，她有時對人家講：「**他**（編案：指平實老師）**如果被破法者殺了，那也好啦！早點去極樂世界，也就用不著這麼辛苦了！**」爲了護持正法而不得不做，如果早點被殺了就早點去極樂世界，不必在這邊一直辛苦爲眾生做事還要被罵；而且去那邊混個八地回來也比較快——有道種智做基礎的人要得到八地無生法忍確實比較快呀！她從來沒想過說：「你不要再做摧邪顯正的事了，萬一哪一天被破法者假藉護法的名義把你幹掉了，那我怎麼辦？不要做了！」她不曾講這個話，她有心理準備！我也不曾畏懼過，所以仍然繼續奮力救護被誤導的眾生們，雖然他們常常誤會我的善心，誤以為我是在破壞正法而常常上網辱罵我，我仍然是這樣繼續往前做下去。

菩薩就該這樣，修行才會快；真的想要護法的話，得要不惜身命，得要把身命看開了！為了正法的永續流傳，該做的事情就得趕快做！要不然捨報後，怎麼面見 世尊的接引？要怎麼見 世尊？我就是不想再被責備一次，過去世被責備過一次，今世不想再被責備，所以該做的就去做；為了護持正法，不要去賣人情；要去觀察 世尊的法如何能繼續地、永續不斷地弘傳，不要被外道法來取代了，這才重要。個人的生死，那是小事啦！而且我們個個都是不死金剛，殺掉了還會有下一輩子再來護法，他們總是殺不完的，對不對？（大眾回答：對！）既然是這樣子，那又怕什麼？被殺掉了以後，搞不好還像經裏面講的往生到某佛世界裏去，還當第一把交椅呢！所以大家要不惜身命的護法，這是成就佛菩提果的另一個基礎。

第三要能修行忍辱，不要因爲度眾生時，常常遭遇眾生反咬一口、欺師滅祖等等惡行，你就灰心了：「算了！不度眾生了。」就抽腳不管了！那你就不對了！這就是不能修忍，眾生怎麼樣辱罵你都沒關係，忘恩負義也沒關係，又不是每一個人都對你忘恩負義，對不對？那只是少數人心行不佳，但是還有多數人感恩戴德，你怎能抽腳不管呢？還是應該照顧多數人，應該修行忍辱。假使不能修行忍辱的話，很快就會退轉於菩薩行了：「唉呀！這些眾生眞難度，我不要度眾生了，我要去極樂世界享清福了。」那麼請問：大家都去，這邊由誰來住持佛法？是不是讓那些披著佛法外衣的外道法來住持娑婆世界的佛法？

第四個要有憐愍眾生之心，看見眾生被誤導，當許多人把破法當做是護法時，你應該要憐愍他們。他們每天很精進的在破法，還以爲是在護法，其實是破法破得很「精進」，不是嗎？你們把有線電視台打開來，看看那些宗教台，一天到晚在講印順法師的成佛之道、印順導師的思想……等等，都是很「精進」的在破法——以外道斷見法披著佛法外衣在破法——可是他們都認為自己是在護法、弘法。那你看到這麼愚痴的人，你知道他們實際是在破法而自己不知道，難道不應該點醒他們嗎？所以你應該要有憐愍心，不但憐愍破法的人，也要憐愍被他們誤導的眾生；因為菩薩從大悲中生，你如果沒有大悲心就無法忍辱負重，那你就稱不上是菩薩了！明明看見這麼多眾生被誤導，你說：「死掉的又不是我兒子。」這樣不行！這是沒有慈悲心，不能憐憫眾生。既然 佛說這四點是成佛的基礎，我們當然得要切實遵守。

【「善男子！增長如是菩提種子，復有五事：一者於己身中不生輕想，言我不能得阿耨多羅三藐三菩提；二者自身受苦，心不厭悔；三者勤行精進，不休不息；四者救濟眾生無量苦惱，五者常讚三寶微妙功德；有智之人修菩提時，常當修集如是五事，增長熾然菩提種子。」】

詳解 想要增長佛菩提種子，還有五件事要注意：第一是對自己這一世，不要生自輕之想，不可妄自菲薄。一般人大多是妄自菲薄，聽到有人推薦：「去正覺同修會共修可以開悟！」他就說：「哎呀！我算老幾！我哪有可能開悟！你別高抬我了。」於自身生輕想。乃至終於有機會進來了、明心了，但是悟得太容易了；因爲是第三天、第四天參不出來，我爲你明講而知道的；可是明講了，結果後來統統死掉了！因爲他們想：「開悟是多麼困難的事，想古時多少祖師們千里走作，參訪大禪師，穿壞了多少草鞋，喝掉多少漿水錢，求個悟字還是了不可得，最後悒鬱而終；我來同修會二、三年就開悟了，哪有可能？這一定是假的！我有什麼福報可以這麼快就開悟？」他心中不信，就先私下自我否定了；所以後來就相信凡夫大師或退轉者的否定，不信正法而相信否定的說法，就退轉了！這就是「於己身中生起輕想」。這種過失，不但一般學人常有，大師們也同樣會有這種過失，因爲他們以前常這樣說：「開悟的事，沒有十來年、三十年，絕對不可能啦！」意思是蕭平實才學佛多久、參禪多久就悟了，一定有問題。一般人不知究裡，聽了就信：「既然這樣，我就跟著我師父努力三十年，那時再看能不能開悟吧！」就被誤導而成爲「於己身中生於輕想」的人。

第二、要注意的是：自身受苦時，不管怎樣的苦惱，心中都不要厭惡佛菩提道，也都不會後悔走上這條路。我想：一定有人後悔走上佛法這條路，並且是大多數人都曾經後悔過。但是我也想：「大多數的人都想過：『我若不走這條路，無量劫以後還是得要走這條路。』」總不能一直流浪生死，最後總有一個終結生死的時刻吧！可是要如何終結呢？結果還是得要走這條路，沒有其他的路可走，除非願意繼續流浪於生死痛苦中。這條成佛之路，苦確實是苦、悶確實是悶，有時也很氣：「怎麼參禪都沒辦法悟，怎麼修都沒辦法證。」很氣自己！可是最後還是得要走參禪求悟這條路！悟後還是得要走成佛之路！因爲解脫生死、親證實相是最後也是最究竟的路。成佛是一切眾生最終之路，所以修學佛道的過程中，雖然也曾後悔走上佛菩提之路，可是最後還是要走回這條難行之路來。菩薩正是如此，自身受種種苦，心中卻不厭惡佛菩提道，最後一定不後悔走上這條路。

第三點就是要勤行精進、不休不息。勤就是很勤快，努力去修行，很精進而不停息。如果一天捕魚三天曬網，那你的收成還能好嗎？所以應當要努力勤行精進。若不勤行精進，進步就很慢。所以有些人明心後，對於見性好像不太努力，心裏總是想：「我能明心就夠幸運了啦，見性這一關比起明心來，可不是加倍難，而是十倍難。」因此就不精進了。所以我們得要先針對一些幹部們，以及未來在弘法上能做事的同修們，先把他們找來注射強心針，讓他們生起信心，爲他們尋找見性的因緣；然後再來找一般的學員，在各梯次的禪三之中慢慢來找。因爲這個見性確實很難，大家也都知道，所以有時候還是得要爲你們鼓勵一下。可是鼓勵完了你就可以見性嗎？不行的！你還得要有應該有的條件。《大般涅槃經》說的三個條件：慧力、定力、福德都要很好。若缺其一，我縱使幫了忙，也只能使你成爲解悟佛性而不能眼見，這一世想要再眼見佛性，機會可就微乎其微了！所以說，在這佛菩提道上面，你如果不夠勤行精進，成佛過程就會很慢； 釋迦牟尼佛發心比 彌勒菩薩晚，結果卻先成佛了！精進就是有這個好處，所以修學佛菩提也一樣要精進勤行。

第四個要注意的：要願意努力救濟眾生的無量苦惱，才能增長無量菩提種子，早日成佛。苦惱不是指世間法中的苦惱——譬如缺乏生活所需的財物——而是指粗重煩惱。佛法上講煩惱有二種：一是微細煩惱，一是粗重煩惱。微細煩惱是講煩惱障所攝的習氣種子，以及所知障所攝過恆河沙數的上煩惱，也就是無始無明的一切隨眠，這就是細煩惱。至於粗而重的煩惱，是講煩惱障的分段生死的種子——就是見惑與思惑——別讓它們現前，要把它們斷除；這些煩惱很粗而容易發覺到，也很重而難斷，所以眾生們都斷不了。分段生死種子不現行了，就是斷粗重煩惱了！斷粗重煩惱是只斷現行而成爲阿羅漢，但不必斷除習氣種子等細煩惱。這是說，粗重煩惱是有量的——三縛結是有量的；接下來的五下分結、五上分結也都是有量的，都是可以數說計算清楚的。可是煩惱障所攝的習氣種子卻是無量的，所知障所攝的上煩惱——也就是是無始無明隨眠——也是無量的。你如果想修成佛果，不但要斷除粗重煩惱現行，這部分的微細煩惱也必須斷除；而且還要幫眾生斷除無量的煩惱。

如果只是幫助眾生斷除粗重煩惱，我一、二年就可以講完了，因爲解脫道只是斷粗重煩惱的現行，不必斷習氣種子，那我不必這麼辛苦，不停地一年一年講下去，又一本一本的寫下去。解脫道容易講，如果只是斷眾生有量的粗重煩惱，我可以安排時間到全世界去旅行演講，講的都是一樣的法，就不必辛苦的窩在台灣一直講不同而且又有深淺差別的法義。這就好像是阿含道，在四大部阿含中，這部經講這個法，那部經也講這個法，下一部經還是講這個法，因爲同樣都是解脫道啊！阿含四大部，分在很多個地方講，都結集起來就成爲好多部經，但同樣是講解脫道的斷我見與斷我執。大乘菩提卻不行，大乘菩提的弘揚，每到一個地方都要講不同的法義；所以你們去讀四阿含時，會發覺同一個法在不同的很多經典中重複的講；可是你們去讀大乘經典，每一部都各有不同處，所斷與所證互有差別，這是因爲眾生的無始無明煩惱無量而不可數，也是爲了救濟眾生這種無量苦惱，所以 佛才要這麼辛苦去講，每到一個地方講出一部大乘經，卻都不一樣，沒有雷同的；不像四阿含很多經都是雷同的，都同樣是解脫分段生死之道，所以解脫道所斷的煩惱是有量而不是無量的。

所以，救濟眾生的無量苦惱是菩薩要做的事；這樣看來，菩薩確實不好當。阿羅漢很容易當，因爲講的法都是解脫道的法義，永遠是在見思惑上面來講，所以都不必預先準備，你問什麼我就講什麼。可是菩薩得要自己一直不斷的進步，要有很多法義可以繼續講不完；如果三年、五年就講完了，或是三、五年都講同樣的法義，沒有更深入、更進一步的法義，這個人一定不可能是大菩薩。當你想要救濟眾生無量苦惱時，你就得要自己不斷地進步。你說：「**我又進不了步，那我要怎麼救濟眾生的無量苦惱？**」當證悟的佛子們需要進步時，你就得要在前面進步；假使你確實是正法的領航人，而你卻又做不到，（導師隨即指著身後的佛像）祂老人家就會幫你，你不必操這個心，你只管發大願而且確實去做就行了！因爲你在努力弘揚　佛的正法，努力在傳承　佛的家業，你完全沒有私心的做，　祂老人家當然會幫你，不然要幫誰呢？譬如《大智度論》卷四說：「**釋迦菩薩饒益眾生心多，自爲身少故；彌勒菩薩多爲己身，少爲眾生故……**」因此　釋迦菩薩反而先成佛，所以你只管發願去爲眾生斷無量的苦惱，而且努力去做就行了！這是第四件事。

第五件事，要常常讚歎三寶的微妙功德，才能不斷的增長佛菩提種子。佛有什麼樣的功德呢？請問：我們一天到晚講經，講的都是誰的功德呢？（大眾回答：佛的功德！）是　佛的功德呀！說的也都是法寶呀！第三寶是勝義僧，我們常常說勝義僧不是人，因爲既不是天、也不是人，方便說爲義天——第一義天，這樣稱呼也是在讚歎僧寶。即使是凡夫僧，我也常常讚歎，你們看我幾年來一直在讚歎星雲法師、證嚴法師接引初機學人有大功德，都是一直讚歎的；可是這二年爲什麼針對他們而作法義辨正了？都只是對他們的作爲加以回應，因爲他們私下誣罵我們是邪魔外道、法義有毒。可是這樣一來，就變成三乘經典都有毒了！變成《乾隆藏、大正藏》中的了義經都有毒了！這還得了！所以，一切凡夫僧我都讚歎，就是有一種僧不讚歎——謗法之僧我不讚歎——不但不讚歎，還要破斥他。凡是三寶，不管是凡夫僧、勝義僧，只要不謗正法、不披著佛法外衣而破壞正法的，我們都讚歎，這是我們一向的立場，這就是讚歎三寶的微妙功德。

但是也必須讓眾生知道：佛是法主、法根、法本、法依，我們必須完全依　佛所說經典的法義來修證；佛所說的法寶能讓我們出離生死，也能讓我們成就究竟的佛果，但是單靠自己能不能修成？（大眾回答：不能！）不行的！得要依一切僧寶來修：福德少的人，就跟一般的凡夫僧寶學習，這也是很好的。如果過去世有大福德，你就跟著大乘勝義僧學法，這都要看各人往世今生的因緣來決定。因此，一切僧寶我都讚歎，只有破法的法師們我不加以讚歎，因為他們不屬於僧寶：當他們誹謗正法時，出家戒及菩薩戒的戒體就已經同時壞失了，當然已經不在僧數中，不再是僧寶了。但是不壞正法的凡夫僧、勝義僧，都屬於僧寶所攝，都能多分、少分幫助學人修學佛法；在 佛陀入滅後，一切人學法，都應依止凡夫僧或勝義僧，才能在佛法中有所學習或親證，所以我們要讚歎三寶的微妙功德。真正有智慧的人，當他修學佛菩提，想要增長他菩提種子時，應該常常這樣修習這五件事，因為這五件事情可以使他的菩提種子光明日增，也能日漸增長。

【「復有六事：所謂檀波羅蜜乃至般若波羅蜜。是六種事，因一事增，謂不放逸；菩薩放逸，不能增長如是六事；若不放逸，則能增長。」】

詳解 還有六件事，能增長菩提種子：依六度而修。不能只修一度、二度或三度，應該六度皆修。只修一度，是指什麼人呢？（大眾回答：慈濟！）是慈濟人嘛！你們都知道。就像證嚴法師的《心靈十境》書中寫的一樣。有人評論她：「慈濟人修福而不修慧，就像是只有一隻翅膀的鳥。」能不能飛呢？當然不能！她還不相信人家對她的評論，心中不服，就在有線電視宗教台上說出來，公開表示不服。可是今天我們看她所講的東西，她說初地菩薩乃至十地的證量，都不必先親證如來藏——都不必先明心——不必發起般若智慧然後進修才入諸地。那她的十地是什麼地呢？當然都是凡夫的十地了！她光教人修布施行，就想進入十地境界；但是今天被人檢驗以後，證明都只是凡夫妄想的十地境界，連大乘的見道都沒有，乃至連二乘解脫道的見道都沒有，因為她至今仍然未斷身見、未斷三縛結。所以不能像她一樣光修布施波羅蜜——而且她的布施也都沒有波羅蜜——只有布施而無波羅蜜，這在後面經文中，佛將會為我們解釋。聽了我這句話而不服氣的人，等到後面 佛開示出來時，自然就會知道我說的都有根據，一點都沒有冤枉她！所以我們不但要修檀波羅蜜，乃至般若等其餘五度都得修，不可省略掉中間的持戒、忍辱、精進、禪定等波羅蜜。

這六件修行法事都不能偏廢，所以每一度都要照顧到。來到我們這兒，親教師們依照教材來教導，你一一熏習而且如實去做，就不會有所偏廢，都會具足六度。如果親教師講的法義，你都當作馬耳東風，那你可能只有修般若一度，將會欠缺見道的資糧，專修般若一度就修不成了！縱使你是天縱英資而參得密意了，但是最後還是會退轉。假使前五度同時努力去修，般若實相智慧證得以後就不會退轉，因爲前五度是最後般若度的親證資糧；所以不能偏修一法，否則六度就不具足。菩薩六度是互相含攝的，所以我們禪淨雙修班的親教師們都會具足的教授六度。可是六度的修行不該懈怠，所以要加上不放逸；正因爲不放逸，六度波羅蜜才有可能修行成功，最後才能成就佛道，所以說：不放逸的修行才能成就六度波羅蜜。

【「善男子！菩薩求於菩提之時，復有四事：一者親近善友，二者

心堅難壞，三者能行難行，四者憐愍眾生。復有四事：一者見他得利心生歡喜，二者常樂稱讚他人功德，三者常樂修集六念處法，四者勤說生死所有過咎。善男子！若有說言：離是八法得菩提者，無有是處。」】

講記 菩薩修習成佛之道時要做到這四件事，但是仍然不能離開前段經文說的六度波羅蜜。這四件事，第一是親近善友；惡知識一定會裝成善知識的樣子告訴你：「哎！修行不必那麼辛苦啦！想要破參而發起般若智慧，也不必那麼辛苦啦！來我這兒共修，我直接為你明講就可以了！不必那麼辛苦的參禪啦！」可是這種人不是真正的善友，因為這是我以前走過的有過失的路；我們十年來經過一批、二批退轉者的事實經歷以後發覺：為參禪者明講證悟的密意，表面看來是在幫助人，其實卻是在害人。

看看以前我為他們明講的結果，那些人幾乎退失殆盡了！那時的禪三期間都是明講的，而且最早期的共修並沒有辦禪三，而是在共修時大家正在禮佛做無相念佛的功夫，我就一個一個叫過來小參，覺得慧力還可以的人，就把他們逼出來；就這樣子，有人來共修三個月就知道如來藏的所在了，可是那些人現在還在不在呢？都不在會中了，都退轉了！所以明講般若密意的人都是在陷害人！因爲會使得聽聞密意者的智慧不能發起，也很容易被人恐嚇而退轉！得要自參自悟，智慧才能發起。如果有人告訴你：「來！來！來！我爲你明講。」那人就是惡知識，因爲他會害你智慧不能發起。這是我度眾十餘年所親身經歷過的，眞是很慘痛的教訓：害了許多人退轉！所以我現在禪三時機鋒很少，只做普說開示和小參，爲的就是希望大家悟了以後都不會退轉；因爲退轉了就會謗法，成就惡業！這樣嚴格的禪三，本來是好心，但近來卻有人沒智慧的抱怨：「哼！我去參加了禪三，蕭平實也不幫我明心。」就跟著惡知識走了！惡知識想要吸引人們過去，就用明講的手段來吸引人，眼光短淺的愚痴人就跟過去了。

這種人都是愚痴人，我是在保護他們，恐怕明講之後會害了他們；他們卻說我偏心，說我不願幫助他們。可是，我的心臟本來就是偏在左邊的啊！必須觀察大家證悟的因緣夠不夠而偏心做了取捨，這才是正常的啊！假使觀察他們證悟的緣還沒有到來，把他們勉強弄出來的結果其實是害他們，那就得把心偏一下，這才是正常的作法啊！當年 佛陀在世時，也不是讓所有的弟子都開悟的，大部分弟子，包括大阿羅漢都沒有悟入般若，證悟者仍然是少數。所以緣未熟的人最好還是緩一緩，等到緣熟了再悟入，對他才是最好的。所以親近善友很重要，善友會保護你，悟緣未熟時不會提早助你證悟，總是會留到最好時機而使你水到渠成，就不會有退轉及謗法的事。因此，菩薩道的修行，第一件事要親近善友；因爲善友會觀察因緣而保護你的道業修行，不讓你出差錯。親近善友的目的在哪裏？當然是要得正法。但是親近惡友所得到的往往是頭上安頭的妄想法，不但不是表相的正法，而且是破壞正法的邪法！所以學佛過程中最重要的一件事，就是要親近善友！如果親近的是表相的善友，骨子裡卻是在誤導大家的，受學後所得到的將會是走錯路的法門，接下去的一切佛法修證，就都將不能成就了。

第二、要心堅難壞。心堅難壞，是對所修學的佛菩提道能堅持到底，永不退轉。但是學佛法不可專在表相字義上來看，要從實質來看。很多人本來在佛法中走得好好的，後來被誤導就走到自續派中觀或應成派中觀去了！當然他們也是堅持不退的在繼續學法，表面上看來也是心堅難壞；但其實那不是眞正的心堅難壞，因爲那些都不是眞正的佛法，所以他們繼續堅持修學的結果，是走入常見或斷見外道法中，其實是退失於佛菩提的。又譬如說，證得阿賴耶識之後又否定祂，說祂不是如來藏，想要另外去找一個如來藏，卻誤將離念靈知心認作是眞正的如來藏，其實是落入意識我見中而說那是更究竟的法；表面上看來還是在佛法中，似乎是心堅難壞，但其實是退轉了。所以，是否是眞的心堅難壞，要從事實上、實質上來觀察，而不是從表相上來看。親近惡友的結果，表面上看來也是心堅難壞，其實骨子裡早已壞了：把正法否定時就沒有心堅難壞可說了。

親近善友也有這個好處：善友的攝受，能使我們在修學佛菩提時，最難行的也都能行。佛法中最難行的有二方面：一方面是在事相上面：修集福德是永無止盡的，能確實遵行也就是難行能行；修集忍辱也是難行能行，這都是事相的忍；但眞正難行能行的是法忍，法忍是在本來無生的法上能安忍，能安忍於正法才是眞正的能行難行。也許有人以爲正法沒什麼難忍的，可是從本會前後三批退轉於正法的人來看，想要確實安住於正法中確實是不容易的：悟得太輕易時往往會生疑，不相信阿賴耶識心體就是如來藏，最近退失的一批人不就是如此嗎？（編案：指 2003 年初否定阿賴耶識心體而想另尋如來藏的楊榮燦先生……等人）所以心堅難壞這件事，得要在親近善友的前提下，才有辦法做得到。

第四是要憐愍眾生。憐愍眾生的目的，其實就是攝取未來無量世以後成佛時的淨土。想要眞正的憐愍眾生，你得要有種種方便來攝受眾生；若無方便攝受眾生，就無法成就淨土。就像阿彌陀佛成就極樂世界的純淨淨土，也是從憐愍眾生而得的。又像釋迦牟尼佛有四種淨土來攝受眾生，這也是從憐愍眾生而成就的，所以憐愍眾生就是攝取淨土的基礎。這四件事是菩薩在修學佛菩提的過程中所應注意的事情，因爲佛國淨土的成就，要靠自身及所度眾生的如來藏來共同變現，不是單靠將來成佛時你自己的如來藏單獨變現的。

還有四件事情：第一、看見他人得到利益時應該心生歡喜，修學菩薩行一定要除掉慳貪、嫉妒的惡種。慳貪，在世間法上慳貪是不對的；

但在出世間的淨法上，可以貪卻不能慳。可以貪是說：於一切善法都要努力修集，愈多愈好，叫作法門無量誓願學，這是善法貪，善法貪是不應該斷除的。因爲菩薩若不貪善法，就不能成佛，所以善法欲不可斷，因爲法門眞的是無盡。人家說學無止盡，出世間法上更是學無止盡，往往有人這麼想：「大概學到這裡就差不多了吧？」其實不然！一直繼續努力修下去以後，才會發覺說，法門眞的是無量無數，永遠都修學不盡。所以，在佛菩提道的修學過程中，看別人得到法益時，我們應該要歡喜、隨喜。隨喜時也同時會有一分功德嘛！當別人證了某一個法，我們現在雖然不能證，但因爲隨喜的關係，一、二十年後或未來世中就能證得。如果心中產生了嫉妒之心，那就會遮障自己將來親證的機會。因爲佛菩提道特別不同於解脫道，只有心裡愈清淨了，才愈能有更進一步的法讓你去親證。所以一定要把自己的嫉妒之心丟掉。如果不能做到，會自己障礙自己的道。所以看見別人得到法利時，應該要心生歡喜。

第二、要常常樂於稱讚別人的功德：當別人在法上或福德上有所增進時，要常常樂於稱讚；不管是誰證法了，我們都要樂於讚歎。乃至對於凡夫菩薩接引初機的功德也是要讚歎的，但是有一個例外：若有凡夫菩薩破壞正法，那就不讚歎了！不但不讚歎，還要破斥他；若不破壞正法，就一律隨喜讚歎。這是常樂於讚歎他人的功德，能使自己出生善法。

第三、要常常樂於修集六念處法。六念處講的是憶念三寶的功德，所謂念佛、念法、念僧，再加上念施、念戒、念天。憶念三寶的功德，大概諸位都可以明白；但為什麼要念施、念戒、念天呢？就是要常常憶念布施的功德，以目前的知見來講，布施的功德可能諸位還不很深入理解，等到本經聽完後才能深入理解。念戒是要憶念戒律，常常念戒可以使我們心生善法；常常持守善法戒，會使我們於戒不會違犯；於戒不違犯的關係，就不會有犯戒的重罪發生，至少在十重戒上一定不會違犯。不違犯十重戒，在佛法的修行上就能迅速的進步，因此要念戒。還要念天，為什麼要念天呢？是說菩薩生生世世都應該有能生天界的異熟業，但是心裡不去執著——死後不生天界。我們菩薩行者要有天人所應具有的一切福德，但不求生天受報，迴向往生人間，繼續修學菩薩的道業。這六念修集的結果，會使我們生生世世都有菩薩該有的可愛異熟果；眾生得不到的可愛異熟果，菩薩能得，就是靠這六念來增長的。

第四件要注意的，是勤說生死往來中的所有過咎：要常常為眾生解說生死流轉當中會有種種過失、災患。這要常常為眾生來宣講，所以說要「勤說」。不是一次二次就算了，而是要常常為眾生來解說，這有二個用意：一個是常常為眾生說明時，眾生會常常警覺，而願意思惟在生死中流轉的過失以及災患。二是在為眾生宣說時，若自己還沒離開生死煩惱的過患，在為眾生宣說時，也會使自己更深入的體會，也會生起慚愧心；有慚有愧是善法，會使自己漸漸的次第斷除煩惱障的種子。前四種事加以這四種事，總共有八種，都是一個修學佛法的人所應注意的。然後 佛作了一個結論說：離開這八件事情而不願做到，卻希望親證佛菩提，沒有這個道理。所以親證佛菩提是從明心開始的，但是從初住位尚未明心而開始正式學佛時，就得要注意這八點；這八點沒有具足去修學熏習的話，想求明心見性，那是沒有道理的。

【「善男子！若有菩薩初發無上菩提心時，即得名為無上福田。如

是菩薩出勝一切世間之事及諸眾生。善男子！雖有人言『無量世界有無量佛』，然此佛道甚為難得，何以故？世界無邊，眾生亦爾；眾生無邊，佛亦如是。假使佛道當易得者，一佛世尊則應化度一切眾生；若爾者，世界眾生則為有邊。善男子！佛出世時，能度九萬九那由他人；聲聞弟子，度一那由他，而諸眾生猶不可盡，故名無邊。是故我於聲聞經說：無十方佛。所以者何？恐諸眾生輕佛道故。諸佛聖道非世所攝，是故如來說無虛妄。如來世尊無有妒心，以難得故，說無十方諸佛世尊。】

講記 佛說：「善男子！如果有菩薩初次發起菩提心時，他就可以稱為無上福田了。」假使有阿羅漢座下的某一弟子眞實發起無上菩提心時，阿羅漢還得要恭敬這一位弟子；因為佛道眞的很難成就，而他的弟子竟敢發起無上菩提之心，當知這個弟子是個大心的人，是菩薩種性，應該說他是無上福田。為什麼是無上福田呢？因為菩薩的種性出勝於——超出而且勝過——一切世間之事，也勝過所有一切三界眾生。

佛又說：雖然有人說無量的世界中有無量的佛，因為每一世界都有一佛住持，所以無量世界就會有無量佛。雖然是有無量佛，但是佛道卻是非常的難得。爲什麼難得呢？因爲世界無量無邊，所以眾生當然更是無量無邊；眾生無量無邊，所以諸佛也是無量無邊。但是如果因此而說佛道易得，那麼，應該說一佛世尊就可以度化一切的眾生了；如果成佛之道只在一生中就可以完成，那麼 釋迦牟尼佛二千五百年前來到人間時就可以把眾生都度盡、都成佛了，因爲悟了就是成佛了！可是我們之中也有人是在佛世就曾經悟過了，爲什麼還有這麼多人仍然在此學佛而尚未成佛呢？爲什麼還有那麼多眾生連「佛」之一字都不喜聞呢？所以不應說佛道易得。有時 佛陀會說：「佛道易不難得。」那是爲了鼓舞聲聞弟子們，叫他們不要畏懼退卻，希望他們能夠迴小向大。他們往往因爲聽說佛道很難得，心裡就害怕了；所以很多佛弟子成爲阿羅漢以後都不願意再來人間，決定要入無餘涅槃，成爲決定性的聲聞人。他們因爲聽 佛說道：「成佛之道要經歷三大無量數劫。」聽了這一句話，腳底就涼了，所以不敢修學佛菩提道了。又聽說即使現在已是阿羅漢了，除非已得三明六通，否則迴心再來時都還不離胎昧，來世將會忘失此世所證的解脫果，那該怎麼辦？所以慧解脫的阿羅漢們都不敢發願再來，恐怕自己退失二乘菩提，又怕下一輩子遇不到眞正的善知識，心中沒有把握，所以捨報時一定要入涅槃。

未離胎昧而生生世世來人間修學正法，這得要碰運氣；運氣好就會遇到善知識，運氣不好而沒遇到善知識，那又一直流轉下去了。二乘人因爲懼怕來世忘失菩提，他就一定要入無餘涅槃，不肯迴小向大來修菩薩行；所以他們聽說成佛要三大無量數劫，就不敢發心而退失於佛菩提道了。他們心中寧可只保住這一世阿羅漢的慧果就好了，所以捨報就入無餘涅槃了。爲鼓勵這些聲聞弟子，也爲鼓勵一般凡夫眾生，所以有時佛說：「佛道易，不難得。」意思是說：佛道容易成就，不難得。這樣子引誘眾生及二乘人進入大乘佛門，等他們眞發菩提心，明心了以後再跟他們講：「佛道難，不容易成。」（大眾笑）這就是：「欲令入佛道，先以欲勾牽。」先說佛道容易成就：「你們看！我今天這麼有智慧，很容易的啦！趕快來學。」等到明心以後就爲眾人講佛菩提的「道次第」。「唉喲！原來悟了以後，還得要將近三大無量數劫才能成佛！」受騙了！但是，明心了以後，就知道這一條路遲早得要走，而且自己也已經入門了，已經真的走向成佛之道了，確定自己並不是仍在摸索的階段，也就比較有信心了！這樣一來就會再想：「我還是退回解脫道去好了！」但是，深入想一想：「佛道這麼的殊勝，阿羅漢都悟不了，而我們真的可以悟入啊！」那他就有信心可以安定的走下去了嘛！

佛法總是先以欲勾牽：先告訴眾生們成佛容易。等到進門了以後才知道：「被騙了！」但其實，只有佛菩提道是騙人的嗎？其實連解脫道都是騙人的，但這種騙人的解脫道，卻是真正的解脫道，才是不騙人的；外道不騙人的解脫道，其實才是騙人的，因爲他們其實是無法證得解脫的，是無法離開生死苦的。爲何說解脫道是騙人的？因爲一般學佛本來的想法是：「證得解脫以後，我就可以自由自在的了。」可是後來證果而成了阿羅漢時才發覺到：原來解脫自在是沒有自我得到解脫的，因爲是把我滅掉才能成爲無餘涅槃境界而離開生死苦；原來是把自我滅掉以後，留下本來就解脫的如來藏獨存而沒有十八界我的存在。原來是我從來都不知道的如來藏自己無所住的保持著解脫境界，而沒有我可以解脫，十八界、五蘊的我得要自我終結掉。這樣看來，證得阿羅漢果的聖

人們都是被　佛騙了；但是雖然被騙，卻是被騙得很歡喜，因爲終究離開生死了。

所以　佛陀說法時沒有一定的講法，這叫做爲人悉檀。有時爲此人說這一講法，有時爲彼人說另一講法，不知道的人就謗　佛說：「佛說法不究竟，有時說這樣，有時又說那樣，自相衝突！」其實不是，那都是爲人悉檀；只是聽的人不懂　佛的眞實意思，就誤以爲說法不同，其實本來相同而無差異。所以在《法華經》中說：「佛道易，不難得。」鼓勵眾生，但是在其他第三轉法輪經典中卻又說：「佛道難，不易得。」此處也是一樣，如果佛道易得，說句比較不客氣的話：「我釋迦牟尼佛出現時就能把你們全度盡了，因爲你們這一世聽了正法而悟入之時就應該都已成佛了，那麼這個娑婆世界就都空掉而沒有人類了。」可是有沒有空呢？還是有我們這些人在呀！所以說，佛道還眞的是不容易得。

但是若要說容易得，也眞的很容易，因爲三大無量數劫其實都是在夢中度過的；都是在人世間做夢嘛！一世又一世其實也就是一個夢又接一個夢的在過去，夢是虛幻的，當然過得很快嘛！只要不造惡業，人生大夢都會很快的過去：在夢中一直享樂——不但有世間的可愛異熟果報，還有出世間法的法樂享受，這還不容易過嗎？當然容易過呀！將近三大無量數劫也就很快的過完了！假使每一世的人生大夢裡都不受苦，就不會難過，就會過得很快，成佛也就覺得很快了。所以說，佛道如果眞的容易得，一佛就應度化一切人類，如果眞的是這樣，《不增不減經》爲什麼說「眾生界不增不減」呢？《大寶積經》爲什麼又說眾生無量無邊呢？那就應變成眾生有邊了。

所以，有佛出世時，一佛世尊能度九萬九那由他人——度的天人比人類多——這些天人數目一定比十方諸佛的數目還多。諸佛說法時，不是像我們這樣，沒幾個天人來聽；諸佛說法時，虛空徹塞——都塞滿了天人——所以他能化度很多人。佛滅後，聲聞弟子一世又一世傳下去，此處聲聞弟子指的是由佛的音聲而度的弟子，不是講專修二乘解脫道的人；所以我們都算是 佛的聲聞弟子，因爲菩薩也是要由聽聞 佛的音聲來得度。諸佛的遺法弟子們都可以度一那由他的眾生，那也只有一佛的九萬九千分之一而已，所以功德不一樣。雖然如此，所度的眾生其實也是多到不可勝數的，因爲諸佛座下的菩薩弟子數目很多；可是眾生還是度不可盡，所以說眾生仍然無邊無盡，仍然有很多等著諸佛與菩薩弟子們繼續度，由此可見佛道不容易成就。

有時在某部分聲聞經中（一小部分的阿含經），佛會說：沒有十方佛，就只有我一尊釋迦牟尼佛，這不是因慢而說，是因恐怕聲聞種性的眾生誤會說：「**佛道容易成，到處都有佛啦！**」因此就輕視於佛，以爲修成阿羅漢果時就是成佛了（現代印順派等人仍認爲佛的境界同於阿羅漢），爲此之故，一小部分的阿含經中才說沒有十方佛，希望眾生不會輕視諸佛；但是較晚說的阿含部經典中，則說十方有諸佛正在弘法攝眾。所以有時說法不一樣，是爲了利樂眾生的方便說法，屬於爲人悉檀。

諸佛聖道，不是世間法所涵攝，因爲既是世間、也是出世間法，所以如來說法絕對沒有虛妄，函蓋世間法與出世間法故。二乘聖人的說法，有時還有虛妄，因爲阿羅漢仍然不如實知法界實相的緣故；因爲法界的實相不如實知，所以阿羅漢說法時有些地方還是有虛妄之處；所以你們如果得了初地的道種智，你們去把阿羅漢寫的《毗婆沙論》拿來讀一讀，你還是可以在五百阿羅漢所造的論中挑出毛病來；眾生總是讀不懂而自以爲懂，但你卻可以挑出毛病來，因爲阿羅漢對法界實相不如實知嘛！菩薩的道種智，不是阿羅漢所知的，當他們結集《毗婆沙論》時，都還沒有聽聞般若及種智嘛！對般若有證悟的人還是少數，而且是第二期宣講般若以後才證悟的，但是有許多阿羅漢不肯迴小向大，所以終其一生都沒有般若智慧。

如果大部分的阿羅漢都證悟了， 佛講法華時，就不應該有五千聲聞退席，阿羅漢們一定早在宣講法華之前，就向聲聞二眾弟子說明佛地境界大異於阿羅漢的眞相了，那五千聲聞又怎會當場退席向 佛陀表示無言的抗議呢？既然明心了，你就一定會信法華，怎麼會不信呢？由此可以證實，當時有明心的阿羅漢是很少的；而已經明心的阿羅漢們，一定會迴小向大而轉入菩薩道中，不會再成爲二乘人了。

從解脫道來說，十方諸佛說法都無虛妄；二乘阿羅漢說法，偶然還是會有虛妄。爲什麼成爲解脫道上的無學聖人以後，說法還是會有虛妄呢？因爲於究竟解脫的理仍然不如實知。不如實知，所以會有虛妄。譬如說，你明心之後，讀過《邪見與佛法》，或者你去讀過提婆菩薩的《百論》、聖天菩薩的《廣百論》，你會說：「啊呀！果然如此！阿羅漢是沒有證得涅槃的，說他們證得兩種涅槃，眞的是方便說。我明心之後雖然還沒有證得無餘涅槃，我已經住在無餘涅槃中了。」爲什麼呢？因爲無餘涅槃就是如來藏嘛！無餘涅槃裡面，就是第八識啊！十八界都滅了，還有什麼存在呢？當然涅槃裡面沒有阿羅漢存在了嘛！既然阿羅漢入無餘涅槃時是十八界滅盡了，那時阿羅漢已經滅掉而不存在了，又哪有阿羅漢證得無餘涅槃？他們沒有證得涅槃的實際，那怎麼叫作證涅槃？所以你就敢拍胸脯說：「我還沒有入無餘涅槃，但我已經親證涅槃；阿羅漢可以入無餘涅槃，但他們入了無餘涅槃以後卻沒有親證涅槃。」初機學人、智慧很淺的人聽了就說：「嘿！你這個人亂說法。」大菩薩卻讚歎說：「對呀！對呀！你說的好！」爲什麼會這樣呢？因爲你有證得實相，阿羅漢沒有證實相，這就是二者之間的很大差別。

因此，阿羅漢說法，即使是解脫道，也還是會有虛妄的。但是菩薩說出解脫道的眞理來，阿羅漢們不能向你反駁。因爲他們都知道：事實上，自己入了涅槃以後是把自我消失掉，所以還是沒有自己進入涅槃，只是不再有我來流轉生死而已。所以他們聽你說這話，都無法反駁你，都只能認同你。但是你說的深妙理，他們聽不懂，無法與你對談，只好張口結舌，不能說話。既然阿羅漢都不能跟你對談了，凡夫們又哪能跟你對談呢？所以有人寫文章罵我，說我無法與大家對話，還眞罵對了哩！(大眾笑)是罵對了！沒有錯啊！我們證悟的標的是第八識，他們證「悟」的標的是意識心，雙方全無交集點，我要如何與他們對話？這當然是他們無法與我對話，不是我無法與他們對話。所以說，阿羅漢說法時，還有一點虛妄，那是在解脫道上來說；如果是在佛菩提道上來講，那就完全虛妄了，因爲他們完全無法想像佛菩提道。但是，諸佛世尊說法時沒有一絲一毫的虛妄，所以說「諸佛說法無有虛妄」。因爲宣說不虛妄法的關係，所以佛說：「佛道難成，佛不容易遇到。」這是眞實語。爲什麼「諸佛說法無有虛妄」？因爲如來世尊沒有嫉妒之心，從沒有嫉妒心的立場來說，諸佛確實不容易遇到，因爲比起眾生來，諸佛的數量是少到無法比喻的，所以每一個人要成就佛道都很不容易；這是如實能夠究竟行菩薩道的人其實不多。究竟行就是行到底，打死都不退。大部分人皈依時是迷迷糊糊的跟著別人發四宏誓願。發了這個願，接下來聽說要守五戒，就開始打退堂鼓了：「唉呀！這麼難咧！叫我不能喝酒，那還行？每天喝一杯酒是多舒暢的事，卻叫我不能喝！那還得了？」他就不願意行菩薩道了，說：「我皈依就好，不要受五戒了。」皈依了以後，聽了佛法很多年，終於下個決心：「好啦！我去受一點戒啦！聽說不受戒還眞的難修行哩！」就去受，可是受戒時就打折扣，戒師問：「第一戒是不殺，能持否？」他大聲回答：「能！」可是到了第五戒時心想：「我要做生意賺錢，得要應酬啊！即使不必應酬時，我每天小酌一番也很好啊！捨掉酒，太可惜了吧！」當時別人開口要答「能」之前，他心裡面先輕輕唸一個：「不～」然後人家回答「能」時，他也跟著大聲答：「能！」（大眾笑），「不」字講得很小聲，沒有人聽見；可是「能」字，大家都聽到了！這是打折扣，於五戒中是持多分戒，不是滿分戒。你們看！連五戒都很難守，你讓他受菩薩戒、行菩薩道，那還成嗎？不成的！所以說，很多人發菩提心，但是大多無法究竟行菩薩道，總是行不到底，往往行一、二年菩薩道以後就說：「唉呀！菩薩道那麼難，我暫時停止吧！」就退了！要他來聽經聞法倒是還可以，隨緣而行六度倒也可以，但是要他真的精進修行六度，就做不到了，這就是不能究竟行菩薩道。

佛又說：「如果有人提出質難：『若現在有無量數諸佛，是什麼緣故經中只說過去、未來二世有無量佛，不說現在有無量佛呢？』」有人提出這個問題來質難，佛開示說：「過去當然有無量佛，因爲過去的時間是無數量的，而未來的時間也是無量，當然過去與未來都有無量佛；但是現在不說有無量佛。因爲一佛世界、一佛國土中可以曾經出現過去世的無量佛，將來也可以有未來無量佛出世，但是現在世一定只有一佛住世，不可能同一個佛土裡面有二尊佛同時住世。」因此，以一個佛國來講，現在世中只有一尊佛，不會有二尊佛同時住世的。

以眞實義修行，才能成就佛道；若不是以眞實義來修行，不可能成就佛道。所以從方便說而言，也可以說現在一佛土有無量佛，可是若依眞實義來說，不可能一切人都已成就佛道。譬如說「理即佛」，哪一個眾生不是佛？螞蟻細菌也都是佛，怎麼不是佛？所以，在理上，一切眾生都是佛。

一般人不知這個道理，聽到理即佛的說法，以爲所有眾生都有成佛之性：「啊！我知道了，原來我也有成佛之性，那我也是佛。」這種人，在「六即佛」中就叫作名字即佛。如果依這個名字即佛的層次來說，每一個人也都是佛，那不就是一佛國土有無量佛嗎？所以也能講得通，就看你從什麼層次來說。但這都只是方便說，只有依眞實義如實修行，才可以確實證佛果。

如果從方便說，「觀行即佛」的凡夫也是佛：很多眾生在學佛過程不斷觀行，想要把如來藏找出來，但始終找不到，那就是觀行即佛的佛，但不是究竟佛。又如親證如來藏的人，以及證如來藏以後又眼見佛性的人，都是「相似即佛」；分證五分法身的諸地菩薩則是分證即佛，也都可以說是佛，但都不是究竟佛；所以，依方便說，一佛國土也是有無量佛的，但都不是究竟義；以那種方便說的道理來講，都是沒有辦法成就究竟佛道的。

佛道的究竟成就都很困難，所以　佛再舉例說：有無量眾生修行佛道，可是大部分的人都是會退轉的，往往是進退、進退的再三重複，所以經過很久的時間以後，雖然一直都有很多人發心，但其中卻只有一、二個人可以得度，卻還不是成就佛果；這就好像菴羅花和魚卵一樣，能夠成功的比例很低。菴羅花開花時滿樹是花，但所結的菴羅果卻很少，聽說菴羅花有這麼粗（以手勢比喻），大約有一尺長左右，果子是這麼長；菴羅花樹木有點像鳳凰木，只不過鳳凰木的果子是扁的；魚類也是一樣，產卵時產下一大堆，但是在海中，大部分的魚卵都被吃掉了，所以最後能孵化出來的魚總是很少；能孵化出來的就是明心了（大眾笑），所以能孵化出來的已經是很少的人，可是這些已孵化出來的明心小魚，什麼時候會被吃掉還不知道（大眾笑）。當然你們都知道：所謂被吃掉，就是被惡知識轉退了！悟後還有很多可能被惡知識所轉——被吃掉。所以，成佛眞的很難，我們從會中三次退轉的例子就可以眞的瞭解到這一點了！因此 佛說「如魚子等。」

所以，很多人發心，但是成就佛道的人很少；就如菴羅花，你們沒有見過這種花，那就去看楊桃花好了。楊桃樹開花時，花很細，整顆楊桃樹密密麻麻開滿了花，連枝、幹都有花，可是能長成楊桃的比例卻很少。等到長成楊桃時，你看到滿樹是楊桃，但是這些楊桃與所開的花其實不成比例。同樣道理，發菩提心的人很多，能明心的人卻一直都很少；明心後不退轉，並且堅持到最後而能成佛的人又更少。如果說，一個那由他數的學佛人，若有十、百個人最後能夠成佛，那就算很多了。可是一大不可數的學佛人中，究竟能有多少人可以明心而湊成一個那由他數的佛子？而這一那由他數的明心者，其實也沒有多少人能堅持到最後成就究竟佛道。但是明心卻只是成佛之道的開始起步而已，所以，佛果是極爲可貴的。可是我們在現今之世，卻要說：「**明心的人極爲可貴**。」你們如果到外面去，會被人家看作異類，那是正常的；因爲學佛法的人千千萬萬，在千千萬萬人中，能夠明心的人若有一千個人，那就算是佛法鼎盛了。在數千萬學佛法的人中，能做那一千人中的一人，可眞是不容易。我都不知道我這一世能不能度得一千個人明心，所以眼見佛性的人只定在一百零八個，也可能無法達成目標，因爲太困難了！明心就已經夠難了，明心後能安住也很難；從以往的例子看來，明心以後不能安可是在家人能像我這樣的其實不多，我該算是異類吧！一般說來，在家菩薩都還要謀生，所以，常常有同修或親教師說：「老師啊！我退休下來專心修行好不好？」我說：「你還有幾年退休？」他們說還有幾年，我說：「那你不要退啦。」爲什麼？道業當然重要，度眾生當然重要，但是世間法中不應該一退下來就損失慘重（領不到本來該有的退休金），不能安身，又要怎麼立命？得要先安身立命，然後再來談道業的問題，再來談弘法利眾的事。不會游泳，要怎麼下水去救人？同理，出家後既然是專學解脫法——專修解脫道——想要證得解脫分法，也就不難，除非遇到了假名善知識；但是在家時既要謀生活，又要努力修學佛法，那當然很難！因爲謀生也算是學佛過程中的惡因緣：每天朝九晚五，一定要去上班八個鐘頭；再加上交通往來，至少要九個鐘頭。下班回到家裡來，要奉養堂上二老，也要撫養子女，當然會有很多家事要做，所以在家菩薩朝九晚五，每天能有兩個鐘頭讀佛書、拜拜佛、去看話頭，已經很不容易了啊！所以說：在家人多惡因緣所纏繞的緣故，想要證解脫果，眞的很困難。

除非你過去世累積了很多福德資糧，你過去世早就明心、早就見性，已經是多劫修學的菩薩，這一世自己隨隨便便弄一弄就成功了（大眾會心而笑），除非是這樣啦！對呀！我就是隨隨便便弄成功了，因為悟得容易，就想：「對於悟不出來的人可以為他們明講，反正是很簡單的事情，這有什麼困難的？」因為自己悟得簡單，就覺得這不是很重要的事；所以我在早期弘法時，同修們若參不出來，就在最後一天為大家明講了。但是，實際上想要破參還真的是困難，現在回頭來看以前度眾的過程，其實想要破參確實真的困難；要是我們不施設種種方便，大家想要破參還真的是難；想要進一步見性，那就更難了。你看，我們現在有將近三百人破參，可是眼見佛性的人有幾個呢？真的是很少啊！所以說，在家人除非有特殊的例外，否則惡因緣確實很多。

而且，這只是依照一般人的情況來講，如果家中配偶反對，你學佛時，他看你拜佛就生氣，沒給你好臉色看；你拜一次佛，他就給你三天臭臉（大眾笑）；有的人是家中先生不喜歡她學佛，甚至把供佛的香爐和佛像都拿起來砸掉，也有這種人啊！所以說，在家人學佛時的惡因緣很多。出家了，當然不會有這些惡因緣，出家以後就是禮佛、讀經、修定、參禪，當然是專心學佛的，所以說，出家人的惡因緣很少。

不過這是講正法、像法時期的事，現在末法時期卻很顚倒；在家人雖然被惡因緣所纏繞的很多，但是現在的在家人反而比出家人的福報好，因爲至少學正法時，不會有依止師來遮止你。你去看當代的大道場、大山頭，如果有人告訴他們說要來學正覺的妙法，上頭主事者一定會把你調到別的地方去，讓你沒辦法來正覺上課。只要聽說你和「正覺」有聯絡，馬上把你調走；這種事情，我們已經體驗過好幾回了！所以你看：現在變成出家以後反而不容易修學正法，他們的因緣反而比你們更惡劣。因此，能夠來學妙法的出家人，都不是還在四大山頭裡面安住的，都是已經離開，自己有個精舍以後不受四大山頭控制了，才有辦法來學，不然眞的很難。所以現在末法時期，我們加上一句話說：「出家之人亦多惡因緣所纏繞故。」（大眾笑）現在已經變成這樣了，所以才叫末法時期；末法期和正法、像法期的情況是會不一樣的。但因爲這部經是在正法期講的，所以 佛說「在家人多惡因緣所纏繞」，也是正確的。

〈三種菩提品〉第五

【善生言：「世尊！如佛所說菩薩二種：一者在家，二者出家；菩提三種：一者聲聞菩提，二者緣覺菩提，三者諸佛菩提；若得菩提，名爲佛者，何以故聲聞、辟支佛人不名爲佛？若覺法性名爲佛者，聲聞、緣覺亦覺法性，以何緣故不名爲佛？若一切智名爲佛者，聲聞、緣覺亦一切智，復以何故不名爲佛？言一切者即是四諦。」】

講記 接下來講三種菩提。過去曾經有人質疑說：「欸！你們講什麼大乘菩提？又把我們定位爲二乘菩提，你們是在自抬身價。」有人私下這樣在流傳，說「正覺」都是自抬身價，他們認爲解脫道就是成佛之道，沒有三乘菩提的差別可說。但是，實際上是眞的有三乘菩提。現在這一段經文就明白說有三種菩提了嘛！

善生菩薩向 佛請問：「如果您所說菩薩有兩種：第一種是在家，第二種是出家；又說菩提有三種：第一種是聲聞菩提，第二種是緣覺菩提，第三種是諸佛的菩提。可是現在有些問題：如果證得菩提就可以稱之爲佛的話，那麼聲聞人也證得菩提，辟支佛也證得菩提，爲什麼他們都不能稱之爲佛呢？」善生菩薩提出這個問題來：既然都是證悟了菩提，爲什麼二乘人不能稱之爲佛？

善生又換另一個角度來說：「如果是覺悟到法性而稱之爲佛的話，那麼聲聞和緣覺這兩種聖人也是有覺悟到法性啊！又是什麼緣故而不可以稱之爲佛呢？如果是以一切智來講的話，證得一切智的人可以名之爲佛，那麼聲聞阿羅漢得一切智，辟支佛也得一切智，爲什麼他們都不能稱之爲佛啊？因爲一切智的『一切』這兩個字講的就是四聖諦的親證呀！」問得也有道理！

接著，佛就解釋這裡面確實有所不同。但是，在這裡，我們常常強調最大的不同，也是最容易了知的不同點，就是在解脫道和佛菩提道的不同。因爲二乘法，不管是聲聞羅漢所證，或者是緣覺辟支佛所證，他們所證的都是屬於解脫道而已，不牽涉到法界實相的法，所以只是解脫道的法。但是大乘菩提不單單是要學解脫道，也同時要取證法界實相心如來藏，現前觀察到萬法都以如來藏爲體、都從如來藏心中直接、間接、輾轉出生的，這就是佛菩提道與二乘解脫道最大不同所在。如來藏又名阿賴耶識，又名異熟識、無垢識，這才是諸法的實相，緣起性空不能顯示諸法的眞實相，因爲緣起性空也是依如來藏而有的，所以不是眞實相。二乘人對實相不懂，所以不懂佛菩提。因此，三乘菩提最大的差異就在這裡。

二乘人也覺悟法性，可是他們覺悟了什麼法性呢？他們覺悟的是十八界法，就是五蘊的一一蘊、十八界的一一界，都是自性空、無自性，都是生滅法，都是藉緣生起而必定會壞滅，他們覺悟的是這個緣起性空的法相。他們也觀察：從五蘊我、十八界我而有我所，再從我與我所而衍生出來的無量法，也都是緣起性空而無自性，所以也是空，他們所覺悟的只是這個諸法緣起性空的法性，而不知一切法爲何會生、爲何會滅，不懂這個法界中的眞相。所以，覺悟蘊處界……等法緣起性空的法性，還不能稱爲佛，還得要覺悟實相法界，並且已經究竟了，才能成佛。實相法界就是如來藏，這個如來藏的法性再加上十八界我、我所……等一切法性全部具足了知，究竟無餘，才能稱之爲佛。二乘人的一切智，只是解脫智的十智而已，只是解脫道的親證而已，並不牽涉到法界實相，不牽涉到佛菩提道所講的無生法。所以，他們雖然證得一切智具足，但那只是解脫道的修證而已，是從四聖諦上面來講的；但是大乘法中所說的四聖諦不同於二乘之所說，有相同的部分，但是也有更勝妙的部分，非二乘聖人之所能知。所以接下來 佛就開示其間有什麼差別：

【佛言：「善男子！菩提有三種：一者從聞而得，二者從思惟得，三者從修而得。聲聞之人從聞得故不名爲佛。辟支佛人從思惟已，少分覺故名辟支佛。如來無師，不依聞思，從修而得，覺悟一切，是故名佛。善男子！了知法性故名爲佛。法性二種：一者總相，二者別相。聲聞之人，總相知故，不名爲佛。辟支佛人同知總相，不從聞故，名辟支佛，不名爲佛。如來世尊，總相、別相一切覺了，不依聞思，無師獨悟，從修而得，故名爲佛。善男子！如來世尊，緣智具足；聲聞、緣覺，雖知四諦，緣智不具，以是義故，不得名佛；如來世尊，緣智具足，故得名佛。善男子！如恒河水，三獸俱渡：兔、馬、香象；兔不至底，浮水而

過；馬或至底，或不至底；象則盡底。恒河水者，即是十二因緣河也；聲聞渡時，猶如彼兔；緣覺渡時，猶如彼馬；如來渡時，猶如香象，是故如來得名為佛。聲聞緣覺，雖斷煩惱，不斷習氣；如來能拔一切煩惱習氣根原，故名為佛。」】

講記　因為善生童子問了這些差別，所以 佛開示說：「佛菩提道——也就是一佛乘——與二乘之間的差別，共有四種。」 佛先說：「菩提有三種。」為什麼建立這三種差別不同呢？原因有三：第一、聲聞菩提是因為他們**從聞而得**，所以叫做聲聞；因為諸阿羅漢都沒辦法自己證悟四聖諦、八正道等法，必須要親從 佛陀聽聞正法之後，才能取證四聖諦、八正道，所以他們是從聞而得；第二種菩提是思惟而得，思惟就是說他們從某一因緣去體會到，然後自己思惟而不是從別人那裡聽法而得來的，所以叫作緣覺菩提，是從緣而悟的緣覺菩提；第三種人證悟菩提時並不是聽來的，也不是自己思惟得來的，而是因為過去無量世以來不斷地修道，在最後一世證悟成佛，這叫做從修而得，不從他人、也不從因緣觀察而得的，所以稱為佛陀。

聲聞人既然是從別人聽聞而來的，就是聲聞人，當然不能稱之爲佛；諸佛都是無師獨悟，自己參究而自己證悟。諸佛證悟了以後，聲聞人才去跟隨而聽聞，即使所悟相同，也將永遠不可能超過諸佛，這是永遠不能推翻的道理。所以禪宗有一句話說：「見與師齊，減師半德；見過於師，方堪傳授。」意思是說：「隨師修學而悟的人，見地如果能與他的師父相齊等的話，他悟後所得到的功德將只有師父的一半；假使悟後的見地能超過幫他證悟的師父，才能堪受師父傳給他悟後的種種教導。」諸佛都是自參自悟而成佛的，阿羅漢或菩薩是去跟隨諸佛聽聞正法以後才悟入的，功德遠不及諸佛，怎麼可能超過諸佛或同於諸佛？那當然不能稱之爲佛。如果有人說他已經超過諸佛了，那叫作腦筋壞掉了！提婆達多曾說他超過佛的證境，正是腦筋壞掉了！

同樣的道理，如果今天某一個人，他的腦筋很好，發明一個新東西；他發表出來以後，你去跟他學，你也能製造那個東西了，就說你比他更行，那你一定錯了！因爲你沒有辦法發明新東西，最多只能加以修改、提升，可是發明的人也能做這件事，只是他不願再去傷腦筋而已。如果這個學徒宣稱比師傅強，那就錯了！佛法中也一樣，從聞而得的聲聞人，已經比思惟而得的緣覺人差了一大截了，何況能比從修而得的諸佛超勝呢？絕對不可能！因此，聲聞之人是從佛而得，所以他們永遠都不可能超過諸佛的；如果有哪個聲聞人敢說他也是佛，那這個人鐵定要下地獄，一定大錯特錯了，一定是大妄語人。從別人而得法的聲聞人，怎麼可能與諸佛平等的呢？辟支佛人則是自己思惟之後，少分覺悟了（因爲眞正究竟的解脫，只有佛菩提才是究竟，二乘菩提的解脫並不是究竟的解脫）。現在有人在有線電視上講「究竟捷徑解脫之道」，那其實並不究竟啦！連二乘菩提都無法證，因爲連我見都斷不了，聲聞初果都還無法證得，還有什麼**究竟**可說的呢？

只有佛菩提道的大乘法中所證的解脫，才可能是究竟的解脫。因爲涅槃中的本際已經如實證、如實知，並且究竟了；修證二乘菩提，你最多只能出離三界生死，不可能知道無餘涅槃中的本際，那又如何能夠叫作究竟？因此說，辟支佛人即使不從聞而得，而是自己藉緣思惟而得，但是他所證的解脫，仍然不是究竟，只能出三界生死，但是涅槃解脫中的境界是什麼？卻仍然無法了知，所以是少分覺悟；因爲是少分覺悟，所以叫他作辟支佛。如來則是無師自通，不是跟隨別人聽聞正法以後，再來思惟、再來證悟，所以是無師自通、從修而得，所以稱爲如來。這樣子算起來，你們的福報比我大！我先辛苦的參禪求悟，然後把法講出來，並且把 佛所說的佛道的次第整理好、等著你們，然後你們來這裏學法時一點兒都沒有被誤導，順序地進修，太幸福了！

我當初可不是像你們這樣幸福，我當初跟著這一世的師父學五、六年，都是被誤導的，依他的開示，一直想要在境界裏面證得虛空粉碎、大地落沈境界，想要打坐中進入澄澄湛湛的境界中，所以我此世初學佛時是被誤導的。後來發覺這樣子不行，依他的方法參了很久都參不出來，用他的理論悟不出來，就全部丟棄，自己來整理明心與見性的意義，結果自己整理二個多鐘頭就解決了，就看見佛性、也明心了！所以我這也是從修而得，只是智慧距離佛地還是很遙遠——越修才越知道遙遠。其實剛明心、見性以後，心想：我看懂般若經了，佛法大概就這樣了。其實不然！佛法的內含實在太多了，在一切種智裏面有很多內容，得要歷經三大阿僧祇劫的修行才可能全部證得的。不單我被誤導，佛陀故意示現為凡夫一樣的身分，在出家學道的過程中也是一直都被誤導的：釋迦牟尼佛在人間示現時，故意示現往世所修一切法都已忘失，示現為凡夫的模樣來成佛，來鼓勵眾生。可是祂去找那些外道們學法，卻是每一個外道都誤導祂涅槃的修證。後來 佛陀自己參出來而成就佛道，這叫做從修而得，從修而得而又能夠覺悟一切，所以是佛。

我這一世可以算是從修而得，但是還沒有覺悟一切，因為還有太多不懂的法；仰望佛地智慧，仍然不敢想像。成就究竟佛道時就是覺悟一切，就在最後眼見佛性的那一剎那，一切都了知了，所以叫作成佛；所以在初夜時以手按地，降魔明心，這時只有大圓鏡智，還沒有成所作智，還不叫作覺悟一切；還得要到夜後分，天將明時，東方的火星剛出來（也許那一次火星是幾千年來，距離地球最近一次吧！非常的明亮），那時一見時相應了：原來佛性是如此！這時成所作智才出現，此時才叫作覺悟一切，這樣才叫作成佛，這就是 佛所說的三乘聖人的第一個差別。從聞、從思而悟的，以及獨修而覺悟一切，三者有所不同，這是第一個差別。

第二個差別是了知法性所以叫作佛，沒有具足了知法性就不能叫作佛。法性有二種，第一是總相上的法性，第二是別相上的法性，聲聞之人在解脫道上只知道總相，也就是把自我滅盡了：我見斷了、我執斷盡，就是解脫；捨壽後把所有的五蘊我、十八界我都滅盡而不再出生，就成為無餘涅槃。這是只有知道解脫與涅槃的總相，不知道涅槃的別相，就不能稱之為佛。辟支佛也只知道總相，他也知道就是把我見、我執斷盡了，把自我滅除了就是無餘涅槃，就沒有三界我、五蘊我、十八界我，也沒有我所了，這就是出三界的境界；辟支佛也知道涅槃的總相，而不知道別相，不過他不是從別人那裏聽來的，是自己去思惟、整理，因此通達了十二因緣，成為中品解脫，所以不能成佛。

上上品的涅槃解脫，是對十二因緣的細節都能夠全部了知，才能叫作上上品的涅槃解脫，這是諸佛的境界。下品卻只是懂得緣起性空的無常，所以「我是無常，覺知心也無常，作主的心也是無常，生死都是從無明而來，滅了無明就可以滅了自己，自己全部滅掉以後就是無餘涅槃」，這樣證得解脫果，只是緣覺法中的下品人。這是說緣覺也知道解脫的總相，只不過他們不是從別人那裏聽來的，而是自己思惟得來的，所以名爲辟支佛，不名爲聲聞，但仍然不能稱之爲佛。爲什麼不能稱之爲佛呢？因爲他們對法性的種種別相仍然沒有通達，更沒有究竟。可是諸如來世尊就不一樣了！解脫、涅槃都究竟了知，四聖諦、十二因緣，乃至十二因緣背後的實相，十二因緣要怎麼樣才能有十二因緣，爲何先要有十因緣（或稱爲九因緣）才能夠有十二因緣法？如果沒有這個第八識如來藏，又哪裏會有十二因緣法呢？這些別相都知道。可是緣覺呢？他們只知道十二因緣法，十二因緣法背後的實相都不知道，所以他們只知道因緣法的總相。聲聞人就更差了，得要聞 佛說十二因緣法以後才會知道；若不聞 佛說因緣法，就會只知道四聖諦、八正道，並且是從 佛聽聞而知的。

八正道是實現四聖諦的方法，可是四聖諦講的緣起緣滅，你如果問他們：「緣起是無因而起的嗎？緣滅是無因而滅的嗎？我執種子是無因而有的嗎？我執種子是躲在哪裡呢？」他們都不懂的。而且他們所知的四聖諦，比十二因緣法更粗糙。四聖諦、八正道、三十七道品背後是什麼呢？正是法界實相的如來藏。依這個實相才有緣起緣滅、十二因緣……等法，不然就全都沒了；確實而且究竟的了知這些實相，無一遺漏，才是究竟了知一切總相、別相的法性，所以諸如來世尊同樣證得解脫，但是總相、別相全部都了知無遺，而且不是從別人那裏聽來以後再去思惟而知的，是沒有師長教導而自己開悟的，所以稱為佛陀，這是第二個差別，就是總相與別相是否具足親證的差別。別相，指的就是第二轉和第三轉法輪的經典所說的般若及種智妙法，第二轉法輪講的是般若，第三轉法輪也叫做般若，但是有另一個名稱，叫做一切種智，就是大乘法中的增上慧學，也就是一般說的唯識學，因此別相有二個部分；但是唯識學中其實有二門：眞實唯識與虛妄唯識。眞實唯識講的是第八識的眞實法性、如如法性，講的是第八識能出生萬法的眞實不虛法性；虛妄唯識講的是七轉識——眼識、耳識乃至意識與意根——等七識的虛妄性、生滅性。如果不懂唯識學有這二門，就是不懂唯識學的人；如果沒有親證第八識如來藏眞相識，就是大乘法中尚未見道的凡夫。證知這個事實眞相以後，才會有實相般若智慧，才能依之進修而在未來無量世以後究竟緣起法。

接下來 佛說第三種差別，是說諸佛世尊的緣智是具足的。緣智講的就是一切種智，爲什麼緣智是一切種智？請問：一切緣生法裏面有什麼智慧？答案是：法界實相的智慧。在法界實相中，諸法是怎麼運作的？諸法中的如來藏又是如何運作的？如來藏中的各類種子是如何流注的？究竟了知到最後的究竟地步，就是一切緣生法的智慧具足了。這可不是只有談五陰、十八界的虛妄，只論我見我執的斷除而已，而且探究陰界入……等萬法的由來，以及萬法法源的如來藏中所有的一切功能，這都是在三界中種種因緣所生法中才能體驗具足的，所以叫做緣智；因爲如來藏的所有功能種子，都得要從萬法的因緣中去觀察才能實證，所以叫作緣智。這個緣智全部都具足了，就成爲如來世尊。可是聲聞只知道四諦，只能從四諦上面去證解脫果，所以他們的緣智都不具足；也就是說一切種智完全不懂，所以不能稱爲佛；緣覺也是一樣，所以也不能稱爲佛。所有的如來世尊都是緣智具足的，所以你問什麼法，祂們統統知道。

有一些老同修們破參五、六年了，可要小心了！可不要心裏面想：**「所有的佛法我大概都知道了！」**如果生起這個念頭，那就完了，因爲佛法無止境，還沒有究竟成佛之前，不曉得的佛法眞是太多了！即使以我現在所說的法來講，我所寫出來的書中宣講的法義，大概只有心中所知的三分之一或四分之一；因爲心中有很多的法，永遠是寫不完的；你寫得再快，都趕不上心中不斷冒出來的法，永遠也趕不上。很多人以爲說：「你寫的這本書和那本書的內容都一樣。」其實有許多內容並不一樣，問題是：讀者不可能眞的讀懂得其中的差別。我所說的當然是同一個如來藏心體，但是所說的種子有所不同，法義的層次也就千差萬別；而且，還有許多法義涉及現觀的境界，是不可以寫出來的；更有一些實證的境界內容，甚至連一句話都不可以講出來的，所以我所寫出來的法義，永遠都只有心中所知的少部分。這是你們以後都會逐步證實的，所以學佛人還是謙虛一點好！別輕易的說自己已經知道全部佛法了！

爲什麼你永遠無法寫出心中具足親證的法義？除了密意不可說外

（密意有很多層次的差別），心中所知的法義及現觀的境界，不斷在你心裏一直湧出來，但你用手寫或是打字，始終是來不及的；就算我現在打字速度很快，也是永遠都來不及寫出來心中湧出來的所有法義。我現在打字的水準，和打字行的專業打字職員水準差不多；你看《狂密與眞密》四集，我三個半月打完，共有五十六萬字，打字行職員有幾個人打這麼快的？大概不會很多。打得很快，工作量很大，所以手指關節都腫起來了，好在現在已經消掉了。所以，我一年寫多少書呢？我寫的比你們讀的更快，但是再怎麼快，都趕不上心；心最快，所以永遠沒有辦法具足寫出心中不斷湧出來的種種法。但是有的密意，我會這裏藏一點兒，那裏藏一點兒，分別在不同的書中隱藏而說；你如果很小心去讀，而且你有智慧，福德也夠，照著參究三、四十載下來，有可能會給你悟出一些名堂。有些法義則只能點到爲止，因爲不能再多講下去，只能一、二句話就帶過去；你能不能因此而觸發禪機，那就看你自己的智慧與福德了。從表面上看來，也許你會覺得每一本書似乎都一樣，其實不然！第三轉法輪的方廣經文也是一樣，這些經典講來講去還不是都在講如來藏？當然是如來藏！哪一部經能離開如來藏而講？但是如來藏裏面有很多種子，你具足知道了嗎？不知道的。那就得要跟諸佛學，所以要生生世世跟著諸佛學，原因就在這裡。因爲諸佛如來緣智具足，聲聞、緣覺的緣智不具足，雖然知道四聖諦，但四聖諦只是能夠讓你出三界而已；出三界的法只是一個化城，不是究竟佛城。

佛的究竟莊嚴城，與二乘涅槃的化城相差很大。《法華經》說：佛道的路很遙遠，聲聞人走到一半時就設個化城讓他們暫時安歇，心中不累了再教他們往前走。這其實還是客氣的說法，那個化城哪有一半的路程？一半是客氣的說法，怕他們聽了會害怕路途的遙遠，就向他們說：你成爲阿羅漢了，究竟解脫的道路大概走一半了，可以繼續往前走。其實根本就差太遠了！你們想想看：阿羅漢如果迴小向大，他們的解脫果是幾地？是八地。可是如果從佛菩提果來看，最多是幾住位呢？不過是六住滿心而已。可是從另一面來看，如果他們沒有先修足檀波羅蜜，其實還是不能滿足初住位功德的；等到布施波羅蜜滿足了，持戒波羅蜜就沒有問題，可以跳過去，精進波羅蜜也沒有問題，那也只是三住位而已。

如果是俱解脫的阿羅漢，禪定波羅蜜也沒有問題，忍辱當然也沒有問題，但是般若這一關就跳不過去了，所以他就要停在六住位。所以他們得要回到初住位中，把布施波羅蜜補修，滿足了證悟所需的福德以後，他才有辦法熏習般若，才會有辦法證悟。但是證悟後也不過才七住位而已，佛性在哪裏呢？他們撐破了眼睛也看不見，十住位永遠也到不了！可是你想想：十住位也只是第一阿僧祇的三分之一而已，請問解脫果的化城距離成佛的寶城還有多遠呢？還遠著呢！所以《法華經》講的一半路途，還算是客氣的說法。因此聲聞法中的四聖諦，講的只是很粗淺的東西，只是解脫道的總相智而已；他們的緣智都未生起，當然不能稱之爲佛。諸佛世尊則是各方面都具足了，一切種智具足圓滿了——緣智具足了——所以稱之爲佛，這是第三種的不同。

接著 佛講了一個譬喻，來說明三種菩提的不同：譬如說恆河的水——這當然不是指下游——是指中游，有三種野獸同樣都可以渡過恒河：一種是兔子，一種是馬，一種是香象，也就是大象。兔子過恆河時，牠是浮著水面游過去，根本就觸不到恆河水的河底，所以是浮水而過；

如果是馬，剛下水不久時還是可以踩到河底，到了河流中央就踩不到底了，所以說「或至底，或不至底」，但牠照樣可過河去。如果是大象，牠是從頭到尾都踩著恆河的水底走過去的，可以了知恆河底部的情況。恆河的河水是譬喻什麼？是譬喻十二因緣河，十二因緣爲什麼叫做河？因爲它一直的流著：無明緣行……到老死，老死之後還是被無明籠罩，下輩子再重新開始，永遠無止境，所以叫做因緣之河。十二因緣有時簡略的說爲九因緣或十支因緣，有時爲了不同的眾生而把它擴充爲十五因緣、十六因緣不等，但這不是正說，是爲人悉檀的方便說；一般都只說十因緣與十二因緣，以這二個因緣法爲主幹。

雖然四阿含裏面的說法有一些差異，都只是觀機逗教的差別，統統都要回歸到十因緣與十二因緣法。可是菩薩所了知的十二因緣和緣覺不同，聲聞人雖然也聞 佛說法而了知十因緣與十二因緣，但是他們能了知的，只能到四聖諦、八正道及所聞的因緣法爲止，關於因緣法的細相可就完全不知道了，因此說聲聞人渡恒河水——渡因緣河時——就像那隻兔子一樣；而辟支佛對因緣法雖然是自悟自覺的，卻仍然不知道因緣法的全部細相，只了知一小部分——知道有名色所緣的第八識——但是不能證得，所以緣覺渡過因緣河時就像那隻馬一樣，有時至底、有時不至底。諸佛渡因緣河時猶如香象一樣，因爲究竟齊底，全部了知，所以如來能稱之爲佛，這是第三種差別。

第四種差別：聲聞人和緣覺人雖然能斷煩惱，但是他們所斷的煩惱，只是斷現行而不能斷習氣種子。斷現行是說，不會再因瞋而罵人，不會再因貪而去偷盜等等，這些叫做斷現行，但是仍然會有貪瞋等習氣存在。譬如阿羅漢與辟支佛，如果他們靜坐進入初禪中，一隻蜈蚣爬著爬著，爬到他的腳上來，他們覺得癢，忍不住看一下是什麼？「蜈蚣！」接著他們身體就會突然一振而甩掉蜈蚣，他們不必先想一想再決定要如何作，馬上就振腳甩掉，因爲他們心裏面已經嚇一跳了。這表示我執雖然斷了，可是我執的習氣種子還在；如果他不知那是蜈蚣也就沒事，如果一知道了，馬上就會不自主的振腳甩掉牠。如果是諸佛，根本就不管這個事情，螞蟻歸螞蟻，蜈蚣歸蜈蚣，看了也不會自動的振腳甩掉，因爲我執的習氣種子已經斷盡了！這就是習氣種子有斷和無斷的差別。

阿羅漢的習氣種子還沒有斷除，所以鴿子飛到阿羅漢身邊來逃避老鷹時，還是會害怕：「他會不會突然把我踩死？」所以牠又飛到佛的影子下面，心中就很安然而不怕了，因爲牠的如來藏和佛的如來藏相應時，知道不會有任何危險，就沒有任何的畏懼，因爲 佛陀的殺習種子已經全部斷盡，沒有絲毫的隨眠了！阿羅漢卻還有這個習氣種子隨眠在如來藏裏面，所以鴿子還是會有所畏懼。同理，畢陵尊者仍有慢的餘習未盡，這也是大家耳熟能詳的佛教歷史典故；諸佛就一定不會有餘習存在，所以二乘聖人斷煩惱是從分段生死的現行來說，而不是從種子習氣的斷除來說的；因爲種子習氣還在，所以他們的解脫仍不究竟；諸佛能夠拔除一切煩惱習氣的根源，所以他才能稱之爲佛，所以其中還是有很大的差別。二乘聖人與諸佛的境界差別還有五種。剛才講的是智慧與解脫道的五種差別，另外還有五種不同：

【「善男子！疑有二種：一、煩惱疑，二、無記疑。二乘之人，斷煩惱疑，不斷無記；如來悉斷如是二疑，是故名佛。善男子！聲聞之人

厭於多聞，緣覺之人厭於思惟；佛於是二，心無疲厭，故名爲佛。善男子！譬如淨物置之淨器，表裏俱淨；聲聞、緣覺智雖清淨，而器不淨；如來不爾，智、器俱淨，是故名佛。善男子！淨有二種：一者智淨，二者行淨。聲聞緣覺雖有淨智，行不清淨；如來世尊智行俱淨，是故名佛。善男子！聲聞、緣覺其行有邊，如來世尊其行無邊，是故名佛。」】

講記 三乘菩提的親證者，除了以上所說的種種不同以外，還另有五種差別，佛說：第一種差別是斷疑的不同。疑有二種，第一種是煩惱疑，第二種是無記疑。煩惱疑就是解脫道上所應斷除的疑，即是煩惱障所含攝的疑：**如何是眞正的解脫？**對解脫的意涵，心中很清楚的了知而沒有懷疑，這就是第一種疑的斷除。第一種疑當然也有許多層次，阿含裏面常常會這樣說：初果人所斷三縛結中的第二個結——疑見——是說「於諸方大師不疑」。有的人解釋錯了：「**如果對諸方大師有信心而不懷疑，就是斷疑結。**」這眞是誤會到極點了！佛所說「於諸方大師不疑」的意思是說：「**諸方大師有沒有斷我見、斷疑見、斷戒禁取見而證得解脫果？每一位初果人能清楚的判斷出來，並且對自己的判斷是否正**

確，不會有所懷疑：對於所有大師有無斷除我見，都看得很清楚，對自己所作的判定不會懷疑是否斷錯了。」所以一切初果人，不管是否已成爲一方大師，只要聽聞大師開示解脫道，就會知道大師們有沒有斷我見，也很清楚知道自己的判斷不會錯誤，這才是眞正的斷疑見，所以不是對大師們所說的法義信受而不懷疑！

但是這個疑見的斷除，只是斷煩惱障上的疑，也只是初果人所斷的疑，屬於解脫道的見所斷惑，不是解脫道的修所斷惑，更不是斷無記疑，因爲是屬於煩惱疑。什麼叫作無記疑呢？無記就是講異熟性，異熟性全部都是無記性，沒有有記性的；也就是說，所知障中所斷的疑惑，都是無關善惡性的；雖然大多是無漏的有爲法，但都是無記性的，這就是異熟的意思。假使對於無記性的異熟果報中所有的如來藏種子都了知了，就是斷盡無記疑了。對異熟性的無善惡性的果報法有所不知，就是無記疑，這就是對於異熟果報及異熟性有所不知的意思，因爲異熟是純無記性的。異熟法是一個現象，只是一個流程，它沒有善惡性可說。善惡性是依於七轉識才有的，所以異熟是在講異熟生、異熟滅、異熟體性。

什麼是異熟？就是變異而熟。譬如今世護持正法，來世可以獲得可愛的異熟果及出世間法果報（出世間果報可能會在這一世就獲得了，所以有很多人護法當世就得到佛菩提的證悟）；但是護持正法所將得到的並不只是佛菩提道證悟的果報而已，還有有為法上的可愛異熟果報，會在未來世中很長時間不斷的現前受用；譬如未來多世生得莊嚴、生得健壯、廣有資財，這就是證悟菩薩在未來世有為法中的可愛異熟果報。這些可愛的異熟果報，你不能要求現在世就獲得；譬如你去銀行存款，若是三年整存整付的定期存款，你得等三年期滿才能領到本金與全部利息。如果是每個月提領利息，那也得等一個月時間到了才領得到利息，不能現在剛存了就要立即領取利息，本金仍然要到期滿時才領得到。同樣的道理，異熟就是講異時而熟……等道理。

譬如你布施食物給一條狗，牠今世沒有能力回報你，但你在未來世可以得到百倍之報。也許有人說：「**那麼我去布施給有能力回報的畜生好了。**」那我告訴你，你來世不會有財物上的回報。不必要求此世得到回報，只有傻瓜與不信因果的「聰明」人，才會貪求此世的回報；等到來世異時、異地、異身而熟時，可得百倍之報，才是最划算的想法，這個算盤要會打。護持正法將會獲得無量的可愛異熟果報，但你不能現在就要，要等到捨壽時因果本息結算完畢，到下一輩子才會回報，這叫作變異而熟。可是下一輩子你在哪裏受報呢？不一定會在這裏，也許去另一個星球受生而獲報，也許你生到欲界天去受報，也許去極樂世界受報；不是同一世就得到果報，而是移到未來生中，這叫異時而熟。

異熟的意思也是指異地而熟：不是在原來造業的地方受報。就算來世還是生在同一個地球，但你今生在台灣種下護法的大福德種子，下一世可能生到大陸去受福報，或者生到美國受報——異地成熟果報。還有就是變異而熟，譬如說現在護法時是人類，下一輩子卻生爲欲界天人，或者生到極樂世界變成另一個五陰，換一個完全不同的五陰來受可愛的有爲法果報，這也是變異而熟。就算是下輩子仍然當人，但下輩子變的模樣不會跟這輩子一樣，色身不同、覺知心不同、姓名不同，這也是變異而熟。這些變異都有一個體性：護法植福的種子存在如來藏中，這些種子的增長、成熟、外緣的具足，都是有變異性的；但是這些變異而熟的事相本身並沒有善惡性，所以叫作無記。

當眾生的七轉識在現起、存在的變異過程中，也許造善、也許造惡而有善惡法的種子存在如來藏心中，但是這些種子變異而熟的事相本身卻是無記性的，配合無漏有為法而不斷運作著；在這個無記性的異熟法中，有許多的種子在裏頭，你們都料想不到的。譬如猶如鏡像的現觀，你們知道是什麼嗎？又如猶如光影的現觀能夠轉變自己的內相分，你知道是什麼呢？又如三地住地心的菩薩們，有智慧可以轉變別人的內相分，你知道是什麼呢？如果有人自稱說他是十地菩薩、或是成佛了，你就向他說：「拜託！把我的內相分轉變得清淨一點。」他做不做得到？一定可以做得到，否則就不是十地菩薩了！這個轉變自己內相分、轉變別人的內相分，都是辦得到的；以我現在的瞭解，是十地菩薩才能做這件事，八地有可能還沒有那個職權，這是我目前的理解，但是也仍然不敢確定八地以下菩薩可以如此做而不會被　佛訶責；當然也有可能五、六地菩薩就被允許做這件事，但是我還沒有被開示確定以前，不能斷然的稱說幾地菩薩可以如此做而不被　佛訶責。

這件事情，沒有被　佛授權就擅自去做，縱使你已到三地住地心而有能力去做，捨壽後還是得下地獄；乃至那裏面的內容，膽敢洩露一點點，捨報時就得下地獄，三地菩薩也免不了這個嚴重果報；如果膽敢全部披露出來，則是生身下墮無間地獄。有很多一切種智中的現觀勝法，不是一般佛弟子們所能知道的，而這些妙法都在異熟識裏面，可是這些法都屬於異熟法，它們都是無記性的，無關善惡。譬如一切種智完全沒有善惡性，同樣道理，這些異熟種子也都是無記的；這類無記性的異熟性諸法，在還沒有證得之前，你心中始終會有疑，乃至修到等覺位時都還有部分的疑；除非某位等覺菩薩是倒駕慈航——已經成佛之後倒駕慈航來贊助某一尊佛的弘化——因爲這尊佛在五濁惡世度化眾生非常的不容易，需要幫忙。若不是已成之佛倒駕慈航來扮演等覺菩薩的身分，這個無記疑，成爲等覺菩薩時都還斷不盡，要到究竟成佛才能斷盡。所以這個無記疑是非常廣泛的，非常深細的，不但是二乘聖人無法想像的，乃至親證佛菩提智的菩薩們也都尚未完全斷除，所以疑的層次有許多深淺差別不同。二乘聖人只斷煩惱障的疑，他們沒辦法斷無記性的疑，不但是沒有辦法斷盡，光是把它打破就作不到了。可是如來卻已全部斷盡這二種疑，所以才可以稱之爲佛。這是從斷疑上來說。

第二種差別是從思惟上來說的。佛說：「聲聞之人厭於多聞」，所以聲聞之人如果沒有人求他說法，多半會在午齋、經行後就打坐進入滅盡定，等到明早太陽曬到身體時，他就出定下山去托缽；托缽回來吃完了，把缽洗淨了，經行一會兒消食，他又打坐入滅盡定去了，到明天早上太陽曬到他了才又出定。因爲他們的目的只是要解脫生死，可是聲聞法的解脫證境粗淺、容易了知與親證，而聲聞人心性只喜樂如此，與佛菩提的究竟解脫實相道理是不相應的，所以他們覺得沒什麼好思惟的：「反正我已經能出離三界有爲生死了，還要思惟無記性的異熟生死作什麼？還要修學甚深的般若與種智作什麼？能出三界就是我最終的目標了。」所以他們不想再思惟什麼法了，所以他們討厭多聞：「既然解脫了，還需要再聽別人說什麼？說得再妙也只是能讓我出三界而已；可是我已經能出三界生死了，又何必再聽？」所以有時舍利弗尊者、富樓那尊者講解脫道時，有的阿羅漢就不來聽了，除非是 佛親口所說。所以他們厭於思惟，聽都不願意聽，深入思惟就更甭提了！所以一旦托鉢回來、食物消化了，就入滅盡定去了，大多厭於思惟。

但是　佛對於多聞和思惟這二個法，從無量世修學菩薩道以來，一向不曾厭惡。菩薩即使已修到八地，把《大藏經》請出來時仍然讀得津津有味，因為經中有一些密意，在五地之前仍然讀不懂，現在終於懂了，會有這個差別的。所以如果有誰說：**「你悟了之後，全部的經典都應該懂才對；如果還有不懂的地方，那就是悟錯了。」**（編案：當時　導師此語是隱名而指楊榮燦…等人的說法。當時他們自稱證得佛地眞如、無所不懂。後來證明他們都是把經義自己亂解釋，嚴重誤會經中意旨）那麼這個人必定是大妄語，因為所有經典都讀得懂的人其實只有　佛，等覺菩薩都無法全部懂得。假使想說全部讀懂，只能說：**「第二轉法輪的般若經典全部讀懂。」**第三轉法輪的唯識經典，是讓你修到佛地之前的依止，你怎麼可能初悟時就全部都懂？除非是　佛說法錯了——除非一悟即是佛地——不然你怎麼可能初悟之時就全部都懂？所以悟了以後對於第三轉法輪經典，仍然沒有辦法全部懂得，這是正常的。

但如果悟後《心經》還不懂，那個悟就有問題了！因爲《心經》只講總相智、別相智，還沒有說到一切種智，所以悟後一定會懂得《心經》。明心以後讀懂《六祖壇經》是正常的，因爲《六祖壇經》只說到般若的總相智、別相智，沒有說到一切種智，最多只是引用而已。但是第三轉法輪的唯識經典，悟了以後一定不可能全部讀懂的；所以不許在明心以後，就想要所有經典都讀懂。如果只是明心就說他能讀懂全部經典，他一定是不懂佛法的，眞懂佛法的人都不敢這樣說。所以，眞悟的人，悟後要隨善知識學習第三轉法輪諸經所說的唯識增上慧學，但是千萬不要跟隨尚未通達的人亂學。由此證明　佛的說法正確：聲聞之人討厭多聞。

討厭思惟的人是緣覺乘人。緣覺之人爲什麼討厭思惟？因爲他們無非是想要證得因緣觀而出三界，眼前既已證得因緣觀，可以出三界了，他們又不想成佛，何必再思惟更深的佛法？任他再怎麼思惟、再怎麼細觀，也只是已經證得的出三界生死的境界而已，所以他們討厭思惟，不願意再深入思惟。但是菩薩在修學佛道的過程中，永遠是心無疲厭的；因爲一切種智的法義無量無邊、深廣無比，除非成佛了，否則永遠都思惟不盡；可是單靠自己思惟又能思惟多少妙法？這都得要靠善知識幫助與啓發，才能從許多面向再深入思惟而發起九種現觀的境界，所以菩薩對於聞、思二法心無疲厭，最後才能成爲究竟佛，這樣才能稱爲**究竟即佛**。這是佛菩提道的修行者與二乘聖人的二種不同所在。

第三種不同，佛說：善男子！譬如清淨的食物放在清淨的容器裏面，外面的容器是清淨的，裏面的食物也是清淨的；聲聞、緣覺只是智淨而行不清淨——食淨而器不淨——也就是解脫道的法義清淨而根器不夠清淨。意思是說：菩薩修到究竟位時是表裏俱淨的，二乘人只是法淨而人不淨。成佛是大乘法修學後的成就，一定是表裏俱淨；可是聲聞緣覺——二乘菩提的聖者——解脫智雖然清淨了，可是根器仍然不淨。二乘菩提所發起的智慧當然是清淨的，因爲是出世間法——能使二乘聖人出離三界分段生死輪迴——可是他們第八識心體仍然還有種子不清淨，所以說器不清淨。諸佛如來卻不是這樣的，不但是智慧清淨，出生這些智慧的第八識無垢識中的所有種子也是全部清淨的，沒有任何不淨的種子；由於**智**、**器俱淨**所以名之爲佛。

接著講第四種不同的「行淨」差別。佛開示說：善男子！清淨有二種，第一種是智慧清淨，第二種是行清淨。智慧的清淨，狹義而說，只有佛的智慧才算是眞實的清淨。二乘聖人智慧爲什麼不是眞實清淨？因爲二乘聖人的智慧只能知道世俗諦；也就是只能在五陰十八界上面來認知爲虛妄不實，然而陰界入都是三界世俗法，不涉及實相法的智慧；所以二乘的智慧只能在廣義上說是清淨的，從狹義的界定、究竟的界定，其實他們的智慧仍然不是清淨的。如果要說具足二種清淨——身口意行的清淨及智慧的究竟清淨——當然只有佛地才是究竟清淨的。因爲二乘聖人習氣種子並沒有斷盡，所以二乘人仍有習氣種子隨眠，因此身口意行裏面只能夠維持著身行清淨、口行清淨，意行無法絕對的清淨，所以習氣種子仍然會繼續出現。因此說聲聞、緣覺雖然有淨智，可是行不清淨——因爲心行不一定是清淨的——習氣種子還會存在。如來世尊則永遠不會有一念的不淨心行出現，所以說如來世尊的智慧清淨、身口意行也都是清淨的，二者俱淨，所以稱之爲佛。

第五種差異是：「聲聞、緣覺其行有邊，如來世尊其行無邊，是故名佛。」必須歷經三大阿僧祇劫的無量無邊身口意行以後才能成佛，所以身口意行無量無邊，稱之爲佛；聲聞、緣覺身口意行只有一世，捨壽必取涅槃，不能無量無邊，所以不同於佛。聲聞緣覺利眾之行有邊，二乘菩提道之行也有邊，由於二者都是有邊的緣故，所以不算究竟；如來世尊爲了想要成就究竟的佛道，須經三大無量數劫的無量身口意行，行無盡的難行之行，忍無盡的難忍之忍，才能成就究竟佛道，所以說「其行無邊，是故名佛」。以上是說佛乘與二乘之人有五種差別，也就是在說明二乘菩提與大乘菩提之間有五種的差異，接著說所知障的部分：

【「善男子！如來世尊，能於一念破壞二障：一者智障，二者解脫障，是故名佛。如來具足智因智果，是故名佛。善男子！如來出言無二無謬，亦無虛妄；智慧無礙，樂說亦爾，具足因智、時智、相智；無有覆藏，不須守護，無能說過。悉知一切眾生煩惱，起結因緣、滅結因緣；世間八法所不能污，有大憐愍救拔苦惱，具足十力、四無所畏、大悲三念，身心二力，悉皆滿足。」】

講記 世尊開示說：善男子！如來世尊能夠在一念間破壞二種障，第一叫做智障——就是所知障，第二叫做解脱障；一念二破，所以稱之爲佛。外面可能會有人認爲這種說法沒有根據，但是諸位可以經由破參乃至見性的一念相應慧去理解：當年 佛世尊示現時，是以凡夫之身在四禪八定具足的狀況下，一念破二障而成佛，確實是在一念之間完成的。譬如說諸位明心時——你們現在可以回想一下——當你找到如來藏時，是不是也一念破二障？只是你沒有斷盡二障而已，佛則是一念斷盡。先說解脫障，也就是煩惱障：當你找到如來藏而認定不疑時，我見斷了沒？（大眾回答：斷了！）當你認定如來藏才是眞實心而不懷疑時，當時就不再認定意識心是眞心了，我見也就斷了！思量的心——意根——也是當場就自我否認掉了，不肯再認祂爲眞心了；從那時開始，總是認爲自己虛假不實，如來藏才是眞實的存在，這就是同時打破煩惱障。

當你找到如來藏而經過多刹那的思惟、體會、領受，確定是如來藏而沒有錯誤以後就斷了我見，接著疑見、戒禁取見也都跟著斷除，這就是解脫障被你打破了，已經具有聲聞初果的解脫智。這時現前觀察如來藏分明的運作而維繫著一切法，就知道萬法的實相了：原來一切法界都是這個如來藏，如果不是祂，我們連色身都不可能有，更何況會有意根與前六識呢？又何況能有蘊處界的緣起性空法呢？因此而知道祂能出生萬法、能滅萬法，原來世界的成住壞空也是依如來藏而有的，所以就知道宇宙的本源了；而這個實相法並不是三界中的世俗法，是法界萬法的實相，所以明心時一念之間也同時打破了所知障。

由此看來，三乘菩提的差異確實存在著：二乘菩提的初果證悟時，只能斷我見而打破煩惱障，可是不能打破所知障；甚至於斷了我執而成為阿羅漢之後，都還不知道實相是什麼，當然智障仍不能打破。但是當你證得如來藏時，一念相應之間破了智障、也破了解脫障，所以，因地明心時同樣能夠一念之間破二種障，所以最後身菩薩位一悟之下當然更能夠破盡二種障，而這是二乘聖人都做不到的，就以如來一念破盡二障而稱之為佛；二乘人都做不到，所以不能稱為佛。

如來又具足了智因智果，所以能稱為佛；二乘人都不具足智因、智果，因為一切智慧發生的因，莫不都由如來藏出生、顯示；如果沒有如來藏，連意識都不存在了，當然更不可能會有任何的智慧出生或顯示，所以一切智慧的因是如來藏；而成佛是靠一切種智，一切種智的內涵卻純然是如來藏中一切種子的具足了知，所以一切智慧的果就是成佛時的一切種智；這種智因與智果，如來具足，二乘聖人卻絲毫不得，所以他們都不能自稱成佛。所以 釋迦佛滅度後，佛的法座，一切大阿羅漢們都不敢上去坐，因爲他們都尚未成佛。三明六通具足的大阿羅漢們都很清楚知道自己還沒成佛，只有提婆達多才敢說他已經成佛，才敢鼓動阿闍世王殺害父王而當新王，他就配合下手來殺害 世尊而想要自立爲新佛，有智慧的人都不會隨便自認爲已成佛道的，阿羅漢們也都知道自己尚未成佛；所以如來具足智因與智果，不是二乘羅漢們所能知道的。

二乘聖人們如果迴小向大修習大乘法，而且明心乃至見性了，更不敢自稱成佛；菩薩們有誰敢大膽說他已證得佛地眞如的？沒有！（有人說了一句話，但錄音帶中聽不清楚）啊？眞的有啦！當然是那些退分菩薩們。他們剛離開正覺時說「已經親證佛地眞如了」，他們認爲一悟之時就應該成佛了，所有經典都全懂了！那其實是大妄語。而我們說證悟之時只是三賢位中的七住位，卻反而被他們說成大妄語，他們自相顛倒以後卻來普勸正覺的會員們過去他們那邊學；後來被我們破斥了，才又改口說沒有證得佛地眞如。證得佛地眞如時就是成佛了，而且佛地眞如仍然是無垢識，還是原來的阿賴耶識心體啊！他們把阿賴耶識心體否定了（法蓮、紫蓮師的「書」（很多人稱之爲經文剪貼簿）中還特地把無垢識也否定，說那不是眞心；他們把三個名詞都列出來：阿賴耶識、異熟識、無垢識，說都不是眞如），否定了第八識心體，又怎能證得佛地眞如呢？這眞是痴人說夢！他們又說二乘聖人也能證得如來藏，意思是二乘聖人也都親證眞如心了；這樣一來，他們的意思就成爲：**這一段經文中佛的說法錯了**！可是，二乘聖人如果能證得如來藏，而且能現觀如來藏所顯示出來的眞如法性，那就一定會成爲菩薩而不可能再是二乘阿羅漢了！所以他們說法時非常雜亂而又沒有自知之明，眞荒唐！

這種佛菩提的智因與智果，二乘聖人得要迴小向大，並且能夠明心與見性之後，才可能進入十住位中；那時自知只是十住位的大乘別教賢人，就更不敢自稱成佛了。因爲不迴心的阿羅漢們連菩薩所說的法都不懂了，何況是諸佛的智慧境界？當然更不懂！諸佛的一切種智太深廣了，他們縱使後來悟得如來藏而成爲菩薩了，自己必定會知道要達到佛果的境地還是太遙遠了，所以都不敢自稱成佛。所以，人間有佛以來，沒有一位阿羅漢敢自稱法王、法主，只有藏密那些附佛法外道才敢冒充法主、法王，因爲他們都不懂佛法眞義，也不知道大妄語果報的嚴重。

因此，斷煩惱障成阿羅漢時並不等於成佛，可是印順法師他們不懂這個道理，他們都用解脫道的義理來解釋般若：把解脫道的緣起性空義理冠上般若之名，用來解釋成佛之道；然後再用解脫道的法理，叫人家斷盡思惑而不取無餘涅槃，說這樣就是菩薩道、成佛之道，並且還寫成書籍，這就是他的《成佛之道》書中的法義；至於所知障，他所說的「佛」是可以完全不知、不破、不斷的，他的繼承人昭慧、性廣、星雲、證嚴……等人也都如此。所以他們都誤會了佛法，即使淺如二乘菩提，他們也都誤會了！他們縱使未來眞能正解二乘菩提，也都將只是殘缺的佛法，因爲不具足大乘般若正理的緣故。所以他們自稱是原始的佛法，還眞是恰當：原始就是表示還只是個雛型，不成熟也不圓滿。也因此緣故，二乘聖人沒有人能、沒有人敢自稱成佛。必須所知障破壞斷盡、究竟具足一切種智，並且把習氣種子隨眠都滅盡了，才能稱爲成佛。

佛又開示說：**善男子啊！凡是如來開示時說出口的話，不會有二種——不會前後所說不同——也不會有錯誤，也不會是虛妄說。**

「如來出言無二」：什麼叫作無二呢？無二就是說永遠不顛倒、不改變。你所謂的明心境界，永遠是不改變；你所謂的眼見佛性境界，永遠不改變；你所謂的初地境界，也永遠不會改變；乃至諸地的境界也將永遠如此，都不改易。如果需要改來改去，那就不是無二說了。所以我們從出世弘法以來，永遠都不改變悟的義涵——只有親證如來藏了才是眞正的開悟。別人不斷地提出質疑：你們那個阿賴耶識不是阿賴耶識，我們就證明確實是證得阿賴耶識心體。去年楊榮燦先生退失以後，又提出質疑說：「你們正覺所證的只是阿賴耶識，但阿賴耶識並不是如來藏。」我們就以書籍寫出來公開證明眞是如來藏，所以我們永遠都不會改變，除非經典的內容改變了——佛陀重新出世更正原來經典中的法義。

可是你們看看那些退分菩薩們，前後總共改變幾次說法了？他們先說是已經證得佛地眞如，覺得我們的修證太差了，又不願回報我以前幫他們證悟的恩德，所以結伴離開了，也不願接受我的求見——我們乾脆就趁現在爲大家說一點補充教材吧——他們剛離開同修會時私下如此傳言：「佛地眞如是在因地就已經成就的，所以現在一悟就可以證得佛地眞如，這樣才是眞的開悟；正覺只證得阿賴耶識就說是開悟，那就是大妄語，每個人都得要下地獄。」我們聽到這個說法，就公開解釋佛地眞如：佛地眞如是二障究竟斷盡而把阿賴耶識心體改名爲無垢識以後，由無垢識藉著佛地的十八界顯示出來的眞如法性才是佛地眞如，所以證得佛地眞如就是成佛了，那他們顯然是大妄語。他們聽了，馬上又私下改口；因爲一直有人聽了我的說法就隨即去傳話，他們就立即私下改口說：「沒有啦！我們只是證得初地眞如，不是佛地眞如。」這是第一遍改口，仍然罵我們：沒有證得初地眞如就說是開悟，是大妄語，要下地獄。所以有人就害怕而辭去職事。

他們私下這樣恐嚇大家，我們就公開說明：「初地眞如還是阿賴耶識心體，要到第八地才能改名異熟識，所以初地菩薩的第八識眞如心仍然是阿賴耶識；初地眞如的證得，必須具足眞見道和相見道的功德，必須要具足十住眼見佛性的如幻觀、以及十行位滿心的陽焰觀、十迴向位滿心的如夢觀，因此而發起初分的道種智，才算是眞正證得初地眞如，但是初地眞如仍然是初地菩薩的阿賴耶識所顯示的眞如性相；他們至今連眼見佛性的第一種現觀如幻觀都未證得，怎能證得初地眞如呢？」他們說已修到初地了，可是有沒有相見道的功德呢？也沒有啊！因爲他們連二種見道的內容都弄不清楚，把相見道給丟棄不修、不證，根本就沒有通達見道的功德，而說眞見道就可以成爲初地聖人，那不是自抬身價嗎？這正是大慢心嘛！卻又以這種大慢心而說我們主張證悟只是七住位的無慢者是增上慢。他們既然說已證初地眞如，可是初地眞如的證得，必須先要具足三種現觀：十住位見性時的「世界身心如幻」現觀，十行位滿心的「七識心王猶如陽焰」現觀，十迴向滿心位的「菩薩道如夢」現觀；得要具足這三個現觀才行，不是用想的就說自己已證初地眞如了。那我們倒要公開的請問楊先生：「這三種現觀有沒有證得？」別說三種現觀了，連第一個現觀也沒有證得，連十住位都不能圓滿完成，

改變說法，顯然都不是無二之說。但是我們始終不改，明心時一定只是十住中的第七住位，也永遠限定爲證得阿賴耶識心體；不是他們講的佛地或初地，也不是他們另外想像的如來藏、眞如。初明心時永遠不可能是初地果位，明心時如果說是初地，那是大妄語，準備捨報下地獄：眞見道絕對不是初地。千萬要小心判果，不要自抬身價而成爲大妄語。所以我們一向都是不二說，我們出來弘法至今，始終都是這樣。至於眼見佛性，也永遠維持十住位的判果；除非你是菩薩再來，過去世就已經證得地上境界，否則一定永遠定位爲十住菩薩；你就好好地安分守己一步一步進修，不要打妄想自高。所以我們永遠都是無二說，從不改變；如果不是無二說，前後不斷的改來改去，那就不叫正法了。

　　現在有人遞了紙條上來請問，說他們現在這樣講：「你們蕭老師說眞如是阿賴耶識的體，我們也是說：『眞如是阿賴耶識的體』，所以我們的法和蕭老師的法一樣，你們都可以過來學。」既然是一樣的法，那又何必過去？正宗的老字號不是更有信用嗎？又何必去向尚無信用的反叛新店交易？而且他們已經跳票過很多次了，信用早就破產了，你們又不是腦筋壞掉了，有誰現在還願意去跟他學？可是，話說回來，我們有說過「眞如是阿賴耶識的體」嗎？我們所有的書籍、講經說論的DVD和錄音帶中，從來都沒有說過這樣的一句話，我們一向說「阿賴耶識是眞如的體」，我們說「眞如法性是阿賴耶識心體藉蘊處界所顯示出來的阿賴耶識心體的自性」，所以：眞如是以阿賴耶識心爲體歘！我們從來不曾說過「阿賴耶識以眞如爲體」或是「眞如是阿賴耶識的體」等說法，從來都沒有這樣講過；所以他們是在扭曲我們說過的法義，想要藉此招攬一些同修會的學員過去罷了！這只能說是黔驢技窮了，才會使出這麼一招來混淆大家，讓大家聽起來誤以爲是一樣的法，就可以二邊都去學。

可是如果是二邊都去學，請問：初地的法義他們能教嗎？（眾答：不能）當然不能教！因爲連初悟的七住位眞見道內容都會搞錯了，更何況是相見道具足的初地智慧？更何況他自己說初地眞如要等到一大阿僧祇劫以後才能證得，怎能教導你們親證初地眞如？連七住位的「阿賴耶識心體就是如來藏」的事實都無法安忍，退回意識境界而認取離念靈知心爲佛地眞如、初地眞如，連七住位的智慧都保不住了，還能教人親證初地智慧？當然不可能！但我們這裡可以學到初地的妙法，他們不行，連眞見道的七住位智慧都弄不清楚，相見道的內容也不懂，光是一個見道如何通達的事情都不懂了，講出來的都錯得很嚴重了，那二本不像書的「書」印出來時也錯得一塌糊塗了，那你去跟他學什麼呢？你又不是愚痴人，怎會隨他們的意呢？這是藉著臨時遞上來的紙條所說而作的一些補充說明。

所以「無二」就是永不改易，不會今天這一種說法，到了明天被人質疑就立即改變。無二後面還有「無謬」二字，無二和無謬是連在一起說的，正因爲無謬才能無二；假使有謬，就一定要作二說、三說、四說、五說而一直改變說法，只有無謬才可能無二，永遠不必改。我們出來弘法到現在，一定都是這個阿賴耶識、如來藏；見性則是眼見爲準，想像、體會的不算；判果永遠是明心爲七住、見性爲十住，並且永遠判定：必須具足眞見道與相見道的觀行智慧以後才能成爲初地。我們永遠不會改變，過去這樣判，現在這樣判，十年後、百年後、二百年後還是不會改判；能夠永遠如此，才能叫作無二、無謬。但是有些小地方還是會有一點點小錯誤，譬如有時會有語病而沒有注意到，後來知道了就隨即改正，這都是正常的；乃至成爲等覺菩薩了都不能免除這種過失，只有成佛以後才不會有這個現象，只有佛地時才能打包票：「**我說出來的法都不會有小錯誤**。」等覺菩薩也不敢打包票的。假使有些小地方我沒有發覺錯誤，再版時發現了就會立刻改正，請大家免費換書，我們都會負責到底。出版業像我們這樣的，可能找不到第二家。這是爲了求好，希望對今世、未來世的佛子都有正面的、而且是完全無錯誤的利益，這是我們所追求的目標。

但是，如果根本法義上面出言有二、有謬，那就是表示這個人說法不正確，所以要一再地改變他的說法。但諸佛如來智慧無礙，不管你問什麼法，都能爲你說。有一次，二個牧羊的孩子去見　世尊，他們說：「**我們牧羊人，知道牧羊的七、八種要領；您是一切智者，能爲我們教導更多的牧羊方法嗎？**」　佛就爲他們講了十幾種牧羊方法，這就是　佛的智慧無礙。世間法如是，出世間法中更如是，因此諸佛有無量無邊的智慧。所以　佛去破外道時，不以佛法來摧破外道，而是以外道法來破外道法，大家都要如此練習。我們寫書時，總是引用他們的說法來破他們，讓他們進退兩難；所以被我破斥法義的人如果夠聰明，就不敢開口而默然不回應，最多只是私下口頭謗一謗，不敢落實到文字上說蕭平實有什麼過失。因爲我慣於舉證他們說的法來破斥他們，他們被我破斥以後，只是臉上有一點兒灰；如果膽子太大寫出文字來破我的話，我一回應，他們可就不只臉上有一點兒灰，就要變成滿臉豆花了。

所以印順（註）、昭慧……等人很聰明，他們連一字都不寫，都不回應；不回應就熱鬧不起來了！他們的顏面就丟得比較少，所以他們算是很聰明的。那我們爲什麼能這樣？因爲智慧無礙的緣故。你如果不是智慧無礙，就沒有辦法用他的法去破他。沒有智慧無礙而膽敢去破人家，那叫作莽夫之勇；就算能夠善於計謀也沒有用，因爲計謀在佛法上都使不上力。所以當一個人智慧無礙時就可以樂說無礙，橫說豎說都有理；不管人家怎麼說，到他這裡都有理：別人說錯的法，到他這裏也可以變成對的；別人說對的法，來到他這裏卻會變成錯誤，根本沒有能力與他對話。因爲他可以從不同的面向來講，錯誤的說法也可以通達佛理而解說出來，這就是智慧無礙的結果。由於智慧無礙才能夠樂說無礙，如果不是智慧無礙，哪天請你上來法座講一講，不必二個鐘頭，十分鐘就好；二腳就打哆嗦，不樂於上台說法，都是因爲沒有智慧無礙的緣故。如果再要求開放讓人家當場提問，那就更不敢了；開放讓人當場提問，你得要肚子裡有很多東西才行。（註：這是 2003 年說的，當時印順仍然健在）

我們後來取消了說法前的當場提問，那是因爲考慮到一個事實：已經五、六年開放給他們當場提問了，他們還是照樣會退轉，顯然開放提問並沒有作用；而且我們新設的電子報裡已經有般若信箱了，那麼乾脆就不要浪費時間，直接講經，可以講出更多的法義。要不然，我們幾年來都是開放讓人投書來問，前後幾年所問的問題往往不斷的重複，浪費大家的時間；而且也救不了會退轉的人，所以不如取消！所以，講經時能夠樂說無礙的話，一定是先要你心裏有說不完的很多法，這樣你才可以樂說無礙；你如果不是法無礙、智慧無礙，又如何能夠樂說無礙呢？諸佛因爲智慧無礙，所以都能樂說無礙。

諸佛又具足了因智、時智、相智，所以出言無二、無謬。因智是說諸法之因。諸法以何爲因？以如來藏爲因；眾生流轉生死，以何爲因？以業種爲因；三乘菩提以何爲因？以如來藏爲因；這就是因智。爲什麼這個法是那個法的因？單單這個因智，就可以講出一大堆道理。假使哪一天你上台說法，人家問你「因智」，就以因智爲中心而說出一大堆法：爲什麼聲聞菩提以如來藏爲因？你可以講一大堆出來！接下來人家問：「緣覺菩提爲什麼以如來藏爲因？」你就說明十因緣與十二因緣的道理，十二有支又是從哪裏來的？最後證明因緣法以如來藏爲因的道理正確無誤。又如：「大乘菩提爲什麼以如來藏爲因？」你又講出一大堆法來，從總相智、別相智、一切種智一直講出來，這都不必打草稿，不必看稿子就可以說上三天三夜。不曉得的人就說：「某某人說法滔滔不絕，猶如天河一般源源不斷。」其實是因爲你已通達三乘菩提，所以瞭解三乘菩提互相之間的關係；三乘菩提和如來藏的因果關係中，爲何以如來藏爲因？你也很清楚的了知，就可以說上一大堆法，這個叫做因智；因智的具足則是佛地的境界。

「具足時智」是說能夠觀察時節因緣，什麼時候該說什麼法，什麼時候不該說什麼法；所以有些法不能在人間說，只能到天界說，甚至有些法只能到色究竟天中才可以說；乃至有些法在色究竟天裏面，假使有初地、二地菩薩在場時還不能說哩！也有某些法是五地、六地菩薩都還不能聽的。所以說法時，一定要觀察時節因緣，有些法即使能說，也要限定某些對象，不是對每個人都可以說的。所以我們今天講經既不限制聽講的對象，當然所說法義會與增上班有所不同；但是有些法義即使是在增上班的課程中也不能講，有時候忍不住而幾乎要講出來時，警告就來了，仍然不能講。所以有很多法義在宣講時都要觀察時節因緣，在不該說的時節因緣中，就不要勉強去說，勉強說了以後都是虧損如來的重業。光是洩露阿賴耶識所在的密意，就已是虧損如來了；比這更深的法義，在不該說的時地來說，那更是虧損如來了，所以要有智慧衡量時節因緣而說法。諸佛如來都有時智，都能觀察：這個人是幾地菩薩，可以爲他說什麼法；那個人是十迴向位的菩薩，能爲他說什麼法義；這個人還沒有明心，應該說進階求悟之法。有這種善觀說法時節因緣的究竟智慧，能究竟了知時節因緣，所以稱爲時智。

三智中的最後一個智慧是相智。相智就是一切法相已如實了知，任何一法的相貌都是諸佛所已知的，所以一切法的法相就包含很廣了。在《大乘本生心地觀經》說的初地百法明門，具足親證了就稱做百三昧；這個慧門的三昧，只是初地滿心所證；二地還有千法明門，三地還有萬法明門；這些都是在講一切法的相貌，只是所觀越來越深細、越來越廣泛，這就是諸法的相貌，簡稱法相。一切法相的智慧具足了，就是具足一切種智，那就成佛了！如果沒有具足一切種智，那就不算是成佛，只能說是菩薩；所以說一切法相的智慧，只有到如來地時才具足，菩薩們無論修到多高都不具足。

現代學佛人對於法相的誤解是很普遍的，有一些人把宗派簡稱錯了，就是因爲誤解法相的眞實義。譬如「法相唯識宗」，如果要簡稱的話，應該簡稱爲唯識宗，不應稱爲法相宗；因爲**法相唯識**的眞義，是說一切諸法的行相都要匯歸於識，所以說法相其實都**唯是識體所顯**，所以稱爲**法相唯識**。歸於什麼識呢？歸於阿賴耶識！「一心唯通八識」，假使說眾生都是只有一個心的話，這一心的意思只能解釋作八識心王和合爲一心而稱之爲阿賴耶識。一心既不能解釋爲八個識，既然是八識心王和合爲一心，而前七識又都從如來藏心體中出生的，都攝歸如來藏一心，那麼一心豈不是在講如來藏？《楞伽經》中 佛又明說：「**如來藏名阿賴耶識，與七識俱。**」眾生所有的法相從哪裏來的？都是由八識心王和合運作而出生的！可是前七識卻唯是第八識如來藏識所生，所以「法相唯識」一宗如果要簡稱，就只能稱爲唯識宗，不可稱爲法相宗；因爲這個宗派不是在講法相，而是在說明所有法相都唯歸於一識或八識。諸佛如來因爲親證如來藏、親眼明見佛性，所以都具足一切法相的智慧，所以具足相智；聲聞、緣覺不懂相智，他們只有世俗諦的相智，卻沒有世俗諦的因智，也沒有時智，所以對金師之子應該說數息法而他們不說，反而爲他說不淨觀；對屠夫之子應該教導不淨觀的，他們卻教他修數息法；這就是沒有時智，不能觀察時節因緣，所以二乘人永遠都沒辦法稱爲佛，因爲都沒有具足這三智。

「無有覆藏，不須守護，無能說過。」諸佛從來都不會覆藏，因爲沒有事情會做錯而怕人知道，所以都不覆藏。我的不覆藏和諸佛不一樣，我不覆藏是因爲通常我都不會有說錯法而讓會外人士可以批評，所以我不必覆藏；假使我有身口意行的過失，會馬上承認，立即改過，承認改過了就不必覆藏。老人家常教導子孫說：「**別人如果要打倒你，你就先跌倒在地，不要等別人把你打倒在地。**」他看你已經跌倒在地，顏面盡失了，就不必打你了！我這個愚人反而聰明，發覺錯了就立刻改正，改了以後誰還能攻擊我？假使我一直都不承認錯誤，別人就可以一直罵我。聰明人都是趕快承認錯誤，表面上看來是愚痴：「**錯了何必給人知道？**」但我們不這樣，不但承認錯了，還寫到書中公開認錯和改正。

我們是因爲認錯而立刻改正了，所以不必覆藏；但是諸佛都是因爲從來沒有錯，所以不用覆藏；既然不用覆藏，那就不用守護。守護是很辛苦的，做了一件錯事卻不敢承認，不敢懺悔及改正；當某甲問起來，就得編一大堆謊言來圓謊；見到某乙時又得另編一套說辭，結果就得要記住曾向某甲所說的謊言，還要記住向某乙說的謊言，又得記住向某丙說的謊言；假使一天到晚都得記住這些謊言，你還能在法上用心嗎？當然不行！永遠都不會進步的！所以我常說：聰明人專幹傻事。如果有事情做錯了，就隨即承認、修正、改過，承認與改過以後就不須再覆藏，不需要去記憶同一件事情對甲、乙、丙三人各有不相同的講法。即使記清楚了也沒用的，有一天甲和乙談到這件事，乙又跟丙談到這件事情，這樣一來還是會把他的謊言拆穿。所以這樣說謊守護的結果，還是「有能說過」，人家還是能宣說他的過失。如果錯了而不覆藏，並且懺悔修正，就不須再辛苦的守護了，也就沒有人能說你的過失。諸佛則是從來沒有錯，所以不需要覆藏，也不需要守護，因此沒有人能說如來的過失。

這一段的第六點是說如來知道全部眾生一切的煩惱，而且還知道各個眾生的煩惱結使是什麼因緣而生起的，也知道可以因爲什麼因緣而滅除。所以有的人怎麼努力修都沒有辦法成爲阿羅漢，佛就開示說：「你只要把貪欲斷了，就可以成爲阿羅漢。」結果他痛下決心、眞的斷了，就成爲阿羅漢了；另外有人始終修不成阿羅漢，佛告訴他只要把瞋斷了就成阿羅漢了，他眞的把瞋斷了，果然就成爲阿羅漢；甚至於有人怎樣學法都學不會，就叫他每天只要重複的唸一句「掃塵、掃塵」，他也成爲阿羅漢了。這就是說，眾生的因緣各不相同；正因爲結使產生的因緣各不相同，需要觀察因緣是如何生起，針對那個因緣消滅的原因來滅除，只要結使一滅就可以成爲阿羅漢了；這是如來才能全部知道的，大阿羅漢們並不知道，所以不能稱爲佛。

第七點是「如來是世間八法所不能污」，所以稱爲佛陀。世間八法各位都知道：利衰毀譽、稱譏苦樂，諸佛如來沒有喜怒哀樂可說，如來有時會訶責：汝愚痴人。不是因爲心裏有怒而訶責，而是因爲這個人應該訶責。大眾來讚歎如來，用盡種種好話來讚歎如來，可是諸佛聽到了世間一切好話來讚歎時，仍然不會心中暗自高興，因爲毀譽都不能傾動他們。假使有高興的心情，就表示你仍然會有瞋怒，這是相對的；所以要習慣於讓別人稱讚你而心中不以爲意，還得要習慣於別人辱罵你而不以爲意；而且還要習慣得很快，你如果不能很快的習慣，那你一天到晚都會有煩惱，特別是出來弘法的人。所以元覽居士寫信來諷刺我時，我讀信時還讀得蠻歡喜，我說：「這傢伙文筆還不錯哩！」可是我不會去想這信是誰寫的。到了第二天，重新再讀一遍時才想：這信倒底要不要回覆？這才開始猜測是誰寫的。如果初讀時就有氣，那你還能讀下去嗎？還能領納信中的意思嗎？更何況是回覆時越寫越快樂？不可能這樣。所以我寫《燈影》時，越寫越快樂，因爲可以藉這個機會來顯示正法的勝妙；你特地求這個機會，還不容易求得到呢！所以我全書前後都感謝那位名爲「求教」的大德，如果不是他寫信來提出楊先生的說法，我們就沒辦法把正法的勝妙性顯示出來，這是人家奉送給你的機會，所以你應該要感謝他。所以我們越寫越歡喜：「又有機會可以把正法的勝妙顯示給佛教界。」就能度更多人，這不是很好的事嗎？你爲什麼起煩惱呢？所以人家來質疑時應該心中高興。人家來質疑時心中不高興，只有一個根本的原因：你的法錯了！

愚人被質疑時都不歡喜，可是有智慧的人被質疑時會想：「我這個法好像錯了，好險哦！有人給我一個好機會可以公開懺悔，把大妄語的罪給消除掉。」有智慧的人會歡喜啊！沒智慧的人呢：「這傢伙竟然敢罵我，眞可惡！」就立刻罵回去。可是諸佛如來都沒有這種心態，稱譏毀譽都無所謂，一心只要利益有緣眾生。不論外道們如何罵，都隨他去；可是當外道毀罵時，如來都會觀察：「這個外道有因緣可以得度嗎？」

如果有因緣，就會去找外道辨正法義；如果那個外道沒有因緣可以得度，就公開說明外道法的錯誤所在，不去見外道了。這都不是因爲稱譏毀譽……等緣故而作的事，所以世間八法不能染污諸佛如來，因爲心地已經究竟清淨了，世間八法根本無動於衷。

第八點說如來「有大憐憫」，可以救拔眾生的苦惱；如果不是有大憐憫心，色究竟天那麼清淨勝妙的境界，不在那裏好好待著享清閑，來到人間吃這種食物，比欲界六天差很多；穿的還是糞掃衣，人間眾生又那麼可惡、那麼難度；爲了他們而辛苦的受生在人間，眾生卻還來毀謗辱罵，所以 世尊遇到木盆、火坑、馬麥……等等惡行，爲什麼明知會如此卻還要來這兒？都是因爲大憐憫嘛！所以 佛陀不計較自己受苦，明知道這五濁惡世的眾生根性很差，很難度，剛愎自用，我慢堅固；可是仍然以三界至尊的身分，來人間跟這種無恥污濁的眾生共住，若沒有大憐憫心一定做不到。你想一想色究竟天勝妙的境界以後會說：「**我如果有機會去那裏，才不來人間哩！**」所以想要成佛，得要有大憐憫心，一心一意就是爲了救拔眾生的苦惱。

第九點說諸佛「具足十力、四無所畏、大悲三念」，所以稱之爲佛，這三法的意思在前面都說過了，不再重複。

第十點說諸佛「身、心二力悉皆滿足」，這不是二乘人所能做得到的。現成的典故大家都知道：阿闍世王把大象灌醉了，要來踩死 世尊；當 世尊率領著阿羅漢們要入城托鉢時，看到大醉象來了，象鼻也綁了利刀，阿羅漢們看了以後一個個都溜了；所有俱解脫阿羅漢也都溜了，只剩下二個人：只有阿難陪著 佛。因爲阿難對 佛具足信心，他也不願棄 佛而去。等到大醉象衝過來時， 佛把五指伸出去，大醉象嚇得屁滾尿流，結果跪了下來動不了，這叫作身力心力滿足。莫說大醉象，伊羅鉢那象來了照樣沒有用， 佛有這種身力心力啊！那些阿羅漢們後來一定這樣想：「早知道這樣，我們就不要跑了。」

佛的威德力不常有機會表現出來，如果你有因緣被 佛召見過一次，那種感覺很複雜：你會覺得祂的威德很嚴、很重，所以心裏面很敬畏，可是又很想親近祂，捨不得離開。這是一種很矛盾的心態，遇見過一次就永世難忘了。若是遇見鬼神化現的佛，就不會有這種現象，鬼神沒有這種身心的威德力。身力心力二者悉皆滿足，這是唯　佛所有，俱解脫的、三明六通的大阿羅漢們都沒有。如果有人敢捉　佛去關，這是世間不可能有的事，但是俱解脫的阿羅漢卻有國王把他捉去關，這是因爲他們身心二力不具足的緣故。如果是遇見　佛的時候，心裏的敬畏心非常的強烈，同時又會產生很喜歡親近的心態，在這種狀況下，有誰敢去捉　佛來關？沒有人敢的！所以說，只有諸佛如來才能有身心二力。

關於身心二力的詳細解釋，　佛說：

【「云何身力具足？善男子！三十三天有一大城，名曰善見；其城縱廣滿十萬里，宮室百萬，諸天一千六十六萬六千六百六十有六。夏三月時，釋提恒因欲往波利質多林中歡娛受樂；由乾陀山有一香象，名伊羅鉢那，具足七頭；帝釋發念，象知即來。善見城中所有諸天，處其頭上旋行而往。其林去城五十由延，是象身力出勝一切香象身力；正使和合如是香象一萬八千，其力唯敵佛一節力，是故身力出勝一切衆生之力。世界無邊，衆生亦爾，如來心力亦復無邊，是故如來獨得名佛，非

二乘人名爲佛也。」】

講記 先說身力，如來的身力極爲廣大。佛解釋說：「善男子啊！三十三天（就是欲界的第二天忉利天）有一大城，名爲善見城；這個城寬廣都是十萬里，這十萬里裏面有宮殿及善見城裏天人所住的房屋，共有百萬，這裏面住的諸天人有一千六百六十六萬六千六百六十六人。到了夏天三月時，忉利天的天主釋提桓因要去波利質多林中歡娛受樂（波利質多林又名歡喜園，他要去歡喜園裏受五欲樂），在由乾陀山（由乾陀山就是須彌山的東側突出的山頂，是東天門的提頭賴吒天王所住的山）中有一隻七個頭的香象，釋提桓因起念要去歡喜園受樂時，這頭香象馬上就會感應到，立刻就飛過來了；因爲這頭象很大，善見城中所有諸天，就在這頭象的頭上旋行，去到歡喜園中。這歡喜園離善見城有五十由延（就是五十由旬，一由旬大約是二十華里，也有人說是十二公里），這頭香象身體的力量，勝過所有忉利天一切香象的力量；也就是說，所有忉利天的香象力量合起來不如牠的力量。但是就算是這種七頭香象的大力量，總共一萬八千頭的力量合爲一力，也只能抵得上諸佛一指節的力量，所以諸佛的身力超出而勝過一切眾生的身力。」

《大般涅槃經》有一個典故，禪宗祖師常常拿來問徒弟：「經中說五百大力士，他們都是大力量的人，爲什麼卻舉不起那顆路上的大石頭？」有人就拿這個問題去問趙州禪師，趙州怎麼答呢？一腳踢過去！就答完了。禪宗祖師就有這個公案，問人家：「爲什麼大力士抬腳不起？」當然我不會爲你們公開解釋，這不可以公開解釋的。但是你的力氣再怎麼大，也都是抬不起這腳的，事實確實是這樣。也許你會質問說：「我明明抬得起腳，你爲什麼說我抬不起？」我說：「你就是抬不起！」你若是想要問爲什麼，我說：「等你以後悟了就知道了。」看看將來有沒有哪個多嘴阿師來跟你講。五百力士舉不起那顆石頭，他們爲什麼要移走那個大石頭？因爲聽說　佛要從這條路行過（這是　佛晚年的事），他們聽說　佛要走這條路，大石頭擋在這兒卻沒有人去移走，對　佛是不恭敬的，所以這五百力士就發心要把它移開，把路整平，讓　佛好走，結果他們始終都沒辦法移動它。後來　佛剛上路時知道了，就先化現了一個化人，去到那兒問力士們說：「你們五百位童子在做什麼？」天竺古時規矩，凡是還沒有結婚的男人都稱爲童子，五百力士說：「我們要移除這顆大石頭，可是我們移不動。」「你們爲什麼要移動它？」「因爲 世尊過不久之後就要從這兒過。」「你們爲什麼要這樣做？」「因爲我們有恭敬心於 世尊。」 佛的化身就說：「那就我來移走它好了。」這個化身就伸出腳，大姆指一撐，把石頭踢上梵天去了！這些大力士們看石頭越來越高，然後又開始掉下來了，大家都趕快跑開， 佛的化身說：「不用跑，沒事！」石頭掉下來時，一手接了，把它化爲塵粉，這就是佛的身力。禪宗就拿來用：「大力量人爲什麼舉石頭不起？」「大力量人爲什麼抬腳不起？」你們破參的人就知道是什麼意思。可是忉利天主的大力香象一萬八千頭合起來的力量，也只及得 佛的手指頭一節之力，所以說 佛的身力勝過一切眾生的身力。

至於諸佛的心力：世界無邊所以眾生無邊，眾生無邊所以眾生心也就無邊；眾生心雖然無邊，可是諸佛卻都能知，所以諸佛的心力也就無邊。因爲身力與心力都無邊的緣故，諸佛如來獨得名佛，其餘聖人及所有眾生都不可稱爲佛。所以一切聲聞、緣覺聖人都不敢自稱爲佛。

【「以是義故，名無上師，名大丈夫、人中香象、師子、龍王、調御示導，名大船師，名大醫師、大牛之王、人中牛王，名淨蓮花、無師獨覺，爲諸衆生之眼目也。是大施主，是大沙門、大婆羅門，寂靜持戒勤行精進，到於彼岸獲得解脫；善男子！聲聞緣覺，雖有菩提，都無是事；是故名佛。善男子！菩薩有二種：一者在家，二者出家；出家菩薩分別如是三種菩提是不爲難，在家分別是乃爲難。何以故？在家之人，多惡因緣所纏遶故。」】

講記　經由上面所說的種種不同，而說 佛是無上師。無上是沒有人能超越，如果有人說他超過佛了，那個人一定是個痴人——沒有智慧的人——因爲一個很簡單的道理，他就透不過去了，單只問他：「你的**如來藏在哪裏？**」就答不出來了，還能說他的境界超過佛嗎？這不是太荒唐了？目前已知台灣已經有二個人說自己超過 佛的證境，再加上清海，就有三個人自稱超過佛陀，這些人都叫作痴人！如果哪天遇見了，我會問他們：「**你說你超過 佛陀，你超在何處？**」連你們這些初悟不久的小菩薩們都超不過去了，還想要超過 佛？未免太愚痴了！所以說只有諸佛才能稱爲無上師，如果有人可以超過諸佛，那麼諸佛就要叫作「有上師」囉？得要改名了。

諸佛又名爲大丈夫，因爲能行一切人所不能行，能忍一切人所不能忍，能說一切人所不能說之法，能證一切人所不能證之證境，所以叫作大丈夫。又稱爲人中香象、師子、龍王、調御示導。人類中的香象、人類中的師子、人類中的龍王、人類中的調御示導，這都在說明他有身力、心力而且有智慧。調御示導就是講智慧，智慧的究竟圓滿使　佛陀能調御眾生；調就是把眾生心性加以調柔降伏，御就是加以教導；再爲眾生開示而引導眾生，所以又叫作大船師、大醫師。大船師，世間的船再大，大不了造個五十萬噸的油輪，一百年後也許造個一百萬噸的船，也仍然不能稱爲大船；因爲一佛所度的眾生無量無邊，不能計數，假使這些人都投生同處來坐這艘船，不曉得要幾艘才夠？所以能掌控百萬噸的大船，仍然不能稱爲大船師。何況一般大師們所度的眾生，本質上是一人也度不了；所謂的得度，其實都仍在三界裏面，哪個人能度得出去？更何況能叫作大船師？所以只有諸佛才能做得到，不但度眾生出三界，而且終究可以成佛，所以又叫作大醫師。因爲諸佛醫治人們的生死病，一旦治了就要叫他永斷而不復發，這才是大醫師。世間醫師治好了人們的感冒，明年又會再一次感冒了；治好了胃痛，也許半年後又復發了，哪裏能叫做大醫師呢？然而佛治了眾生的生死病，治好了以後是永不復發的，這才能稱爲大醫師。

諸佛又稱爲大牛之王，大牛之王就是最尊貴的王。在古時印度總是以牛來表示尊貴，現代印度的牛還是很尊貴的。在印度，牛的生命比人類高，記得似乎是去年的事，新聞報導說有人撞死了牛，要判幾年或是無期徒刑；可是撞死了人，關七個月就結案了，撞死了牛卻要關一生，所以在印度總是以牛來顯示某人的尊貴，所以大家尊稱佛是大牛之王——不是指普通的牛——而是全部大牛之王。以此名號來顯示佛的尊貴，所以稱爲人中的大牛之王。

又稱說諸佛是淨蓮花。蓮花出污泥而不染，所以蓮花就顯示諸佛證法的妙境，因此以清淨的蓮花來尊稱佛。又因爲諸佛是無師獨覺，不是經由人家教導才成佛的，所以稱爲無師獨覺，這才是眞正的、所有眾生的眼目。如果有人想求出離生死，如果有人欲證法界實相，以佛為究竟皈依，才有可能證得，所以說佛是諸眾生的眼目。諸佛為什麼又是大施主？因為諸佛都做無上法施。而且諸佛也作無上財施：以三大無量數劫來修習無量的六度、十度萬行，而且最後成佛之前的等覺位，還要百劫修相好（這個百劫修相好的內容，經文很快就會宣說了），所以佛才是大施主。世間有誰布施能超過諸佛呢？無論是外財布施、內財布施、無畏布施、以及法布施，都沒有人能超過諸佛，所以說諸佛是大施主。

諸佛又是大沙門：所有出家人中，以佛為最尊貴，沒有人能超過於佛。諸佛又是大婆羅門，所有在家的修行人無人能超過佛，所以諸佛也是大婆羅門。想要為眾生宣說在家如何修行的道理，也只有諸佛才能具足宣說。諸地菩薩從初地開始，大部分都現在家相，你們去讀華嚴善財大士五十三參就知道了！這些在家菩薩們能幫助大家次第邁向佛道，但是有誰能超過佛？都沒有！所以佛才是眞正的大婆羅門。

並且諸佛都是由於無量劫的寂靜、持戒、勤行、精進而成佛的；諸佛都沒有喧鬧的事相，諸佛的心態一向都住在寂滅的境界裏面。等覺還無法一切時都做到，有時還會有一些法義得要思量，不是一切時寂靜的，但是諸佛卻是一切時寂靜的。假使說到持戒，諸佛根本沒有戒可持，因爲心性究竟清淨了，根本就不會有違犯的時候，所以諸佛才是眞正的寂靜持戒者。像這樣勤行精進，到達解脫的彼岸，獲得究竟的解脫；這些事情，從二乘菩提來看，所有的阿羅漢、辟支佛，沒有一人能有這種事情，所以只有諸佛能稱之爲佛，二乘聖人永遠無法稱之爲佛。除非他們迴小向大，經過三大阿僧祇劫同樣的修行與證境。

接著　佛做了總結：菩薩有二種，一者是在家菩薩，二者是出家菩薩；如果是出家菩薩爲眾生分別宣說這三種菩提，那並不困難，因爲出家菩薩是專業的修證者；可是在家菩薩想要爲人分別三乘菩提的話，那可就很困難了。那你們也許會說：「**你不也是在家身？**」以前有些法師是因爲看我蕭平實是在家身，修行仍然不差，他們就說：「**我想要還俗去了！蕭老師可以在家修行到此地步，我也可以學習他在家修行。**」他們不曉得我這個在家身的人，過去二千五百年來一直都是出家人，是從上一世才開始過在家生活的，他們也不知道我過的是出家人的生活。我的心境是出家的，我過的生活也是出家式的生活，他們哪裏知道啊？他們總是只是看表相，而不知道我的心境。他們若是去跟 維摩詰大士說：「你還不是在家？」可能就要被 維摩詰大士責備一頓了！他的在家身只是一個示現而已，所以我一向反對出家人還俗。

眞正要探討出家或在家，得要看本質：從本質來斷定是在家還是出家？如果身體出家了，心裏面都在想：「現在大陸很多出家人都這樣，我爲什麼不行？」因爲他們去當住持的人大部分是花錢買來的，去□□奉獻捐款了，就派一個古刹讓他們當住持，然後就在那邊受供養；他們受了供養以後，每年還得要進奉□□□主事者，但一定是每年收入豐厚。我聽說廣東省有個有名的寺廟，曾經有一位日本人捐了五百萬的港幣給住持，想要全面翻修寺院、作功德，可是住持收了錢卻放進自己口袋裏（當然一定要撥出一部分去奉獻□□□的□□。人家捐錢是爲了整修這個古廟，結果卻只用了一小部分在寺院整修上面，剩下的更多的錢都拿回俗家去用。那個俗家也是愚痴，敢用那些錢！我可是一分錢都不敢動用在自己身上的，同修會的每一分錢我都不敢去動，因爲後世承擔不了啊！可是他們沒有那種智慧，不知道嚴重性，就拿回家去給家屬俗人享受。大陸很少有寺院不是這樣的（只有少數的顯教寺院仍然維持著清淨戒而在努力修行）這種人就是身出家而心在家。

有的人出家了以後，一天到晚在想：明天得弄什麼好吃的。這哪裏叫作出家？我這一世現在家身，但我現在過的生活和出家人沒啥不同，努力的坐在電腦桌前，從早到晚一直在打電腦，一直在趕工。我一天只吃二餐，現在改爲一餐半，現在是只吃晚餐，在晚上十點或十點半吃一餐，下午四、五點時吃一顆蕃薯、一碗牛奶就解決了！早上可就沒得吃了！我不是故意要表現什麼，只是因爲想要減肥，不是爲了強調出家的生活。像這樣的生活我也很習慣，也覺得沒什麼。可能別人會覺得我好可憐，其實沒什麼可憐（編案：後來 平實老師已回復一日二食，是因爲營養不足而嚴重影響到左眼視力了）。所以出家與在家的差別，要看法上有沒有親證？心境是否出家？你有法上的證量，心境也是出三界家了，那就是眞出家。假使出三界家的智慧生起了，心境也遠離三界法了，這就是出家。假使是以這樣的實義出家的在家菩薩身，來爲眾生分別這三乘菩提的話，那就不困難了！所以叫我來分別這三種菩提，並不困難，這不是以表相的出家、在家來說。

但是一般的在家人可就很難了！因爲「在家之人多惡因緣所纏繞故」。如果身體出家了，從世俗家搬到寺廟中住，但是心裏一直想著：「怎樣募集到更多錢，怎樣造勢舉辦更大的活動，讓我的寺廟更大、徒眾更多、名聲更大、影響力更大，在佛教界乃至世間都會受人尊崇。」這就是多惡因緣所纏繞。所以出家或是在家，都不要看表相，表相上是看不準的。你如果要看表相，那麼 世尊他老人家也是在家，你曾經看過哪一尊佛像是光頭的？不都是旋髮加上肉髻，那不也是在家身嗎？所以並不是要剃光頭了才叫出家，所以永遠都看不到一尊佛像是剃光頭的。實際上，只有留著頭髮的諸佛才是眞正的出家人：不但能出三界的家，而且究竟法界實相，無不窮達，這都不是那些出家的阿羅漢們所能知道的。但這都是經由三賢位中的不斷出家修行佛菩提，再經由初地到十地的在家身而修出家行才能達到的。所以說一般的在家人想要爲人分別宣講三乘菩提是很困難的。

但是末法時的出家人，想要為人分別三乘菩提也很困難的。所以今天即使有人能請求印順「導師」來為大家講三乘菩提，他其實也是講不清楚的，何況能為眾生詳加分別？（編案：這是二〇〇四年初講的，當時印順還健在）而且現今的出家人惡因緣更多，他們的惡因緣就是西藏密宗的邪法，他們都被藏密邪法纏住了（在這裡順便宣布一件事：有人想要購買宗喀巴寫的《密宗道次第廣論》，要求正智出版社印行出售。但是現在不必印行了，因為新文豐出版社已有出版了，想要的人請直接向新文豐出版社購買）。印順法師也是被藏密的惡因緣所纏繞了：以前法尊法師翻譯藏密宗喀巴寫的《密宗道次第廣論、菩提道次第廣論……》等等，把藏密的應成派中觀思想翻譯出來；印順為了幫他校對譯稿及潤色，讀著、讀著他就信受了，就主動承接了藏密應成派中觀的邪教。他就是從二十九歲、三十歲時接觸了應成派中觀的邪見以後，改變了他的一生，從此永遠都走藏密的路，所以他的中觀見就是藏密黃教的應成派中觀見，這就是他的惡因緣。都因為這個緣故，所以他全面否定如來藏（阿賴耶識），成為中國佛教史中破法最嚴重的第一人。

在這個事實基礎上，請問：他出家戒的戒體還在不在呢？（大眾回答：不在！）當然他出家戒的戒體已經失去了嘛！那就已經沒有聲聞戒的戒體了，當然已不是眞正的出家人了！只剩下出家身的表相而已。有的法師毀謗我，同時也毀謗我們弘揚的如來藏法，這叫作毀謗正法、毀謗賢聖；他們以凡夫僧的身分而這樣做，請問他們出家身的聲聞戒體還存在嗎？（大眾回答：不在！）當然早就不在了！不但不在了，還成就了地獄罪。因爲如來藏阿賴耶識是三乘菩提的根本，他們毀謗了就沒有出家戒的戒體存在了，就等於一個在家人穿著僧服住在寺院裏一樣，與在家人並沒有差別；所以這些否定如來藏正法的出家人，其本質都已經是在家人了！像這樣的在家人，你要他們來爲大家分別宣說三乘菩提，那可就太難了！你如果找我們同修會中示現在家相的親教師們來宣說三乘菩提，他們可都沒有問題，因爲他們有了出三界家的證境。所以有時候要從實義上探討佛法，不要從文字表面去看。但我們在講這部經時，原則上還要依經文來說，因爲這部經是在正法時代說的，還沒有「出家身而在家心」的出家人。正法時代如果有出家菩薩出來說法，在家菩薩

〈修三十二相業品〉第六：

【善生言：「世尊！如佛所說菩薩身力，何時成就？」佛言：「善男子！初修三十二相業時。善男子！菩薩修集如是業時得名菩薩，兼得二定：一菩提定、二者有定。復得二定：一者知宿命定、二者生正法因定。善男子！菩薩從修三十二相業，乃至得阿耨多羅三藐三菩提，於其中間多聞無厭。菩薩摩訶薩修一一相，以百福德而為圍遶。修心五十，具心五十，是則名為百種福德。善男子！一切世間所有福德，不及如來一毛功德；如來一切毛孔功德，不如一好功德；聚合八十種好功德，不及一相功德；一切相功德，不如白毫相功德；白毫功德，復不得及無見頂相。善男子！菩薩常於無量劫中，為諸眾生作大利益，至心勤作一切善業，是故如來成就具足無量功德；是三十二相，即是大悲之果報也。」】

講記　接著善生菩薩又請問　世尊：「如果您所說的，諸佛都有這樣的身心二力，那麼菩薩開始修學佛法，當然也會發起這身心二力，但是這二種力是什麼時候才開始成就的呢？」　佛開示說：「這身心二力，是要從初修三十二相業時開始生起的。」也就是從初住位的廣修布施行時開始的。十信位只是在修集信心，沒有眞正在修行六度，外門六度不曾廣行；得要具足十信位的聞熏而對三寶具足信心後，才可能廣行外門六度萬行。在信心不具足之前，這個人來寺院時，他只會聽法而他不做護持三寶的事。他會先聞法之後而作確定：「我所聽的法正不正確？我要不要走這條路？」他還要再多所衡量：「我在世間法上的享樂，要不要捨棄？要不要減少？」他還在衡量。到了他對三寶眞正生起信心時，才會因爲滿足信心而開始修習外門的布施萬行；當他開始修布施行，就進入初住位中，從這時起開始累積三十二相業，所以初住位就是開始修三十二相業了。

菩薩開始修集三十二相業時就已經是菩薩了，是凡夫菩薩外門廣修六度萬行。開始修習以後，在修三十二相業的過程中會得到二種定：第一是菩提定，第二是有定。菩提定就是正覺同修會的如來藏妙法修證：明心而證得阿賴耶識，確定就是如來藏，確定阿賴耶識心體就是眞如法性所依之理體，而且不再退轉及懷疑了，這就是得到菩提定了。爲何稱之為「定」呢？是因為心不轉易：證悟之後心得決定，永遠不再改變，就叫作菩提定。如果心中懷疑而不能認定，就想另外再找一個如來藏，那就是心不得定，就是不得菩提定。第二是「有定」，有定就是說三界有中的定境。為什麼叫做三界有的定境？譬如說禪坐而證得欲界定、未到地定、初禪、二禪、三禪、四禪、四空定，這都是三界有的定法。

有二個意思說它們是三界有的定法：第一、這種境界都是三界有之中的境界，不超過三界有的境界；因為欲界定、初禪一直到非想非非想定，這些定法境界所能得到的果報都是三界有的果報，也就是來世將出生到欲界、色界、無色界的果報，所以證四禪八定的境界都叫做「有」定，因為都不超出三界有。另一個原因是：這些禪定境界都是「三界有」所住的境界，也就是意識心所住的境界，不能超過意識境界。因為證得四禪八定的人，除非另外證得三界法外的如來藏，否則就永遠都在意識心的境界中；而意識心是三界有，所以四禪八定稱為有定。菩薩修三十二相業時為何能得到有定？因為具備了六度中的禪定度的緣故。

菩薩另外還可以證得二種定：第一叫做知宿命定，第二叫生正法因定。知宿命定有二個狀況：第一、三地滿心菩薩，已具足修證四禪八定及五神通，所以能夠了知宿命。三地滿心菩薩發起五神通時，他的神通境界不是阿羅漢們所能知道的，超過了三明六通的大阿羅漢們。因爲他有般若種智的無生法忍，而大阿羅漢沒有，所以相差極大。第二種狀況是三地滿心之前，即將入地時，也就是十迴向滿心時，有了如夢觀，所以得到知宿命定。爲什麼叫作如夢觀呢？因爲你入定時常常會看到過去世的種種事情，而且可看到許多劫以前的事，不是像大阿羅漢只能看到八萬大劫而已。但這不是宿命通，因爲宿命通是一世一世往前推的；而且宿命通有限制，一般人的宿命通只能看前二世、前三世，已經算是很好的。有些神明可以看到十世前、百世前，那就算是很不得了的宿命通，再往前就完全不知道了，而大阿羅漢可以看到八萬大劫前。但是十迴向滿心時還沒有修得五神通的菩薩，有時可以看見無量劫前的事；但是他們也有侷限：不能指定想要看到過去生的某一世。也許這次入定完全看不見，也許你不想看而它們會自動出現，而且往往是跳來跳去的出現，不是依照次序而出現給你看，但也沒有限制是幾世、幾大劫以內。所以他把常常看到過去世的種種事情，一一串聯起來，就知道自己的來歷了！鬼神與眾天神都還不知道他的來歷，他卻已經自己知道了，所以叫作菩薩的**不可思議**宿命智。這都是從般若智慧中生出來的，不是從修學神通而來的，這就叫作知宿命定。

第二種是「生正法因定」：菩薩修三十二相業以後，一定會產生正法修證的因，所以常常會有些意想不到的、無生法忍的證境會出現，這叫作生正法因定；這種佛菩提的決定性，都是從修集六度、十度而來的，出現的時節則是在修三十二相業過程中。二乘聖人只能獲得蘊處界不再出生的忍法，關於大乘的無生法忍，他們完全沒有辦法得證；只有菩薩基於六度、十度的滿足，才能漸次發起。換句話說，如果沒有經過初住到六住位的外門廣修六度萬行，就沒有辦法開悟明心而進入第七住位不退；即使有人勉強幫他開悟明心了，也會生疑而退回五住、四住位中。有的人曾經對我說：「**我們看慈濟功德會那些委員們，都是很有善根，可是他們為什麼沒有辦法修佛菩提、求證如來藏？**」我說：「**你不必難過。**」他們問：「**為什麼？**」我說：「**很簡單！他們在六度的外門法中還**

沒有廣行，就沒有辦法修這個法，所以他們還應該要努力在慈濟的志業上更精進去做。當未來有一天，外門六度應該修的都已經修足了，他們就會起心動念：難道我學佛就只是一天到晚幫無助老人洗身體、布施錢財嗎？難道就只是一天到晚幫眾生蓋房子嗎？究竟佛法的修證是怎麼回事才是正確的？」那時他們會用心的思索這件事。當他們想到：「佛法應該不只是這樣吧？慈濟眾生應該只是修證佛法的基本，應該是要開悟之後才是眞正的佛法修行吧？」當他們起心動念而確實的探討這個問題時，就表示他們證悟的因緣開始成熟了，表示他們外門的六度萬行修夠了，才會進入正覺同修會來學法。這個福德修集不夠之時——六度之中只要差了一度不滿足——他們就得繼續在慈濟做下去，所以這是要看因緣的。因此，這種生正法因定，必須要外門的六度萬行滿足以後，才能完成。外門的六度萬行，第一度就是布施；如果過去生布施沒有修足，這一生要趕快去修，所以去慈濟算是最好的，聽說慈濟功德會不會貪污大家奉獻的錢財；他們是最不貪污的佛教團體，當然我們不算在內，因爲我們不曾貪過絲毫的錢財，也不曾接受過任何錢財供養，反而拿錢出來幫助弘法，所以我們永遠比慈濟更清淨。

這就是說，六度萬行要去行；布施行修足了，還要自我檢討：持戒有沒有好好去做？你們可能看見：好多慈濟功德會的人去到慈濟會中是素食的，離開以後還是大魚大肉照吃，酒還是照喝，麻將賭錢還是照玩，這表示他們的持戒還沒有修好，至於忍辱、精進、禪定就別提了！般若就更不用談了！所以他們還要去修布施行，這是很正常的。我們要度的是有緣人，不是要度一切人，因緣還未成熟的人，你是永遠無法度進來的。所以證嚴法師私底下毀謗、抵制我們，其實沒有必要，我們並不想度他們那種初機的學人；我們想度的人，在他們的會員、委員中，一萬人中大約只有一、二人就不錯了，所以她其實不需要故意毀謗我、抵制我，我對他們的委員與會員並沒有企圖心，而且我總是被動式的度人，從來不會主動去爭取她們的委員或會員來學。

除此以外，佛說：還有多聞這件事情也要修。佛說菩薩從三十二相業的修集而累積福德開始，一直到未來三大無量數劫之後，也就是在證得無上正等正覺之前，在成就佛道的過程當中，必須多聞無厭；只要有妙法可聽聞熏習，絕對不會嫌累，絕對不會因爲今天下雨就不去學習，菩薩永遠都是多聞無厭的。有很多人聽到說我要去某地，可能會說法，大家就會聚集同去，因爲菩薩的心性是多聞無厭的，這叫做善法欲。善法欲是不應該斷除的，如果善法欲被斷除了，就不能多聞無厭了；不能多聞無厭，他的成佛之道三大無量數劫，可就得要實際具足三大無量數劫，不可能長劫化作短劫了。

「菩薩摩訶薩修一一相，以百福德而爲圍遶」：關於菩薩摩訶薩這個名詞，星雲法師定義錯了！他說只有初地以上才能叫作菩薩摩訶薩，這個說法錯了！甚至於有人說：「要進入八地以上才能叫作摩訶薩。」全都錯了！因爲經中的定義會有因時因地的不同而有不同的說法。在《大般涅槃經》中說見性的菩薩就是菩薩摩訶薩，這就是眼見佛性的十住菩薩摩訶薩，所以見性的十住菩薩就已經是摩訶薩了。有的經典裏面則說開悟明心不退的人就叫作摩訶薩，有的經典說要入地才是摩訶薩，所以關於摩訶薩這個名相的定義，可別亂說。

大菩薩們修三十二相業，每一相都要以百福德來圍遶，才能成就三十二相的一一相；如何是百福德呢？佛說「修心五十，具心五十」，共有一百，這就是百種福德。也就是說，修三十二相業時，不管是修哪一項，任何一項都有修集的行門和方法；當你在修這個行門時，雖然只是修其中一項，但是在這個項目中要先起五十種的思惟：「我怎樣可以讓這個色身、道器清淨？如何可以讓我的七識心清淨、調柔？」這樣思惟過五十種。以這五十種修行方法確定可以讓身根及七識心調柔清淨以後，心中要生起五十種法的每一個決定思。前面是思惟要如何去做的方法，後面的思就是決定：決定要付諸實行時就是決定思。由五十種方法的思惟，隨即加上每一種方法的決定思而成爲修心五十；具足這五十法時，就能牽引自己如實而且不放棄每一種大人相的修行，這叫作牽引成就；由這修心五十來牽引成就三十二大人相的福德大業而一一成就。所以並不是這五十種精修大人相的方法思、決定思成就了就能完成某一種大人相；還得要付諸實行才能成就，所以方法思與決定思都只是一個牽引的力量而已。

第一種方法思與決定思的牽引力量成就之後，還要在下一個行的方法上生起思惟而且確實履行，成爲具心五十中的一種。這樣滿足五十種的修心與具心，才可以說是具心而成就一個大人相的業行。

爲什麼講一個大人相就要有五十思？這五十思是從哪裏來的？意思是說，當我們在人間修三十二相業，在修其中的一相業時都要以十善業道來修；如果離開了十善業道就不可能修了，所以還是要回歸最基本的、最粗淺的十善業道上面來修。可是十善業道共有十種：貪瞋痴意業三種、口業四種、身業三種，這就是十種。十種惡業都不造，並且反過來行善，這就是十善業道。在這十善業道中，每一種都要生起五種的思惟：譬如說身行三業的殺、盜、淫業中，以殺業來說，我們要生起五種不造殺業的思：離殺思、勸道思、讚美思、隨喜思、迴向思。一個不殺之業就有五種思，十善業道各有五思，所以就有五十思，這個決定思就是修心五十。有了修心五十，加以確實履踐完成的具心五十，便成就了一個大人相的百福德，所以說：「修心五十、具心五十，名爲百種福德。」

佛又對善生菩薩開示說：「一切世間的福德，不論是修什麼樣的福德，都比不上如來一毛孔的功德，如來一毛孔的功德，就勝過世間所有的福德。」爲什麼諸佛如來這一毛孔的功德，有這麼大的福德？這是因爲如來所有的身相都是百種福德圍遶的緣故。世間人的所有的功德，都只是在世間法上來修；而如來即使一毛孔的功德，也都是從世間、出世間法具足的福德圓滿來產生的，所以世間一切的所有福德都及不上如來一毛孔的功德。

可是如來身中許多毛孔的功德，卻又比不上如來八十種隨形好中一種好的功德；假使更進一步把所有的八十種隨形好的功德聚集起來，卻又比不上三十二大人相中的一相功德，換句話說每一相各有八十種的隨形好，可是八十種的隨形好都比不上它所依附的那一個大人相的功德。可是諸如來都有三十二種大人相，把這三十二種相中的三十種大人相（白毫相與不見頂相除外）的功德集合起來，比不上一個白毫相的功德。所有報身佛的眉心之間都有一個白毫相：白色的細毛旋轉猶如須彌山那樣大。

三十種大人相的總合功德都及不上一個白毫相，然而白毫相的功德卻又及不上無見頂相，也就是說無見頂相才是最最尊貴的。可是無見頂相為何是最尊貴的？無見頂又是什麼意思？請問你們已經明心的人：「如來藏有頂或是無頂？」（大眾回答：無頂！）你們當然找不到祂的頂。所有三十二大人相的功德都源自於如來藏的無色、無相以及祂所具有的無漏有為、無漏無為的大功德相。這就是說祂具有不見頂相，無形無色而具有常住不可壞滅的金剛性，而又能生萬法，其餘三十一種大人相也都是從祂而生的，所以說不見頂相的功德最大。

佛開示說這三十二相的功德的由來：菩薩常常在無量劫中，為諸眾生作大利益，不是在有為法上作大利益，而是在無漏有為和無漏無為法上作大利益，不是在有漏有為法上的利益，這才叫作大利益。如果只度化眾生去做世間法中的善事，那不是大利益，因為那福德是世間的福報，是有漏有為的福報，即使一生用不完，二世、十生也會被用完的。但是在無漏法上的利益，卻可以延續到未來無量世乃至成佛，所以是大利益。也因為這個利益無窮無盡，所以是大利益。菩薩無量劫中，不斷地為眾生教導世間、出世間上上法，這是為眾生做大利益，而且是至誠心、精勤的來做一切的善業，不是以輕心、有間斷心來做善業，因此這樣三大無量數劫的修行下來，所以如來成就、具足了無量的功德，也就是這三十二大人相，各各都有八十種隨形好的原因。是由於菩薩在因地有大悲心，做種種的身口意行，所以產生了三十二大人相及種種隨形好的果報。

【「轉輪聖王雖有是相，相不明了具足成就。是相業體，即身口意業。修是業時，非於天中、北鬱單曰；唯在三方男子之身，非女人身也。菩薩摩訶薩修是業已，名爲滿三阿僧祇劫，次第獲得阿耨多羅三藐三菩提。善男子！我於往昔寶頂佛所，滿足第一阿僧祇劫；然燈佛所，滿足第二阿僧祇劫；迦葉佛所，滿足第三阿僧祇劫。善男子！我於往昔釋迦牟尼佛所，始發阿耨多羅三藐三菩提心；發是心已，供養無量恒沙諸佛，種諸善根，修道持戒，精進多聞。善男子！菩薩摩訶薩修是三十二相業已，了了自知定得阿耨多羅三藐三菩提；如觀掌中菴摩勒果。其業雖定，修時次第不必定也。」】

講記 轉輪聖王雖然同佛一般，也有三十二大人相，但他們的大人相糢糊而不明了，而且三十二相也沒有具足成就。佛說三十二相是福德之業，都是在有爲法上顯現出來的，福德之業是以身口意業爲體而出生的；換句話說，如果不是在身口意上來修集的話，就不可能成就三十二種大人相，因此是以身口意業爲體。可是要修三十二大人相，所造福德的身口意業卻得要在三方男子之身上才能修成；換句話說在天上不可能修成三十二大人相業，三十二大人相業沒有滿足的話，就表示福德沒有滿足，就不能成佛。在天界的眾生都不需要你來布施、持戒、忍辱等法，天界都是上善有福之人，你在那裡修這三法並沒有功德與福德可得，所以得在人間修。但在人間的北鬱單曰，也一樣無法修；因爲北鬱單曰的人們壽算千歲，而且那邊日用之物隨取隨有，不需要辛苦賺錢去買，所以不需要累積，當然不必由你來布施給他們；不必你在那邊持戒，也用不著你來布施，所以你無法成就布施、持戒等功德與福德；至於其餘諸度，也用不著你來修持，因爲那邊的人都是富樂自在、隨意自在的。也許有人說：「那我就持不淫戒吧！」那也沒有用，因爲那邊的人沒有互相繫屬的親屬，並沒有固定的丈夫、妻子，雙方合意了就歡喜一場，完事了就離開，互不繫屬；所以在那裡受持不淫戒而不犯人，其實沒有多大的持戒功德，北鬱單曰的人類正是這樣子；所以在那邊修身口意業不易成就福業，因此 佛說唯在三方而把北鬱單曰除外，只在南瞻部洲等三方可修這種福業，而且要以男子之身而修最容易具足福業。女人難修此福，因爲女人通常都有繫屬，除非有好因緣而在結婚之後分手了，不然總是要受制於男方，我說的是通常的情況下。

譬如丈夫說：「我不去正覺修學。」但是太太想要去正覺修學，那麼太太能怎麼辦？有很多女眾就有這種困擾；假使太太堅持要在同修會中繼續修學，丈夫決定要離開，雙方相持不下，那就只能離婚了；假使放不下孩子，那又該怎麼辦呢？只好跟他丈夫走人了，眞是痛苦的跟他走。所以在南瞻部洲等三方，女子之身不容易修學。除非你有大福德，先生奈何不了你，而且事事都得聽你的，否則你就不容易修學。而且古時的印度，女人是男人的財產，就好像基督教的耶和華講的：女人是男人的一根肋骨。根本就沒有自主權。對於古印度的婆羅門來講，女人只是男人的財產，都沒有辦法做主的，因此說必須是男子之身才容易修行，不是女人之身。

菩薩摩訶薩在人間的南瞻部洲等三洲，以男子之身來修這三十二相業，並且「唯在三方男子之身」這一句話裏面，還有一句重要的話是：等覺菩薩一定現男子之身。有時候由於大願而現女子之身或天女之身，這是由於他的大願，爲了某一個特殊因緣才這樣做，都屬於特例，但通常在等覺位是不現女人身的。

菩薩摩訶薩修三十二大人相的福業以後，滿足三阿僧祇劫；也就是說這個福業是從初住位開始修，十信位不修福，只叫你修信；到了初住位開始，就是從福德開始修，這樣一直修到等覺及最後身菩薩，才算是滿足三大阿僧祇劫。「次第」，請注意是「次第獲得」而不是刹那間獲得；也就是說，配合所修證的層次，漸漸的增上般若智慧的實證；要配合福德的漸漸增上而次第證得正等正覺，所以是次第獲得無上正等正覺。

佛並以自己的例子證明：「**我釋迦牟尼佛，最早以前是在寶頂佛時滿足第一阿僧祇劫。**」　寶頂佛音譯爲　尸棄佛，義譯則是　寶頂佛，或譯爲　寶積佛；也有人譯做　寶髻佛，是依頂上的髻而譯的。　釋迦牟尼佛是在三大無量數劫前，當時有一尊佛稱爲 釋迦牟尼佛，他在那裡發菩提心而開始學佛，所以也發心說：「我現遇到的第一尊佛是釋迦牟尼佛，所以入了佛門；我未來成佛時也將號爲釋迦牟尼佛。」所以我們也可以成佛，我們也可以效法，所以我說我將來成佛，我也要叫作 釋迦牟尼佛。同樣的，也有人無量劫前遇到 阿彌陀佛而初發心，他也發心：我未來成佛也要叫做 阿彌陀佛、無量光佛、無量壽佛。所以 無量壽佛也有很多尊，所以念一尊 無量壽佛，也等於念千萬尊 無量壽佛，因爲過去無量無數。因爲他在 釋迦牟尼佛那裡初發心，後來修到 寶頂佛時進入初地了，就滿足第一無量數劫的修行過程與內容。然後繼續進修，到了 燃燈佛時，他滿足第二無量數劫的修行，所以 燃燈爲他授記說：「你將來多久以後成佛，成佛以後名爲釋迦牟尼佛，國名叫作娑婆。」又授記聲聞弟子、菩薩弟子的人數，正法住世、像法、末法住世的時間久暫。這是 燃燈佛時修到了八地，所以 燃燈佛爲 釋迦菩薩授記。

這是慣例，通常授記是在八地的入地心；除非有特殊原因才會在八地前授記，在八地以前的授記通常都是密授記，不會是顯授記。 世尊

繼續進修到　迦葉佛時，滿足了第三阿僧祇劫的功德，意思就是說他已經成爲等覺菩薩了。可是爲什麼成爲等覺菩薩了卻沒有立即成佛？因爲接下來還要百劫修相好。這階段通常是專修相好，無生法忍的修證都得全部暫捨。三十二大人相、八十種隨形好，要怎麼修呢？那就是外財已經完全不看在眼裏，常常施捨最難捨的內財。等覺菩薩在人間投胎的目的就是爲了獲得一個色身，把它餵大了以後，有誰要眼睛就挖給他，誰要胳膊就剁給他，誰要腎臟、心臟就挖給他，全部都可以布施。

有時等覺菩薩示現爲大鯨魚，在饑饉劫及疾疫劫時發願：眾生都來挖我的肉去吃，吃了以後飢渴就治好了，疾病也治好了！他以大身眾生的色身來布施內財，讓眾生每天來割肉去吃，割上一、二個月才捨報，這樣當然會很痛苦。有的人說：「**哪裏會痛？佛根本就不會痛，因爲如來藏不痛。**」如來藏固然不痛，但是你的覺知心仍然很痛；雖然如此，還是要做；因爲施內財來修福德是最快的，布施內財的福德最大。這雖然只是世間福德，但這個世間福德的修集卻是要藉著世間最尊貴的　等覺菩薩身來做。布施內財的事相得要做多久呢？要做一百劫！　釋迦牟尼佛因爲很精進修福，所以用不到百劫就把它完成了！所以他在 迦葉佛所已經是等覺菩薩，滿足第三阿僧祇劫了，但是最後再加上百劫之中精進的布施內財、外財而做一切施，因爲是一切施，所以速度很快，就超越 彌勒尊佛之前而成佛了，因此 佛說：「我於往昔的釋迦牟尼佛那邊初發無上正等正覺之心，在這三大無量數劫當中也供養了無量的恆河沙諸佛，福德很大，卻還不能被授記成佛，因爲還沒有證得第八地的無生法忍，所以無量世以來供養無量諸佛，都是只能不斷的做轉輪聖王，都沒有一尊佛爲他授記成佛；只有後來證得第八地的無生法忍時，才被燃燈佛授記成佛。」

光修福是不對的，光修慧也同樣不對，得要福慧兼修，所以得要供養無量恆沙諸佛，種植種種的善根，修學種種的法道，持一切戒法，精進的修行，而且多聞一切諸法而不懈怠、不厭倦，這樣才能夠成就佛果。

佛說菩薩摩訶薩們修這三十二相業後，就可以很清楚的自己知道：一定可以成就無上正等正覺，猶如觀看自己手上拿的菴摩勒果一樣。可是修行三十二相業，它的福德雖然必定可以成就三十二大人相，這個業雖然是決定的，可是修時的次第不必是固定的。換句話說，有人先修福業，有人先修慧業，並不一定。也就是說，佛菩提的道次第不是一成不變的，其中會有許多的變化；即使福業有許多的變動，有時先修某一項福業，有人則是先修另一項福業。福業如此，慧業也是一樣：在慧業上來講，有的菩薩先修證解脫道的慧業，然後才迴心深修佛菩提的慧業，所以大乘法中也有通教的菩薩，通教裏面就有信行、法行，四雙八輩聖者；也有人修學緣覺法而得解脫，但不入涅槃而成爲大乘通教菩薩，所以他修的是二乘法，是先修證解脫果後再迴心大乘，再從第六住位開始修習般若智慧；乃至可能有人以前沒有先修集福德，這時就得從初住位開始修布施行，所以法無定法。

乃至取證解脫果的情況也是沒有定法的：有人是見道即成爲阿羅漢，也有人是見道以後次第修道，次第歷經二果、三果再到第四果。所以這裏說修行時的福業和慧業次第不一定，也就是不必一定是什麼樣的次第，因此學佛必需先有這樣一個觀念：福業慧業沒有一定的次第，因爲眾生的因緣差別不同、根性的不同，所以福業慧業不必一定；既然不必一定，就不必一定要依照《華嚴經》講的次第，或者一定依照《解深密經》講的次第，因此會有千差萬別，所以不能用這一部經來非議另一部經的說法錯誤。因爲 佛說法時觀機逗教，有時對某一批眾生應該這樣說，對另一批眾生應該那樣說，所以法無定法，不能說「《華嚴經》既然這樣說，那你悟了爲什麼沒有這樣？」因爲那是爲天界眾生而說的，人間菩薩就不必比照那樣子。如果以 佛在人間所說的經來講，那是不是說天界的菩薩已經超過 佛所講的境界了？其實不對，並沒有超過，還是在那個層次裏面；只是說各人所住的異熟果報，有種種的不同，因此有爲法上的果報境界會有不同，因此說「修時次第不必定也」。但是到了一個階段，若沒有親證上位智慧境界所需有的福德時，就得改修福德了；若具足福德了，卻沒有親證上位的智慧境界時，就得放棄福德而專修上位的智慧了，所以說「法無定法」，當然要有智慧來自己判斷。

【「或有人言：『如來先得牛王眼相』，何以故？爲菩薩時，於無量世，樂以善眼和視眾生，是故先得牛王眼相，次得餘相。或有說言：『如

來先得八梵音相，餘次第得』；何以故？爲菩薩時，於無量世，恒以軟語先語實語教化衆生，是故先得八梵音相。或有說言：『如來先得無見頂相，餘次第得』，何以故？爲菩薩時，於無量世供養師長、諸佛、菩薩，頭頂禮拜，破憍慢故，是故先得無見頂相。或有說言：『如來先得白毫毛相，餘次第得』；何以故？爲菩薩時，於無量世不誑一切諸衆生故，是故先得眉間毫相。善男子！除佛世尊，餘無能說如是相業。」】

講記　又進入三十二相修行的先後次第來說，有人說如來先證得牛王眼之法相，其他相是後於牛王眼才得。牛王眼：大牛之王的眼睛很大，有時聽到罵人說：「你的眼睛好像牛眼。」意思是說他的眼睛很大，但是卻沒智慧看清楚眞相。牛眼已經夠大了，牛王之眼又更大了，經中這句話是顯示善果相的好話，不是剛才舉例有點兒責備人的意思。牛王的眼睛很大、睫毛很整齊、不錯亂，因此叫作牛王眼相。如來的眼睛絕對不是小小的鼠眼，沒有人經得起如來眼一瞪，包括諸天天主都一樣。但是如來沒有瞪過任何人，因爲如來的威德極大，根本不用瞪人；乃至諸天天主見了如來，沒有哪一個天主不感受到如來的極大威德。這個威德從哪兒來？諸位想知道嗎？很多人點頭表示想要知道。

一切人天的威德都從二個法來：第一是福德，即是法施、財施、無畏施而得的福德；第二是慧業，也就是三乘菩提的智慧。因爲福德滿足所以威德極大，譬如說菩薩修三十二相業時，不必具足修得三十二相業，只要已經修得四無量心具足，六欲天及色界天的諸天天主宮殿都會震動，可是你們都不曉得那個嚴重性。那時天主就會往下看：人間是誰在威脅我的寶座？只要你開始修四無量心，他們就會觀察：原來是人間的某人在修四無量心，他在覬覦我的天主寶座。接著就會來阻撓你。所以各位要注意這一點：將來如果到了三地心，必須先修四禪，然後要修四無量心，四無量心修完再修四空定，四空定修完再修五神通；當你修四無量心時，如果有人來問你（你不要期待天主會來問你，因爲天主不會以天主相示現，他示現天主相就敗露行蹤了，他會用一般人的形象示現來問你）：「請問你爲什麼發這麼大的心，來修四無量心？你是不是想要生天當天主？」你可不要猶豫，要隨即回答說：「我才不希罕那個位子！」他會繼續探問：「你修得四無量心以後想要做什麼呢？」「我想要成佛，所以要修四無量心。」你千萬要斬釘截鐵、不可猶豫；你若猶豫，他會想：「這個人不老實，可能還是想要在來世奪取我的天主寶座。」就會遮障你，讓你不能修四無量心，道業就停滯不前了。

從這兒，你可以瞭解到一件事：你的四無量心成就了，福德很大，會遮蓋他；因爲他以前也是修四無量心而得到天主的寶座，可是享受福報很久了，福德日減；而你精修四無量心，福德日增，捨壽後如果想要生天，將會取代他而當色界四禪天的天主；假使你願意降尊紆貴，也可以當下面各天中的某一天天主。這就是說，法界眾生的大威嚴，一部分是從福德來的；當你修集的福德廣大而超過他們時，他們天主的寶座就得要讓給你，所以他見了你會害怕，所以你的福德廣大時威嚴就大。

但是光有福德，這個威嚴來到你的面前也沒有用；只要你破參而他們還沒有悟入，當他們來到你面前，也沒有辦法和你對抗；因爲你有世、出世間的智慧，而這種智慧的威嚴又勝過福德的威嚴，所以諸佛的第二個威嚴是從智慧而生的：世間、出世間一切法無所不知，無所不知的緣故，所以無人能夠上於諸佛，不能超越佛。因此說如果福德滿足了，慧也同樣的滿足了，可是福德的威嚴卻及不上智慧的威嚴；所以如果有人福德滿足，而你是智慧滿足，他還是要畏懼你的。因爲福德不是最終的依止，慧業才是最終的依止，所以福德所生的威嚴及不上智慧所生的威嚴。諸佛的無比威德都是從福德與智慧的滿足而出生的，所以三界中只有佛能福慧雙足，因此諸佛威嚴無量無邊。

諸佛得到牛王眼相：牛王爲什麼能在所有大牛中稱王？因爲他有牛王眼相，牛王眼相只要一瞪，所有的大牛都要畏懼而聽從他，因爲這是由大福德示現出來的，沒有大福德就無法示現牛王眼相。爲什麼有人說如來先得牛王眼相？理由是說諸佛在菩薩階位時，無量世中都喜歡用善眼柔和地看待眾生。如來從來不瞪人；在世間法中，頂頭上司只要一句話聽得不順心，他就會瞪眼；瞪眼還算是好的，有的上司可就會破口大罵。有時你們隨別人學法也常常會被瞪，我們有的親教師也會瞪人，但已經離開了；可是你們跟我學法這麼久，你們有誰被我瞪過？我從來不瞪人，因爲弘法者本來就該以善眼「和視眾生」。即使當年元覽居士二度對我挑戰時，我也不曾瞪過他，我還是很快樂、很和氣的爲他解說。

第二次是最後一次的差別智課程結束時聚餐，當時很多同修以爲我會瞪他，結果想不到我沒有瞪人，而且很詳細地爲他說到很細膩的地方去；樂以善眼和視眾生，菩薩本來就應該這樣啊！假使你們有誰被我瞪過的，可以當場上來抗議，有嗎？沒有啊！十幾年來沒有人被我瞪過。這個法是諸位都應學的，可別隨意就瞪人，應該以善眼、善心的眼神，調柔的看待眾生；菩薩都是因爲這樣，所以先得牛王眼相，再得其餘三十一相。但這個說法不是一定如此，因爲也有菩薩在還沒有證悟以前就先修這個法：樂於善眼和視眾生。可是終究無法獲得牛王眼相。

也有人說：如來不是先得牛王眼相，而是先得八種梵音相，其餘三十一相隨後次第而得。八種梵音相，在前面講過了，這裡不重說。爲何先得八種梵音相？因爲諸佛如來在菩薩位時，從無量世以來，永遠都是用柔軟的音聲與眾生說話。「先語」，就是有時會不問自說；有的人應該得到某個法，但是他不敢開口來求，但是當你認爲他應該得到這個法，那你就先指導他，不必等他來求，這就是先語。我也常常這樣：當你們問某一個法時，我往往會衍申出許多法送給你，這也叫作先語。你沒有問到的部份，我也順便爲你說，不會像某些人問一種，只答一種。有時你們問一種，他只答你一半，那就會被人送上一個名號：在姓氏後面加一半兩字，成爲王一半、趙一半。但我們從來不吝諸法，只要你提出來問，與這個問題有關聯的法義，我都會告訴你，這就叫作先語；所以先語就是不問而說。「實語」是說不誑語：對你所問的法，我絕對不會誤導你，不會因爲怕你知道了以後和我一樣有智慧，就顧左右而言他，不肯指導你。或者你問法時，對你虛答：「**這個你得自己去研究，我講的是我的，不是你的。**」菩薩不該是這樣的。除非是密意部分，不許明說。破參之後應該對你保守密意就很少了，大部分都可以爲你們講解，除了現觀的證量境界之外，在理論上、行門上都可以告訴你，這叫作實語。也就是不遮藏的意思，不會故意少講三分之一、四分之一，怕你將來和他一樣行。如果菩薩有這種心態，他就無法增進，他將永遠停在原來的智慧境界中。以上說的是軟語、實語、先語，菩薩應以這三種語言來教化眾生；諸佛如來在因地時都先如此利樂眾生，所以是先得梵音相。

還有人這麼說：如來是先證得無見頂相，其餘三十一相是後來次第得的。爲什麼是這樣呢？因爲如來從無量世以來，不斷的供養師長、諸佛、菩薩；不但供養，而且常常頭頂禮拜，在供養時、供養之前、供養之後，還得要頭頂禮拜。目的是什麼呢？是破除憍慢心。當我們以最尊貴的頭頂，對師長作頭面接足禮：禮拜師長、諸佛、菩薩，沒有了我與我所，因此先得無見頂相。所以說沒有慢心的人容易悟，有慢心的人通常很難悟，遮障也會比較多；這是指同樣慧力的情況下，有慢心的人開悟都會比較慢。

還有人這麼說：如來是先得眉間白毫相，其餘三十一相隨後次第而得。因爲如來在當菩薩時，無量世中都不欺騙眾生，都是說誠實語，所以先得眉間白毫相。可是 佛說：善男子！這三十二大人相的業，除了佛世尊以外，沒有人能說出這三十二相業修得的正確道理。即使等覺菩薩也不能具足了知，因果的通達是只有佛地才能具足的，沒有成佛之前無法具足了知全部業行的因果，所以說：除了諸佛世尊，餘人都無智慧宣說這三十二相業的道理。

【「善男子！或復有人次第說言：『如來先得足下平相，餘次第得。』何以故？爲菩薩時，於無量世布施、持戒，修集道時其心不動，是故先得足下平相。得是相已，次第獲得足下輪相；何以故？爲菩薩時，於無量世供養父母、師長、善友，如法擁護一切衆生，是故次得手足輪相。得是相已，次第獲得纖長指相；何以故？爲菩薩時，至心受持第一、第四優婆塞戒，是故次得纖長指相、足跟長相。得是相已，次第獲得身膧滿相；何以故？爲菩薩時，善受師長、父母、善友所教敕故，是故次得身膧滿相。」】

講記　佛開示說：「善男子啊！或者另外有人照著這次第來說：如來世尊證得足下平相（就是說腳底不像我們有些部分是空的，腳趾有的部份是空的，如來腳底是平整的，可以踩得很穩）。爲什麼說如來先得足下平相呢？因爲如來在菩薩位時，於無量世布施、持戒，修集種種法道時，其心不動、不亂攀緣，不起高下分別，對衆生一體看待地布施與持戒，才得到足下平相。有的人布施持戒時是因爲心動了才去布施持戒的，比如有的人起心動念：「**這位女士比較漂亮，我就多布施一些。**」

有的女眾布施時動了心：「這位男眾很英俊一點，我多布施一些。」是分別心生起而有些心動了。有的人持戒也有心動的情形：「這個女眾雖然漂亮，但是她的先生是大官，我還是小心一點。」如果她先生根本沒有福德，就像小說裡潘金蓮的先生三寸釘、穀樹皮，那小說中的西門慶就欺他無能。同樣的道理，有的人看到對方沒有大力量的守護者，就不管戒法了，心中老是想個不停，持續的找機會，這就是心動。菩薩應該其心不動，既然受持戒法了，管他美醜，一視同仁。菩薩正因為其心不動，所以先得足下平相：他站在平等地位來看待一切眾生，不管對方的背景如何，反正就是不動其心；由於這種平等心，所以成佛時得到足下平相。

接下來再得到足下輪相；諸佛足下都有法輪相，手掌也有法輪相。這段經文說：諸佛得到足下平相以後，再得到足下輪相。為什麼呢？因為諸佛在菩薩位時，於無量世中供養父母、師長、善友，如法擁護一切眾生（如法就是說以四攝法來擁護一切眾生）；菩薩無量世中每一世都有父母、師長、善友，每一世都這樣如法供養（供養的事相與道理，在後面經文還會說到），菩薩不要學中國古時「齊人不食嗟來之食」的富者行爲。古時飢荒時，總是有人開粥廠，施粥救濟逃荒者；有個富翁看見一個從齊國逃難來的人，這位富翁覺得自己有錢布施，心裡洋洋得意的施粥施飯，他看到那個齊人時就吆喝說：「嗟！來吃！」口氣很不好、很自大，瞧不起那個齊人，齊人覺得受辱，就不願吃，不多時就餓死在那兒。後來這位富翁很反悔，有人就寫了一篇文章敘述這件「齊人不食嗟來之食」的眞實故事。我們行菩薩行的人，對這件故事可得嚴肅的看待，一定要如法的擁護眾生，千萬不可生起輕視之心。

得到手足輪相以後，接著是獲得纖長指相；這是因爲在菩薩位時，以至誠心來受持不殺戒及不妄語戒，所以在獲得手足輪相以後又獲得纖長指相，也獲得足跟長相。足跟長一些時，腳步就可以站得比別人穩當；這都是因爲不殺害眾生，對眾生說誠實語，所以心地柔軟而無恐懼，因此獲得手足纖長相及足根長相，使腳步站得穩。菩薩生生世世對父母也得要懂得感恩與恭敬：大家思惟看看，父母的教導總是有些道理的，除非那對父母是白痴。父母待人處世的經驗比我們多，總是有許多地方值得我們參考。俗諺不是說嗎：「家有一老，如有一寶。」以身體保健來說吧！除非你的父母是笨蛋，否則，從年輕到老，他們經歷過身體演變過程，也知道這個家族遺傳的體質，也許他們早就觀察到了，轉告給你以後，你就省掉了很多麻煩。譬如我常常會跟我兒子講：「你的體質和我一樣，所以你要注意一些事情。」我能依經驗來指點他，我就變成他的寶貝了。這就是說父母們知道一些子女們在未來所將發生的體質演變狀況，他們事先告訴你，你要善於接受他們的教誨。菩薩因為善於接受父母們的敕命，也同樣善受師長與善友的教敕，無量世如法奉行之後，就能得到身臃滿相；因為你能夠接受他們的教敕去做正確的事情，身體就健康，一世一世的改變成好的種子，成佛之後當然就獲得身臃滿相。

接下來又說：

【「得是相已，次得手足合網縵相；何以故？為菩薩時，以四攝法攝衆生故，是故次得手足網縵相。得是相已，次第獲得手足柔軟勝餘身相；何以故？為菩薩時，於無量世，以手摩洗師長、父母身，除去垢穢，

香油塗之，是故次得手足軟相。得是相已，次得身毛上向靡相；何以故？爲菩薩時，於無量世常化衆生，令修施戒一切善法，是故次得毛上靡相。得是相已，次第獲得鹿王膊相；何以故？爲菩薩時，至心聽法，至心說法，爲壞生死諸過咎故，是故次得鹿王膊相。得是相已，次第獲得身方圓相，如尼拘陀樹王；何以故？爲菩薩時，於無量世，常施一切衆生病藥，是故次得身方圓相。】

講記　得到身臃滿相以後，接下來就得到手足合網縵相。手足可以合也可以張開，諸佛如來張開手時，好像鴨子有三根腳趾，腳趾之間有一層薄膜一般，這叫做手足網縵相。如果你有手足網縵相，游泳一定很快，誰也追不上你。這是說菩薩無量劫以來，一向以四攝法來度衆生，手足都不粗暴的對待衆生，所以手足五隻指頭中間都有網縵相。各位都知道四攝之法：布施、愛語、利行、同事；以這四攝法來攝化衆生，以手足利樂衆生，所以得到手足合網縵相。

接下來再得到手足柔軟勝餘身相，諸佛手足摸起來不會覺得堅硬，而是很柔軟，這種柔軟相是因爲無量世中當菩薩時，親手摩洗年老的父母、師長色身，幫他們除去垢穢。在中國佛教中，自古以來就有這種好傳統：叢林中教導徒眾開悟禪旨的和尚已經年老了，手足僵硬而沒辦法自己摩洗背部，那就由徒弟們幫他擦洗背部；老人家要洗腳時無法彎腰，徒弟就端了水盆來幫他擦洗。菩薩也一樣，無量世都這樣款待老父母、老師長；因爲這個緣故，所以菩薩成佛時得到的手足柔軟性，勝過其餘一切人的色身。如果有機會握到諸佛的手，這眞是大福報。我們可以說沒有人有機會和諸佛握手，且不說與佛握手，你想要找個地上菩薩握手都很困難。諸佛能夠得到這個大人相，就是因爲無量世中對父母、師長親手摩洗，除去他們身上的垢穢；不但這樣，而且還以香油塗之，所以得到手足軟相。

接下來得到身毛上向靡相，就是說每一毛孔都是向上旋，並且是順時鐘往右旋，這個法相是怎麼得到的？因爲菩薩位中無量世以來，常常、不斷地度化眾生，教令眾生布施、持戒，修一切善法。換句話說聲聞絕對無法得到這個法相，因爲他們不是無量世教化眾生，只是一世教化眾生就入涅槃去了。

得到身毛向上靡相以後，接下來得到鹿王䏝相（依康熙字典的註解，䏝字讀做專）。你們看過鹿嗎？凡是健康、年輕的鹿，牠們的臀部都是渾圓、結實的；鹿王的臀部都沒有贅肉，而且很結實、很渾圓。諸佛成就的鹿王䏝相，就是臀部結實沒有贅肉而且渾圓，不會像一般的老人鬆垮垮的，也不會像七老八十的老人那樣痴胖。諸佛即使示現在人間已八十幾歲了，都不會有這種現象。為什麼能得到這個莊嚴相？因為在菩薩位中的無量世，都以至誠心聽法，而且以至誠心說法。至誠心聽法就是很專心、很誠懇地聽，不是抱著懷疑心。有些人來聽我說法，雖然很專注，但是心裏總是想：「你說的到底是眞的？還是假的？」那表示他不是至誠心而聽法。有的人則是說法不至誠，明明是自己所不知道的法，卻編造一些想法來說，都不是他實證的法；而且又不肯依經文來講，裝作自己已經知道而亂說一氣，其實是心虛而有欺誑心的說法，不是至心而說法。這種人只為了籠罩徒眾，不是至心說法。如果菩薩無量世以來都是至心聽法、至心說法，不是用懷疑心、欺瞞心來聽法、說法，成佛時就會得到鹿王䏝相。為什麼菩薩行道時必須有這二個至心呢？目的是爲了把眾生的生死過咎毀壞的緣故，至心聽法就可以毀壞自己的生死過罪。若能至心說法而壞滅聽法眾生的生死過咎，眾生就不必淪落在三惡道中，常常坐在地上以及四腳著地而在地上爬。若能壞滅眾生的生死過咎，不但自己可以免除生死過咎，就能免除這種過失。能壞滅自己和眾生的生死過咎的菩薩，才有資格安坐於法座而無恐懼，所以就有一分鹿王膊相。所以鹿王膊相不是讓菩薩拿來表現的，而是讓菩薩拿來坐上法座的，所以成佛時得到鹿王膊相。

接下來是得到身方圓相；猶如尼拘陀樹一樣，尼拘陀樹有方圓相，也就是說這種樹不彎曲；尼拘陀樹長大以後不彎、不斜，這就是方正之相、方圓之相，也就是它長得很大而且樹身很圓、很正直，樹身不彎就是方相。因爲菩薩在無量世以來，恒常而且不斷地布施一切給眾生：眾生有病時所需要的一切醫療及藥品，菩薩喜樂的布施；眾生想治生死病時所需要的種種法，菩薩也喜樂的布施，因此在成佛時就得到身方圓相，這都是從救治眾生身病、心病而得到這種身方圓相。接下來說：

【「得是相已，次第獲得手過膝相；何以故？爲菩薩時，終不欺誑一切賢聖、父母、師長、善友、知識，是故次得手過膝相。得是相已，次得象王、馬王藏相；何以故？爲菩薩時，於無量世見怖畏者能爲救護，心生慚愧，不說他過，善覆人罪，是故次得象馬藏相。得是相已，次得軟身一一孔中一毛生相；何以故？爲菩薩時，於無量世親近智者，樂聞樂論、聞已樂修，樂治道路、除去棘刺，是故次得皮膚柔軟一一孔中一毛生相。得是相已，次第獲得身金色相；何以故？爲菩薩時，於無量世常施衆生房舍、臥具、飲食、燈明，是故次得金色身相。」】

講記 得身方圓相以後，就是再得手過膝相。我們站起身時，手指頭都不會超過膝蓋，一定都在膝蓋上方。相傳三國時的劉備手長過膝，這叫作帝王之相，所以曹操一直想要殺他；不過他很工於心計，沒有被殺。諸佛如來爲什麼會得到手過膝相？因爲在菩薩位的無量世修行過程中，從來不欺誑一切賢人、聖人、父母、師長、善友、善知識，一向誠實以對。對一般人來說，不欺誑的事很不容易做得到；有些人（編案：這是指楊榮燦先生……等人）自從今年的農曆年以來，一直在打妄語、不斷地打妄語，他們正好犯了這一條；將來他們想要得到手過膝相將會很難。自從離開同修會以後就不斷地在打妄語，沒有一句老實話；可是眞正行菩薩道的人，是在每一世都不欺誑一切賢聖的。賢位是從初住位精修布施波羅蜜開始算起，證得如來藏而發起實相般若智慧了，就是第七住位的賢人；通達了般若別相智而發起初地的入地心種智，並且勇發十無盡願以後，就成爲聖位菩薩。

菩薩從無量世修菩薩道以來，從不欺誑父母、善友、善知識，才能在成佛時獲得手過膝相。菩薩從來都不欺誑別人，但是劉備會欺誑曹操，雖然他是被逼而欺誑的，他只是爲了保住性命不被曹操所害。因爲曹操一直認定他是大丈夫，而天下只有二個大丈夫，所以劉備可能會與他爭奪大位；至於孫權，曹操不看在眼裏，只說他自己與劉備是大丈夫，所以特地當面稱讚劉備是天下二大丈夫中的一人；劉備聽了，心中嚇一跳，如果確實顯示是大丈夫，那就一定會被曹操所害；那時剛好天上打了雷，他就裝作被雷嚇到了，故意把手中的杯子掉到地上，曹操一看，心中就想：「打個雷他就怕了，那他還是不如我。」就沒有殺害他。所以說劉備工於心計，不過這心計是學來的；他的手過膝相是屬於世間法中的帝王之相，但是他眞的有手過膝相嗎？似乎並沒有歷史考證來證實。諸佛的手過膝相都是從不欺誑而來的，如果對眾生有欺誑的話，就沒有辦法得到這個法相。

得到手過膝相以後，次得象王、馬王藏相，你們如果想知道你們家的孩子未來會不會當菩薩，就在小孩子剛出生後的一、二年中，看他的小雞雞短短的，幾乎是沒有，這時你不用擔心他將來要怎麼娶妻生子；有些媽媽眞是窮擔心，但這往往是菩薩再來的一種示現。因爲菩薩很多世以來都是出家精進修行，所以不容易示現出來，縮在裏面去了，這就是象王、馬王的陰藏相。到了在家行菩薩道的時節，要用時再拿出來就行了，平常就不用現了。爲何菩薩成佛時會有陰藏相呢？因爲菩薩無量世以來救護眾生，當眾生驚恐、生死交關時，菩薩就去救護他們，這是象王、馬王藏相的第一個條件。還要加上心生慚愧才能成就這一相，當別人有過失時，菩薩就檢討自己：「我有沒有這個過失？」當他看見別人妄語時，他就想：「我有沒有妄語？」隨時返觀自已。看見別人脾氣很大，隨即返觀：「我有沒有這樣子發怒？」這叫做有慚有愧。不只如此，對於別人的身口意行過失也不去說向他人，就算是教導眾生某些事不應該做時，他也不會指名道姓說：「某某人前天跟我說什麼，結果都是妄語。」他只說不應該妄語，但不舉說他人的過失，這就是善覆人罪。但這意思不是叫你去當濫好人，假使大師們所說的法義有過失，並且是嚴重的以外道法來取代正法，使得佛教正法面臨全面外道化的危急存亡關頭時，你不但要講出姓名，而且還必須廣破之。所以善覆人罪是說他人在身口意行爲上的過失，不必當眾把它沸沸揚揚的扯出來公開講，你只要說：「有人這麼做，這個作法錯了。」不必當眾說某某人幹了哪些惡行惡狀的身口意行，但是法義辨正不該與善覆人罪的事情混爲一譚。如果把二件事混一譚，將會成爲「佛陀一天到晚在毀謗別人」。你們去看《大般涅槃經》，佛陀一天到晚在破外道，並且緊跟著六師外道足後，遍到當時各大城去廣破外道；所以這二件事情的分際得要分清楚。有慚愧、不說他過、善覆人罪，才能夠得到象馬王的陰藏相。

得到象、馬王陰藏相以後，接下來是得到軟身之相。諸佛的身體怎樣柔軟？大家可能都沒有辦法想像。經上說：有人在後面高呼 世尊時，或後面阿難在講話時， 佛認爲那句話說錯了，就轉身回應或講話；怎樣轉呢？是腳不動，而頭與身體迴轉一百八十度向後，你們可以自己試試看；女眾們有誰身體最柔軟的？請試試看！不行啊！我們多數人可以九十度、一百度的轉過去，而諸佛是一百八十度的迴轉過去。

除此軟身之相以外，諸佛「一一孔中一毛生相」，是說諸佛身毛不雜亂，不會一根白的、一根黑的、一根黃的，永遠是藏青一色：一一孔中一一毛都是藏青一色。爲什麼成佛時能得到這種善相？因爲在以往菩薩階位的無量世中，一直都是親近有智慧的人，不樂親近愚痴的人，並且樂於聽聞智者的開示（這些都是在講修行的因果，全都是三十二大人相的修因與得果，我們因地就開始要多分、少分去修），親近智者之後，還得要樂聞智者說法，聽完後還要樂於與人談論；假使有人問：「你去聽了什麼妙法回來呀？」卻是這樣回答說：「我聽了是我的，你得要自己去聽。」這就不是「樂聞樂論」了，菩薩得要樂聞之後樂於互相論義。

聽聞正法之後「聞已樂修」，這是在慧上、法上必須做到的。至於在世間法上則是要樂治道路：現在的道路都由政府來管理，古時的政府不太重視，大多是由民間發心。假如路面有坑洞，菩薩看見了就把它填平；有泥濘時就拿些石頭來鋪，路上如果有荊棘、木刺，就動手除掉。菩薩因爲這個緣故，成佛時就得到身根柔軟、皮膚柔軟、一一毛孔都有藏青一種毛色的身相。

得到這個大人相以後，接下來就得到金色的身相。念佛人唱彌陀讚時都會唱「阿彌陀佛身金色」，講的就是這個現象，有時稱爲紫磨金色。諸佛都是金色身，一般佛像的金色是不標準的，應該要用紫金；紫金是特別的黃金中會泛出紫色光芒出來，要用這種紫金搥成薄片來貼佛像。諸佛的身金色相是怎麼獲得的？是說當菩薩時的無量世中，不斷的布施房舍（房是比較大的屋子，舍是比較小的屋子）與臥具（臥鋪）、飲食（固體的飯菜及飲料）、以及燈光的照明，因此使得菩薩成佛時得到身金色相。這是說，從身上布施給眾生，讓眾生身上獲得受用，成佛時還從自己身上來得，所以有互相的因果關係。

【「得是相已，次第獲得七處滿相，何以故？爲菩薩時，於無量世，可瞋之處不生瞋心，樂施衆生隨意所須，是故次得七處滿相。得是相已，次第獲得缺骨滿相；何以故？爲菩薩時，於無量世，善能分別善不善相，言無錯謬，不說無義；可受之法口常宣說，不可受者不妄宣傳，是故次得缺骨滿相。」】

講記 這一段經文是說，得到金色身相以後，接下來是得到七處的平滿相。七處就是講：兩手、兩肩、兩足以及頸部。一般人指骨常有不平滿之處，這叫「缺骨」；兩腳下面、兩肩窩也有缺骨相，這是大部分人都這樣的。沒有凹進去而平滿的人，只有一種人：吃得很胖(大眾笑)；有的人是後頸凹陷特別明顯，甚至有的人每兩根筋骨中間也是凹缺的；剛才有許多人自己摸過了，差不多都知道了(大眾笑)，這就不必再解釋了！這就是七處缺相，這是一般人常有的。諸佛示現在人間時，這七處則是滿足的，沒有凹陷之相。爲什麼諸佛能得到這個法相？因爲在菩薩階位的無量世中，於可以起瞋之處也不生氣：可以生氣也應該生氣時，菩薩卻沒有生氣。你們應該使自己習慣於這種境界，特別是親教師、助教、義工菩薩們，當人家找上門來罵：「你們這個是邪法、外道、邪魔、大妄語。」你要不要生氣呢？這是應該生氣也可以生氣的場合，因爲法既然證明是正確的，但是偏偏有人不識善惡而故意來辱罵，所以是應該起瞋也可以起瞋的；但是大家都於可瞋之處不瞋，還得要和顏悅色來告訴不能理解正法眞義的人們。

當有人匿名或化名寫信來質問，又沒留下地址，你就只能寫書答覆他，並且要詳細的答覆他，不是幾句話就把他甩回去了，要有誠意。有誠意的話當然就要寫詳細一點，要有理證與教證，詳細的爲對方解說，不是隨說一、二個理由就算數，要有誠心細說而使對方有機會回歸正法中來。所以，若可以回信時，你不但要回信給他，還要寫得快樂；不但可瞋之處不瞋，還要快樂的寫。雖然人家是罵你，你卻要快樂的回答。這就是說，菩薩於可瞋之處不起瞋心；不但這樣，還要反過來：樂施眾生隨意所須。眾生需要什麼，你就布施；而且要歡喜的布施，不要臉上裝作快樂而在心裡一直罵對方貪求。有的人眞的可以表裡不一的做到：表面很歡喜，心裡在罵人。這個叫作不樂之施。心口不一是學法修道的大障礙，所以應該心中樂施而行施。

菩薩要有這兩個法：可瞋而不瞋，樂施眾生，隨順眾生意。菩薩因為這樣布施，所以成佛時得到七處滿相。這事情很難的，眾生需要什麼，你就得給什麼。他們來要眼睛，你就用調羹挖眼給他，這就是隨意所須。如果他說：「我要你的鼻子。」你不肯給他，那就不叫隨意所須了。所以這件事很難，這是專施內財的；這是等覺菩薩在百劫中所做的事，是內財的布施；菩薩因為這個緣故，所以成佛時得到七處滿相。

得到七處滿相之後，再得到缺骨滿相。除了剛才所說的七處以外，其餘的地方，只要是我們身上有骨頭的地方，示現於外而不圓滿的缺骨相，比如手指握起來不圓滿，但是諸佛握起來是圓滿的，就是沒有缺骨相。如果有幸，能讓 佛往你胸膛捶一下，那也是一種福報，因為是以缺骨滿相的拳來捶你。為什麼諸佛都有缺骨滿相？因為在菩薩因地的無量世以來，善於分別善相與不善相的緣故。現在的佛門學人就是不善於分別：善法說成不善法，不善法說為善法。所以，當大師們悟錯了，我們把書寫出來說：「離念靈知是意識。」希望可以救他們回歸正道，可是他們卻說：「蕭平實眞是大膽，離念靈知才是眞如，才是如來藏，怎麼可以誹謗爲意識？」所以就跟著悟錯了的大法師們毀謗我。大陸網站也有十大外道名單，咱家也名列其中。我若是外道，那麼我的法一定有可以成爲外道的原因，但是他們都講不出原因來，又都與佛經的開示完全一樣，所以說他們是不善分別的；雖然他們不是惡意的，是一向被大法師及喇嘛們教導而說離念靈知就是如來藏、就是眞如，現在突然間冒出來一個蕭平實說：「離念靈知不是如來藏，是意識心。」所以他們受不了，就在網站上面羅織我，故意謗我是外道。這就是因爲不善分別而做的行爲，他們其實也不是惡意或故意的，而是被大法師們誤導了才這樣的；因此我們要有悲心來救他們，要告訴他們「離念靈知爲什麼是意識心」的道理：因爲離念靈知存在之時一定會與別境心所法相應，也會與善十一心所法相應，也會與二十隨煩惱相應，也會與不定四心所法相應，所以說祂是意識。要這樣救他們。等到他們三、五年後終於弄清楚了，趕快懺悔就得救了。修菩薩行的人，一定要無量世中善於分別一切法的善相與不善相，善分別後才能言無錯謬，說法時才不會誤導眾生，不會有破法的嫌疑。

但是菩薩還有一點要注意：說話時絕對不說無義之句。即使有空閒，和其他同修們一起泡茶時，也是談論法義，不是談張家阿三娶妻、李家老四歸寧，都是說有意義的法：於般若上說，於解脫道上說。都不說無義之事，不出無義之語。除此之外，可受之法；若這個法是正確的，是可以信受的，是應該受持的，則口中要常常宣說這個法；如果是不可受持之法，一定不會虛妄地加以宣傳。宣就是用口講出去，傳就是把它流布出去。換句話說，你如果把不應該宣傳的法說出去，那麼你的缺骨滿相在「成佛」時是不可能成就的，那就表示還不可能成佛。假使講出一個不應受持的法，就足以抵消以前爲人宣說千百萬應受持的法，功德就輕易的被抵消掉了。這就好像一句很有名的話：「火燒功德林。」好不容易把樹林一棵棵種起來，後來只要一把火就全部燒掉了；同樣的道理啊，做了一千件善事之後，只要幹了一件大惡事，名聲就毀壞了！所以，不要宣說不可受之法；如果能做到，成佛時就得到缺骨滿相。

【「得是相已，次得二相：一者上身、二者頰車，皆如師子；何以故？爲菩薩時，於無量世中，自無兩舌，教他不爲，是故次得如是二相。得是相已，次得三相：一、四十齒，二、白淨相，三、齊密相；何以故？爲菩薩時，於無量世，以十善法教化衆生，衆生受已，心生歡喜，常樂稱揚他人功德，是故次得如是三相。」】

講記　得到缺骨滿相以後，接下來才得到二相，第一、上身廣大，所以你們看如法雕刻的佛像，上身都雕得比較廣大，就是這一相。第二、頰車，是說諸佛的臉頰猶如雄獅的臉一般，看起來是圓滿相，母獅的臉頰就有凹陷之處。這就是頰車之相：頰縫也是豐滿的，不是凹陷進去的。並且上身也像雄獅，雄獅上身比起母獅來就顯得很廣大，這就是上身廣大相。諸佛爲什麼能得到這二相呢？是因爲在菩薩位的無量世中，自己不做兩舌的事，也不叫人家傳話挑撥是非。我們從來不去挑撥別人：「某甲啊！某乙說你做了這些不善之事。」又去找某乙：「某乙啊！某甲說你做了這些不善之事。」雖然我們有許多他們所做的事實眞相可以一一爲他們說清楚，說的也是事實而不是編造來挑撥是非，但我們不做這種事。可是他們總是會去編造事實說：「蕭老師在同修會不知道已經搞了多少錢了！蕭老師專門在事相上用心。」但是我不怕人家講，如果他們講的是事實，我都會公開承認。有時我會評論某人，他們就拿來作文章，拿來挑撥，但是我說過的話，我都會老實承認，不像他們那些人說過的話都不承認，還要狡辯沒說，可是明明我親耳聽他們說的話，也都還有證人在，他們卻是絕不承認的。我不一樣，假使眞是我說的話，我甚至會當面對某人說：「我跟某人講過你所做的某件事。」所以我眞的不會做人。我只會作蕭平實，不會作老好人而說兩面語。

這就是說，菩薩不可以做二舌的惡事。其實那些人我們要把他們救回來也很容易，有時我們明明知道：只要把他們以前互相批評的話舉證傳述一番，說的是事實而不是兩舌，就可以把他們救回會裡來，但是我認爲這樣做沒有意義，我都把他們那些話放在心裏藏著，就當做沒聽過，免得不小心講出來。我們純粹在法上來說就好了，假使認同這個法，就自己回來；若不認同，要走就走，我也不要去爲他們轉述以前他們各人所說的互相批評的話。等到我去說了那些話以後才回來的，就沒什麼意思了！因為這都不是為了法而回來的，而是在事相上用心的。所以我們若有所論，應該都是說法，而不是在講事相的事，所以有許多事情到我這邊就停下不再轉傳了。我這樣做，不是為他們好，而是為我好；假使是以二舌的手段把他們拉回來，心中得意的說：「**你看！回來了！還是我行！**」這樣就會對自己的道業產生大遮障。我們在世間法上要當傻瓜，才能在出世間法上當智者。兩舌的意思是一個人竟然會有兩條舌頭：見人說人話，見鬼說鬼話。同一件事情，見了某甲時說一種話，見了某乙時卻說另外一種話，這就是挑撥離間。菩薩自己不做這種事，同時也叫大家不要做這種事，要這樣修行，成佛時才能得到上身廣大及頰車相如獅王。

得到獅王相之後，接著還有三相：第一、牙齒有四十齒。我們人類一般會有多少牙齒？三十二。可是諸佛有四十齒。第二、牙齒白淨相，我們的牙齒沒有辦法很白，愛美的人就去牙科醫師處特地美白一番，有的人牙齒甚至還是透明的。第三、齊密相，各齒之間不會凹凸不平，所以說諸佛的牙齒很整齊。牙齒上面這三相是怎麼得到的呢？是在菩薩位的無量世中，以十善業道的法來教化眾生；眾生信受了，就執持這十善業道的法來實行，心裏面產生了歡喜，菩薩看見眾生趣向善道，他心中也很歡喜。除此以外，菩薩常常樂於稱讚表揚眾生修習十善業道的功德，乃至別人在佛法上勤修十善業道而對眾生有利益時，菩薩都加以讚歎稱揚，從來不嫉妒，因此成佛時得到四十齒、白淨相、齊密相。

【「得是相已，次第獲得四牙白相。何以故？爲菩薩時，於無量世，修欲界慈，樂思善法，是故次第得四牙白相。得是相已，次得味中最上味相；何以故？爲菩薩時，於無量世，不待求已然後方施，是故次得味中上味相。」】

講記　得到這四十齒、白淨相、齊密相以後，還有一相：諸佛牙齒上面有二齒，下面有二齒，都很堅固而且銳利，白色也特別的白，顯示和其他的牙齒不一樣。打個比方說：動物們最怕獅子、老虎，獅子、老虎上下各有二個長長的尖齒，眾生看了都怕；諸佛就顯示這種威勢，上下各有二齒，很白、很堅固、很銳利，就好像獅子上下各有二齒很銳利一樣。爲何諸佛能得到四齒相呢？是因爲菩薩身時在無量世中，精修欲界慈——對欲界眾生生起慈心。爲什麼對欲界眾生起慈心呢？因爲色界眾生不用你起慈心，無色界眾生也不用你起慈心，他們過得很快樂，你起慈心也利益不了他們。欲界眾生在人間時是苦樂參半的，需要你以慈心來對待；另外還有旁生道、餓鬼道、地獄道，也都屬於欲界所攝，這些眾生需要你以慈心對待：悲則拔苦，慈則與樂。菩薩就是要賜給眾生快樂，這就是修慈心，這是欲界慈。而且菩薩常常樂於思惟善法，思惟如何利益欲界苦難眾生的事，因此得到四牙白相。

接下來是得到味中最上味相。這是說，諸佛不論吃什食物，都覺得很好吃。以前，我有個兄弟與我出遠門，遇上晚餐時間，我就找素食麵包店買一條素食吐司，在路上一面開車、一面啃吐司；我那個兄弟就一面吃、一面嫌：「這個好難吃。」我說：「怎麼會？又香又甜呢！」「哪有香？哪有甜？」他一直嫌，從員林鎮一直嫌到彰化市才停止。同樣的學佛，不同的心性，吃起東西就不一樣。以前佛陀爲了度一個人，三個月之中都只吃馬麥，阿難說：「佛陀啊！您是人天至尊，怎麼會三個月中都吃馬吃的麥子呢？」佛說：「你不知道我這個馬麥的味道有多好。」就拿一些馬麥給阿難吃吃看，「哎呀！怎麼這麼好吃！」這是藉著佛的福德，使得馬麥變好吃了！諸佛為什麼能得這個上味相？因為在菩薩身時無量世中都不是先向別人求到了財物再來布施，而是先決定要布施什麼財物，然後才去獲得那個財物來布施；所以是：「不待求已，然後方施。」菩薩是為了布施才去賺錢，不是先自己賺了錢享受，有了餘錢才來布施，所以他成佛時就可以得到味中的上味相。

【「得是相已，次得二相，一者肉髻，二、廣長舌；何以故？為菩薩時，於無量世，至心受持十善法教，兼化眾生，是故次得如是二相。得是相已，次得梵音相；何以故？為菩薩時，於無量世自不惡口，教他不為，是故次得梵音聲相。」】

講記 得到舌上味相以後，接下來又得到頂上肉髻相以及廣長舌相。第一種是頂上的肉髻相是指諸佛頭頂上有肉髻，以及頭髮螺旋之相；第二種是廣長舌相。據說諸佛舌頭伸出來時可以又長又扁，覆住臉面。眾生們都做不到，假使我們能做得到，愚痴眾生們也仍然會對我們亂罵一場：「你是長舌婦、長舌夫。」只因爲他們的法錯了，而又被我們明白的指正出來，心中很氣憤的緣故。諸佛能得到這二種法相的原因，是由於在行菩薩道的因地時，無量世以來都以至誠心來受持十善法教。十善法教就是十惡業的相反，十惡業中的意業有三：貪、瞋、痴，反過來不貪、不瞋、不痴，就是意業的三善業。口有四業：妄語、兩舌、綺語及惡口，如果相反而不妄語、不兩舌、不綺語、不惡口，這就是口的四個善法。身有三業：殺、盜、淫，如果反過來不殺、不盜、不淫，這就是身的三個善法。

菩薩無量世以來，以至誠心受持十善法教，除了自己受持以外，還化導眾生同樣的受持，使得世間越來越祥和、豐庶。所以修持這十善業道時，所做皆是善法，而且是以至誠心來做。由於至誠心而做，所以得到頂上肉髻相。又由於在菩薩位中，無量世所宣說的都是善法的關係，所以得到廣長舌相。隨後就會得到梵音聲相，說出來的話猶如梵音聲一樣的清淨；這是由於在菩薩位時，從無量世以來，自己都不惡口，而且還教導眾生同樣的不惡口，同樣以軟言、先言而為眾生說法，所以成佛時在得到肉髻相和廣長相後，再獲得梵音聲相。

【「得是相已，次得牛王紺色目相；何以故？為菩薩時，於無量世，等以慈善，視怨親故，是故次得牛王目相。得是相已，次得白毫相；何以故？為菩薩時，於無量世，宣說正法實法不虛，是故次得白毫光相。得是相已，次得無見頂相；何以故？為菩薩時，於無量世，頭頂禮拜一切聖賢、師長、父母，尊重讚歎，恭敬供養，是故獲得無見頂相。善男子！菩薩二種：一者在家，二者出家；出家菩薩修如是業，是不為難；在家之人，是乃為難。何以故？在家之人，多惡因緣所纏遶故。」】

講記　得到梵音聲相後，接下來得到牛王紺色目相；前面說牛王目相大而清澈，牛王之眼帶有藏青色、不是輕浮的青色；現在一般的佛像頭髮都漆成鮮艷的青色，那就輕浮了！應該是黑中透青才對，這叫做髮紺青相；佛的瞳孔旁邊有一層虹膜，一般是黑色或黑褐色，諸佛則是黑而透出青色，這叫做紺色目相；這是因為在行菩薩道時，於無量世以來，平等地以慈心與善心來看待怨家及自己所親近的人；意思是說，不要夾雜著貪厭心來看待眾生，看到怨家時也是一視同仁，看到親屬、自己所喜歡親近的人也是一樣看待，這叫作「等以慈善視怨親」，由於這個緣故，接下來就得到牛王目相、紺色目相。

再接下來就得到白毫相，白毫相是倒數第二種；換句話說，白毫相成就時，是即將成佛了。三十二相的次第性，到這兒是最後第二相，得到白毫相後，再得到一相就成爲等覺位的最後身菩薩了。如何能得到白毫相呢？是因爲過去無量世在菩薩位時，爲眾生宣說正法；所說的法全是眞實法，不是想像的法。如果是想像的法，不但得不到白毫光相，根本就不入地，也不入賢位七住中，何況能得白毫光相？

關於白毫相，諸位應該還有印象：義雲高把他家中的一個傭人，取名爲多傑洛桑，封他爲法王；只因爲他額頭上長了很長的白毛，就說他是白毫相。可是諸佛的白毫相並不是毛，而是眉心有一個好像毛的光。義雲高的傭人額上白毛可能是基因突變或別的原因而造成的，我們並不清楚。可笑的是他家裏的人都是聖人：傭人是聖僧，情婦阿王諾布成爲聖母，那他當然就是佛了。在大陸與台灣騙不下去了，聽說又去美國騙得很厲害。這是題外話，言歸正傳，諸佛爲什麼能得到白毫光相？是因爲無量世以來所說的法都是正法，都是實相法，才能獲得白毫光相。正法是所說的法不偏不倚，是中道實相法，不落於斷見論、無因論、常見論中，所以叫做正法，不虛是所說的法都不是想像的法，都是眞實有的法；並不是把正法拿來想像一下，以想像的法來說法；也不是像西藏密宗自己發明一個新的法，再套上佛法的名相來告訴你，所以叫作實法不虛。由於這個緣故，世世如此修行而得到白毫光相。

得到白毫光相之後，最後是得到無見頂相，爲什麼得到無見頂相呢？是因爲在菩薩道的因地三大無量數劫以來，生生世世都以頭頂來禮拜一切的聖賢、師長、父母。聖是初地以上的菩薩，或以通教來講斷三縛結以上的初果乃至四果，都叫作聖人，那就包括明心的七住位菩薩了！因爲明心的七住菩薩也斷了我見、三縛結而成爲初果聖人，但在別教裏仍只算是賢人。賢位菩薩，比如說明心後到十迴向位的菩薩們都是別教的賢人，假使從通教或聲聞教來看，他們可就是聖人了，因爲至少已是初果人了！

菩薩在因地時，不但禮拜聖人、賢人，也禮拜師長——自己的師父及長輩——所以不可因爲明心了、悟了，父母往生時既不跪、也不拜，他們畢竟是你的父母。長輩也是一樣的對待，所以才說「菩薩不壞世間法而證菩提」，如果不是這樣的話，佛就應該不奉事任何人；大愛道比丘尼是佛陀人身的乳母，姨代母職扶養佛陀；她捨報時，佛陀想要親自抬棺，後來被弟子們勸阻，但還是扶棺而行、送她荼毗，所以菩薩們都該「不壞世間法而證菩提」。菩薩們因地時都頭頂禮拜一切聖賢、師長、父母，父母雖然是凡夫，仍要頭頂禮拜，若沒有父母的生養，難道還有這一世的色身可以修行嗎？如果沒有無量世的父母生養，那就不可能有無量世菩薩道的成就及獲得佛果，所以要頭頂禮拜一切世的父母。聖賢當然更要禮拜，因爲你想要得法，當然要以聖賢之心爲心，所以應當頭頂禮拜，因爲聖賢能夠教導我們修證世、出世間法。

在世間法中會有師長教導，但在出世間法裏面也一樣要有師長的教導；在佛法中，師有二種：一爲師父，二爲老師。在中國佛教禪宗裏面，特別是「老師」這二個字不能隨便亂用；一定要證悟一段長時間以後，差別智很好了，才敢自稱老師。儘管你出家了、受具足戒了、已經成大比丘了，可以收徒弟了，可是還沒有證悟之前，不許自稱老師的；即使是悟了，差別智還沒有通透以前，照樣不敢自稱老師。古時敢自稱老師的人不多，王老師是南泉普願，陳老師是睦州道明，這是大家比較熟悉的，其餘就沒有幾位了，大概算一算可能只有十來位，其他的證悟禪師都不敢自稱老師的；因爲禪宗叢林中，可以稱老而爲人師，那是不得了的事，所以一般都自稱禪師，不敢自稱老師。像南泉普願禪師敢對人這樣反問說：「我王老師呢？」這種人很少，所以老師一名在禪宗、佛門中，沒幾個人敢用。

爲何要禮拜師長呢？這是說父母教養我們，但是師長卻教導我們生活的道理，賢聖師則是度化我們眞入佛門正法的親證智慧中，所以我們都應該要頭頂禮拜、尊重讚歎、恭敬供養。譬如古時拜師三跪九叩以外，還要當面奉上束脩（束脩就是月銀，每個月要供養的學費）。菩薩不但如此，還要做四事供養：食衣住行，看師長需要什麼，菩薩就誠心的供養，以後還要按月奉上束脩。在儒家學道，有時該老師責罰，那是天經地義，不可以反抗的，更不可以生氣，這是儒家之道。但是現在儒家之道在台灣已經蕩然不存了：學生可以告老師，學生也可以塌老師的台，把老師推翻了。這種事情比比皆是，已經師道不存了；世間法中如是，我們同修會中以往幾年也如是，所以現代的學佛人根器眞的不如以前了！學生根本就罵不得，何況是責打？所以我們還是要請各位親教師多教導一下：「尊師重道續法脈。」但是我也要求各位親教師：「溫良謙恭利眾生。」師、弟互相尊重。老師與弟子之間要有良好的互相對待關係，因爲這不只是一世的緣分，而是盡未來際一直存在的師徒情誼。

如果你想學出世間法之前，沒有世間法中的師長教導，連文字都不識，還學什麼法呢？如果沒有父母從小教養，也不懂得要尊師重道，如何能學習世間的技藝？世間法都學不好，尚且無法在世間生存，又如何能追隨賢聖學出世間法？所以對這六種人，菩薩都應該頭頂禮拜，並且要尊重。尊重，不是只做表相，否則自己不可能得到利益。讚歎也是常常要做的事，除此以外還要恭敬的供養。由於歷經無量世來做這些事，因此菩薩獲得無見頂相，也就是無垢識成就了（從阿賴耶識轉成異熟識，再轉成無垢識）；由於無垢識以清淨法界以及直接間接所出生的圓滿四智等五法作爲法身——無垢識以五法爲身——所以無垢識名爲法身；這時就顯現佛地眞如究竟境界，名爲清淨法界。

這無見頂相所說的頂，在因地時就已無法看見，因爲祂無形無相，你要如何去見祂的頂呢？當然見不到頂，但是從因地眾生的阿賴耶識心體來看，明心時就見到了，因爲第八識整體都看見了，哪裏會看不見頂呢？可是要說祂的頂相，其實仍然看不見，因爲祂無形亦無色，所以也方便稱爲無見頂相。但是爲何要到達佛地才叫作究竟的無見頂相？爲何要說佛地才算成就無見頂相？因爲佛地的無垢識無邊神用，唯佛與佛乃能親證，一切人都不能見到，所以名爲無見頂相。佛地無垢識會與二十一心所法相應，連等覺菩薩都無法想像，那才是眞實而究竟的無見頂相。

這樣就是三十二相全部具足，這三十二相的因果，佛已爲我們具足宣說了，現在就做一個結論說：善男子！菩薩有二種，一種是在家菩薩，一種是出家菩薩，出家菩薩來修這三十二相業並不困難，在家之人可就很困難了，因爲在家之人有很多惡因緣纏遶著他。比如說今天你是等覺菩薩，突然有一個人來，說醫生開給我一藥方，要一個大修行人的眼珠子，請你布施個眼珠子給我，因爲聽說你是個大修行人。請問你太太同意不同意？大概都不會同意。也許商量十天半個月，終於同意了：「好啦！你要捐就捐。」又過個十天半個月，又有人來要另一個眼珠子，那該怎麼辦？太太一定死也不同意的。如果出家了，那就沒有人來障礙你；一人飽了全家飽，一人瞎了全家瞎，沒關係，他要就給他。這就是說在家人身邊的惡因緣比較多，出家人的惡因緣比較少。

以上是說三十二相業，請問各位：這三十二相業行，是有爲法、還是無爲法？（大眾回答：有為法。）是有爲法嘛！三十二大人相的本身是有爲還是無爲法呢？還是有爲。這叫做無漏的有爲法。所以，有爲法要分作二種：無漏的有爲法、有漏的有爲法。有漏的有爲法，比如說有的人行善，目的是爲了獲得來世的善報，等而下之則是爲了今世的好名聲，這都是有漏的有爲法。無漏的有爲法，你行善的目的只是爲了成佛，是出世間法，只是爲了攝受眾生：如果有三十二大人相，一定比較容易攝受眾生。有些道場會搞怪，目的也是為了攝受眾生，曾經有道場宣揚說：我們的寺院玻璃上都有法輪，所以是正法。但是，這有什麼希奇？我家佛堂正面的落地玻璃，每一片也都有法輪。如果有心要弄，我還可以弄出更殊勝微妙的法輪來顯示。其實那不是法輪，那是玻璃廠製造玻璃時，必須用橡皮製的眞空墊來搬運，可是橡皮墊會磨損，而且為了增加它的眞空吸引力，都要噴上一層油；那種油用肥皂洗不掉，你得要用揮發性的溶劑才能洗得掉。所以你把玻璃擦上好幾年，在那個「法輪」出現的固定位置，開口慢慢的吐氣在玻璃上，法輪就會出現了；或者遇上內外溫差大，而又氣候正好潮溼時，「法輪」就出現了。所以說這些人眞迷信，法輪並不是一個有形的東西，是有正法宣講時才叫作法輪住世，所以法輪不是有形相的法。如果眞的要搞怪，我們就比照講桌正前方的法輪，去訂製一個橡皮墊，看玻璃廠是噴什麼油，我們就把那個定製的橡皮墊噴一噴，然後在每一片玻璃上都印一印。以後每天拿乾布擦一擦，永遠也擦不掉的。明天、後天、明年、後年，只要在玻璃上吐氣一下，「法輪」就出現了，可是那叫作搞怪：「師父不搞怪，徒弟不來拜。」

其實是只有我們正覺講堂才有法輪！所以大家學法時要有智慧，有些道場搞怪是不得不搞怪，都是爲了想要籌錢，讓迷信的一般初機學人崇拜，錢就會大筆的捐過來；就像義雲高……等人不斷搞一些求甘露的法會，其實也都是搞怪，因爲只是魔術手法罷了！這些搞出來的怪事其實都與佛法的證量無關。

佛地的三十二相，說的正是成就佛道所必須具備的福德；諸佛世尊都得要福慧雙具才能成佛，如果福與慧有一點點的欠缺，就不能成佛了。成佛時爲什麼需要三十二大人相呢？這雖然不是故意去修它，但是只要福德與智慧都滿足了，它們自然就會出現。這三十二種大人相，是爲了攝受眾生；三十二相業雖然是無漏的有爲法，但卻是成佛所必須的。如果成佛是證得純無漏、純無爲，那麼諸佛就不應修這三十二大人相，因爲三十二大人相都是有爲法。如果說證眞如是證純無爲，而不必有第八識心體的無漏有爲法，那麼諸地菩薩就不必加修通於世間法的四禪八定、四無量心、五神通了；乃至八地菩薩還要有如幻三昧意生身，以及隨意變現魚米的定果色，這些都是有爲法，既然只要純無爲，菩薩加修這些有爲法又有何意義呢？

其實，這些無漏性的有爲法都是一切種智的範疇，一切種智的修證就是要把第八識心體所有的無漏有爲法種子，全部具足的發表而明現出來，這樣才算是究竟的成佛。所以成佛時所證的智慧境界並不是純無爲的，是純無漏而具足一切有爲法的，這才能叫作成佛。所以，如果有人說他所證的是純無漏而且純無爲的眞如，然後自稱成佛或入地了，那都不是佛法。因爲：純無漏而純無爲，不可能具足世間有爲法的圓滿具足，顯然不是圓成實性——不是圓滿成就諸法的眞實性——那就是有缺失的偏邪法，就不能稱爲圓滿成就諸法的眞實性了；所以那都是想像的、落於妄想當中的想像法，絕對不是眞實法。一味的追求純無爲，那是什麼種姓呢？是決定性的聲聞、緣覺種姓，不是菩薩種姓，也不可能迴心而入大乘法中盡未來際利樂眾生。

菩薩種姓的學佛人，一定是在具足二乘所證純無漏無爲法以外，還要加修一切的無漏有爲法；當一切無漏的有爲法圓滿具足了，才能成就一切種智、四智圓明，否則必定無法成就一切種智，當然不可能成佛。

因此菩薩要無量世在無漏的有爲法上進修，否則一切種智具足親證的因緣就無法出現，一切種智當然就不能具足圓滿。除此之外，久學菩薩出現在人間，一定不會當窮鬼；有的人窮到鬼都怕，這種福德不具足的人，不可能當菩薩的；如果這一世當了菩薩，那一定是新學菩薩。久學菩薩一定會示現富裕之相：生活無虞，不必受人供養。這就是菩薩行施而得的可愛異熟果報。看看經中所講的大菩薩們，哪一位大菩薩是需要人家供養呢？從我身後這位老人家先講起：觀世音菩薩需要人家供養嗎？祂根本不需要，祂可以種種所需布施給一切眾生。西方的大勢至菩薩，那是多麼莊嚴，每踩一步都是無比的莊嚴；你們看看《觀經》怎樣的描寫，就知道那是很大的福德才能夠成就的。大家也可以看看文殊、普賢、維摩、地藏，這些菩薩哪一位是需要人家供養的？都沒有！甚至維摩居士妻妾成群，有才華的兒子很多，他又是巨富長者，這不都是有爲法嗎？是的！菩薩生生世世布施（財施與法施），利益無量眾生，請問他們生生世世感得的福報會很小嗎？當然不會！這是什麼原理呢？後面經文中佛會詳細的開示。

不說別的，光說一個餓字；有時看見一條餓狗，我們買個肉包子布施給牠；不曉得現在肉包子一個要幾塊錢，如果以十塊錢計算，佛說可以得到來世百倍之報，那麼布施的菩薩在來世可以得多少世間福，你們自己算算看。做這個生意最好賺了！哪裡還有比這個生意的利潤更好的？一般的大企業，譬如統一企業好了，如果每年的歲後盈餘有百分之八或百分之十，他們就很歡喜了！但是你布施給不能回報的無福眾生，來世還得百倍之報，有什麼生意比這個更好做？而且還可以帶到未來世去，這一世的錢財都還帶不去呢！你想，菩薩生生世世布施下來，他應該是生生世世都不愁吃、不愁穿、不愁住、不愁行，什麼都有。所以有的菩薩說：「我這一生乾脆賺到這裡就好，剩下的福報留到下輩子再用。」這一輩子仍然繼續在布施，累積來世更多的福德，作爲成佛的道糧。菩薩就是這樣子做啊！一直累積！累積到後來無量的福德滿足了，三十二相便成就了！這時終於可以成佛了。

因此，菩薩布施，目的在於未來世的可愛異熟果報，可以無所遮障的繼續順利學佛。這種可愛的異熟果報有兩種：一是正報，生而爲人，而且生在有福報的地方，不要生到窮鬼所住的地方。二是依報，自身富有資財，不必受人供養。這就是菩薩的世世可愛異熟果，凡是久學菩薩都有這種異熟果。如果不具備這種可愛的異熟果，就不能稱爲久學菩薩，因爲他沒有生生世世努力布施，導致世間法上的福報不具足。那麼可愛異熟果若沒有圓滿具足，三十二大人相當然不可能圓滿，也就不能成佛，因爲福德仍然欠缺的緣故，所以不要一味的排斥有爲法。

有爲法既然分爲無漏的有爲法和有漏的有爲法二種，諸位對此就應要有所理解，不能夠一直要去追求純無漏無爲的法，而去排斥無漏的有爲法；如若不然，菩薩道一定不可能成就，佛道更無法成就。這就是說，在無漏有爲法上來爲大眾宣說，說十方諸佛一定都是福德滿足、慧學滿足，才能成佛，如果其中的一種有絲毫的欠缺，就無法成佛。以上是講世間相上的無漏有爲法，可是還有一切種智中的無漏有爲法，那就是如來藏本身的無漏有爲法，這種有爲法是純無漏性的，因爲都不與貪瞋痴相應。不過這部分你得要破參了，才會知道少分，我們這裡不可以明講。至於多分的了知，得要等到入地時；全部的了知，則是佛地的事。

《菩薩優婆塞戒經》卷二

〈發願品〉第七

【善生言：「世尊！是三十二相業，誰能作耶？」佛言：「善男子！智者能作。」「世尊！云何名智者？」「善男子！若能善發無上大願，是名智者。菩薩摩訶薩發菩提心已，身口意等所作善業，願為眾生將來得果一切共之。菩薩摩訶薩常親近佛、聲聞、緣覺、善知識等，供養恭敬，諮問深法，受持不失。作是願言：『我今親近諸佛、聲聞、緣覺、善友，寧無量世受大苦惱，不於菩提生退轉心。眾生若以惡心打罵毀辱我身，願我因是更增慈心，不生惡念，願我後生在在處處，不受女身、無根、二根、奴婢之身；復願令我身有自在力，為他給使，不令他人有自在力而驅使我；願令我身諸根具足、遠離惡友，不生惡國邊裔之處，常生豪姓，色力殊特、財寶自在，得好念心、自在之心。』」】

講記　佛陀教導我們大家要在菩薩因地時發願，也教導我們發願的因果原理……等等。善生童子問：「世尊！這三十二大人相的福業，是誰才能做？」因爲修這三十二大人相，不是一般人能做得到的。有一種人富有資財，但是他們全家每個月供養三寶五百元台幣，就覺得是很大的數目了；但在世間法上卻又很大方，對父母兄弟也很大方的出錢出力幫助，這種人就名爲非智者。有智慧的人應該學我，破衣照穿、爛東西照用，壞了就自己修理，捨不得丟；但是布施時肯把一大筆錢捧出去，出錢的目的不在於自己或家人的享受，而在於未來世的菩薩可愛異熟果。你可以示現廣有錢財，但是生活卻得要節儉。有的人號稱很節儉，這個也捨不得用，那個也捨不得用，但是台灣到處都有他擁有的山莊，只要是風景好、地勢好的地方都有，這是藉著自己的官場勢力來享受，卻對外宣稱說很節儉；這其實不是眞的節儉。

節儉是說自己捨不得用，但是利益眾生時絕不吝惜。這都是爲了一世又一世的累積福德，使自己在未來成佛時可以成就三十二相，所以自己很節儉而又大方的布施給眾生。這三十二相業，眼光短淺的人都做不下去；只有眼光深遠的人才能持續不斷的做下去，所以 佛答覆說：「善男子！這三十二相業，有智慧的人才能做。」善生緊接著又問：「世尊！

什麼樣的人才能叫做有智慧的人？」佛開示說：「善男子！如果能夠善於發起無上的大願，這個人就是有智慧的人。」

有的小學生說：「我發願將來要當總統。」當然不敢說要當皇帝，如果是專制年代，說要當皇帝，馬上就會被砍頭了！發願要當總統，可以算是世俗人的最大願了；但是這種願，我根本發不起來，從來沒有想過要當官；但是皈依三寶時，四宏誓願卻眞的從心裏發起來了，一點兒都不勉強，所以我也是怪人一個。這四宏誓願，先要懂得它的內容意義，才發得起來；所以我這一世去皈依之前，先自己找書研究三寶，弄清楚即將要歸依的三寶到底是什麼？研究了六個月，考慮要不要走這條路；不然的話，我去皈依三寶而發四個大願幹什麼？我還眞的去研究，到後來知道了皈依以後這四個大願是要幹什麼：「那沒有問題，我就是要追求這個法。」所以就去皈依了。這四宏誓願叫作無上之願，所有的願都不可能超過這四願的，所以叫作大願、宏願。

小學生發願作總統，那個願還眞是太小了！連轉輪聖王我都不願意當，那對我完全沒有意義。轉輪聖王中的金輪王，王四天下；銀輪王，王三天下；銅輪王，王二天下；鐵輪王至少也有南瞻部洲，好多世界都歸他管。但是這種願不叫大願，因爲當金輪王也不過是一世就當完了，這不是智者所求的境界。對菩薩而言，修集來的福德不應該迴向死後生到天界享福，也不應該求來世當轉輪聖王，而應該要迴向四宏誓願，追求成　佛及廣利眾生。所以大菩薩們發了菩提心以後，身業、口業、意業都是要造善業，不可造惡業來損減福德；而他們身口意三行所造的一切善業，目的不是爲了自己，都是爲了眾生將來可以證得解脫果乃至佛果，所以他們所造的善業，一切都願意和眾生共享。

大菩薩們常常親近諸佛、聲聞、緣覺、善知識等。大菩薩（菩薩摩訶薩）經中有時說是明心不退的七住心，有時說是十住心，有時說是初地以上。所以大菩薩們是指七住、十住、十行、十迴向、諸地等菩薩們；所以這裏所說大菩薩們親近聲聞、緣覺，就已經有種種的層次差別不同了。大菩薩們再怎麼大，也都必須要親近諸佛，因爲永遠都有他所不知道的法要隨佛修學，所以應該常親近諸佛。乃至三、四、五地滿心，有了意生身以後，更是每天都要去見佛。沒事時就每天到別的世界去見仍然住世的諸佛，假使能聽到二、三句和自己目前證量有關的妙法，也許一步就跳到上地去了，所以親近諸佛很重要。有一些法，特別是種智裏面的法，當你的因緣成熟了，往往只是給你一個名相、一個問題，你自己就從這個名相或問題中弄出一堆妙法來，往往因此而證得該地滿心應有的現觀，就跳進上一地去了，所以大菩薩們當然要常常親近諸佛。

菩薩摩訶薩常親近聲聞、緣覺，這就有很多差別了；比如說剛明心見道，雖然阿羅漢不懂實相，但是他們在解脫道上的證量，終究比你超過很多，去和他們親近親近有何不可？雙方都可得利：他們可以從你這邊得到佛菩提道的知見，你也可以幫他們迴心大乘，而你應證的無餘、有餘涅槃還沒有親證，可以和他們親近而增長自己的涅槃解脫道上的知見。如果是地上的菩薩來親近聲聞、緣覺，那是結交善友，是要促使他們迴心於大乘，所以也要親近他們。大菩薩們親近善知識，則有很多的不同，就看各人的因緣、證量的高下，而去親近不同的善知識。此外，大菩薩們親近聲聞緣覺，有時親近的是菩薩聲聞、菩薩緣覺，雙方更可以獲得大利，因此更應該親近。善知識可不一定是幾地以上才稱爲善知識，有時乃至凡夫善知識的一句話，無意中觸動你心田裏面的種子，經過幾個月的思惟以後，可能就使你因緣成熟而轉入上一地了。諸地的現觀證境都是藉著世間法上的因緣來增進的，全部都不離世間法；所以《六祖壇經》「離世覓菩提，恰如求兔角」，可以做另一種解釋：世間法中往往可以促使你的某一種子現起而增益一切種智，你要就著那個因緣去整理、去體會，最後——也許幾個月、幾年——你就可以滿足當地心而跳進上一地了，那就看你有沒有那個因緣了。

所以說「善知識」往往就像俗話說的「三不等」，有時乃至一個賣肉的屠夫也可以成為你的善知識；有個禪師參不出來，走過市集路上，剛好有個屠案正在賣豬肉，人家說：「你要全部都給我精肉。」屠夫將刀一甩，插在砧板上說：「哪一塊不是精肉？」這位禪師剛好看到這一場對答，就這樣悟了；所以，誰是善知識？真的很難說。也許在某一個因緣下，有時甚至佛菩薩派條狗來，就幫你悟了，這都很難說的。因此我們要常有謙和之心來親近善知識，也要供養以及恭敬。這是古時的作法，想要諮問深法之前得要恭敬供養之後再請法。有許多大菩薩來覲　佛請法，總是先奉上金縷衣、天衣供養；若是從天界來的菩薩，就先散天花供養，譬如釋提桓因想要來見 佛請法，就先叫乾闥婆說：「你先去請問 世尊有沒有空閑。若有空閑，你就爲我先彈琴供養 世尊、讚歎 世尊，然後說：『釋提桓因要來禮拜、供養。』」做完這些事情以後，他才去供養、請法。所以菩薩在諮問深法之前，要先恭敬供養聲聞、緣覺、善知識等等；諮問之後則要受持，不可忘失。除非你所聽來的不是正法，是虛妄法，否則就應當受持而不忘失。受持不忘，就是五別境的念心所成就；諸佛成就念心所的意思就是：一切諸法記持不失。

「作是願言」，是說發起了願心而這樣說。未入地的菩薩應該如何發願呢？菩薩這樣發願：「我今親近諸佛、聲聞、緣覺、善友，供養禮拜三寶；寧可無量世中受大苦惱，也決定不退失於佛菩提心。眾生若以惡心來打我、罵我、毀壞我、污辱我，願我因此更增加了慈悲心，不對眾生產生惡念；並且願我未來無量世所出生的地方，都不會出生爲女人之身，也不願接受無根身、二根身、或者奴婢之身。」不受女身是因爲不想被丈夫所掌控，不受無根之身是因爲不想讓人家輕視，所以最後身菩薩來到人間時，一定得要娶妻生子，示現具足男身而非殘障之身，否則人家會毀謗說：「這個人就是因爲沒有性能力，不能娶妻生子，所以才出家的，結果無巧不巧的讓他成佛了。」眾生往往是這樣的。釋迦牟尼佛二千五百年前在印度成佛，這是歷史上的事實；但是仍然還有人毀謗說：「釋迦牟尼佛這個人，是印度編造出來的。」如果說不娶妻不生子的話，人家還會說：「那個人沒有辦法在世間五欲中得到滿足，所以才會出家，才會成佛。」所以菩薩生生世世不可生爲無根之身，一定男根或女根具足。

「不受二根、奴婢之身」，是說若受二根、奴婢之身，會被人輕視而難以弘法及修道。二根是說，白天看來是個女人，所以晚上可以和女眾睡在一起，可是那時卻變成男生了，就難免淫亂了。所以在世間法上總是輕視二根人，尤其皇宮後院更忌諱二根人，如果發現二根人在皇宮後院走動的話，查到了就一定被處死；所以二根人是不被尊重的，以此緣故菩薩永不出生爲二根之人。奴婢是讓人喚來喚去的下等人，不被世人尊重，所以菩薩發願世世不受生爲奴婢。菩薩要發這種願，未來世中絕對不出生為這三種身分的人。但是有時菩薩會故意示現女身，譬如《維摩詰經》中的天女一樣示現，可是她一轉身就成佛了，所以也有例外。

另外還要再發一個願：未來世所生之處皆有自在力，有能力而且是自己發心主動供給眾生一切物資，而不是被人家所命令去做，是以尊貴之身而主動為眾生去做。這就好像現在有些大老闆，去當慈濟委員、會員而為眾生做事。他很有錢，不是為五斗米折腰，但是可以親自為眾生服務，這就是「身有自在力，為他給使。」給是供給，使是使喚。眾生有需要時來使喚一下，我就去幫他做事；但是我有自在力，可以自己決定要不要幫忙，而別人對我沒有自在力來使喚我；只因為眾生需要我，我就主動去幫忙。

還要發願：「願我生生世世色身都能諸根具足、六根圓滿（意根是心根，餘五根則是眼、耳……等五色根）。」如果缺了一根，非殘即障，如何能攝受眾生呢？眾生見了，心裡會這樣想：「這人是什麼大菩薩？眼睛都瞎了，耳朵都聽不見了。」所以菩薩世世得要五根圓滿具足。並且還要能夠「遠離惡友」。儒家常說：「近朱者赤，近墨者黑。」

法。明初是因爲朱元璋學的是顯教的法，所以沒有問題，到了明朝中葉以後，皇帝貪圖享受後宮嬪妃，就改信藏密而修雙身法，藏密就進了皇宮。清朝的皇帝則全部都受學藏密的雙身法，我們就無法弘揚如來藏妙法了！唯一的辦法就是去藏密老巢內加以質變，讓他們全都回歸如來藏妙法；可惜沒成功，失敗了！若生在惡國，有佛法也沒辦法弘揚；所以一定要生於中國。如果出生中國，又不是邊地，但菩薩若是窮光蛋一個，也不能弘法啊！每天還得要爲五斗米折腰，沒時間弘法了！所以要世世常生豪姓之家庭中。如果不是生於豪姓之家，就要長得很健壯、很有威儀，人見人愛，大家歡喜親近，說法時大眾才會相信。如果不是這樣，就生爲有財寶的菩薩也好，不必看人家的臉色，也可以自己幫助眾生，不必別人資助，這樣弘法就容易了。所以親近諸佛、聲聞、緣覺、善友時，要發這些願。然後還要自己心很篤定，怎麼樣篤定呢？要得好念心、自在之心，好念心是說自己的心常在善念心中，不會落在惡念心中，免得自己退轉了；還要於法得自在，使別人不能檢點你的法義，於正法中誰都轉不走你。這麼多的願夠了嗎？還不夠！佛接著說：

【「心得勇健，凡有所說聞者樂受，離諸障礙無有放逸，離身口意一切惡業；常爲衆生作大利益，爲利衆生不貪身命；不爲身命而造惡業。利衆生時，莫求恩報。常樂受持十二部經；既受持已，轉教他人。能壞衆生惡見惡業，一切世事所不能勝。既得勝已，復以轉教，善治衆生身心重病。見離壞者，能令和合；見怖畏者，爲作救護。護已，爲說種種之法，令彼聞已，心得調伏。見飢施身，令得飽滿；願彼不生貪惡之心，當噉我時，如食草木。常樂供養師長、父母、善友、宿德，於怨親中其心等一。常修六念及無我想、十二因緣；無三寶處，樂在寂靜，修集慈悲；一切衆生若見我身，聞觸之者遠離煩惱。」】

講記 這個願很長。菩薩發願：不但未來世常生豪姓等等，還要心得勇健。希望自己勇猛精進，雄健不退。當你獲得正法時，誰也無法轉變你、退轉你，這就是心得勇健。但這件事情很不容易，有很多人剛開始學佛，不論是哪個道場需要義務工作者，他都不缺席，歡喜的做，快樂的不得了！過了三年，這種快樂已經失掉一半了；到了五年時，根本不想去幫忙了，這就是心不勇健。久學菩薩則不然，一旦遇到正法，他會一頭栽進去，跳不出來了！而且盡形壽一直修下去，還發願生生世世絕對不退轉，這才叫作心得勇健。因爲心得勇健，所以會有證量顯現出來，凡有所說，所有人全都會歡喜的接受；並且可以在度眾生的過程中利益自己，讓自己離開一切障礙，而且心不放逸。心不放逸是最困難的：有很多人修苦行，白天日中一食，夜晚不倒單——坐在那裏打瞌睡——所穿的衣服到處補釘，但是仔細一看，是新布料故意做成補丁的，不是衣服破了再補的。現在的台灣不管誰出家，都別丟了 佛的面子； 佛陀三十二相的大福德，還用得著你穿補丁的破衣嗎？三十二大人相都是大福德修成的，隨便一相就夠後世弟子吃穿不完，還用得著穿補丁的衣服嗎？所以那都是表相，都不是眞的苦行。眞的苦行只有菩薩懂，叫作心不放逸，這才是最難修的苦行。世間苦行，只要勞苦身體就行了，那有什麼難？心不放逸才是眞的苦行，才是困難。繫念於 佛而長時間保持一心不亂，這才叫作念佛的苦行。他們那些修苦行的，你跟他們說：「要繫念於 佛，一天都不可丟掉。」他說：「這個我做不到，這比殺掉我還要困難。」就好像不會寫文章的人，你要他寫文章，他覺得不如去拿圓鍬、十字鎬倒還輕鬆一些。一樣的道理，心不放逸才是眞正的苦行，不是在身上修苦行；心不放逸，就可以離開身惡業、口惡業、意惡業；由於不放逸，所以常常可以爲眾生作大利益。

爲眾生作利益的事情有大有小，你蓋個房子送給眾生，那是小利益，因爲他大不了住個五十年，房子也壞了，色身也壞了，這種大利益只有一世；若是你度他在大乘法中悟了，這才是大利益：不但得聲聞初果，而且還證得法界實相。這個智慧種子在他心裏面，未來無量世都得到受用。即使被度者不能證得如來藏，但是斷我見、斷三縛結後，最多不過七次人天往返，也可以成爲人天應供，何況是度眾生證得法界實相，怎麼不是大利益？能讓人成就聲聞初果是人間最大的利益，幫助眾生證得法界實相，那利益就更大了，所以要常爲眾生作大利益。爲了使眾生得到大利益而不惜身命，你得要不怕死；愛惜身命而不做，就不是菩薩摩訶薩了！如果怕死，就不要當菩薩摩訶薩，去當凡夫菩薩就可以了！有些人隨隨便便取來十無盡願文，在佛像前胡跪就唱了起來，願發了！可是一旦遇到有事情時他又溜了！

我們當年印出《護法集》時，他怕人家來殺我時會傷到他，所以就溜了！有的人是在我們印行《楞伽經詳解》第三輯，書中評論印順法師的時候不高興而離開的。經過這幾年的歷練，大家心量比較雄猛了，所以沒有人溜走了，這才像是久學菩薩。所以說，爲了衆生要能夠不惜身命，爲了佛道正法的延續，爲了讓未來無量世的衆生同樣可以得到正法的利益，你有能力做而別人沒有能力做，你就不該怕死而縮手不管，應該努力去做；從多劫而長遠的菩薩道來看，這才是有智慧的人。沒有智慧的人只看一生：「**我寫了這本書出去，破斥了邪見，萬一三更半夜他們來把我幹掉，那怎麼辦？**」但是我認爲被幹掉也是好事，《護法集》裡不是有一部經說：一個居士爲了護持比丘的正法被殺掉了，生到不動如來那裡，成爲如來的第一弟子；後來被護持而弘揚正法的比丘也生到那兒去，反而成爲第二弟子。大家不要把它當做是神話，事實就是這樣：你肯爲護持正法而不惜身命去做，就已表示你的境界比別人高。爲了自己的利益而考慮，不敢去做，你的層次就低了。

所以菩薩若想要提升修證境界，第一就是「護持正法，我先去做」。

當你心量提升上去以後，佛世尊就會幫你提升道業；想要諸佛不提升你的道業，是不可能的事。譬如說你當父母，你的財產被外人強佔、偷竊時，幾個子女都不敢站出來爲你維護家產，都怕被惡人殺害；但是有一個兒子什麼財產都不想要，卻一心幫你護持著，幫你要回來；請問：你要把財產交給誰？當然要把財產全部交給他。你當父母時是這樣看待子女，諸佛也是這樣看待弟子們：你護持諸佛遺法，諸佛當然把正法交給你，不然要交給誰？所以你還沒有證得的部分，他就會幫你證得。我講這句話，不是只在嘴皮子上講，必須要身心眞的這樣去做；沒有身心如一的做，就不要坐在這兒講；光口頭上講是沒有用的，他老人家會笑你：「**你在欺騙諸佛。**」菩薩不但要爲眾生作大利益，而且還要有隨時爲法喪身捨命的認知；先有這個認知，你就不畏懼了！

除此之外，不爲了自己維持身命而去造作惡業。如果被逼去殺人，寧可殺掉自己這個人，不願去殺別人：不爲身命而造惡業，這才是菩薩。如果說：「**沒辦法啦！我是不得已啦！這是人家逼我的，不得不殺。**」貪生怕死，怎麼叫菩薩？人家逼你，你不得不殺，爲什麼不殺自己？你把自己殺了，這個問題就不存在了，爲什麼要去殺別人呢？

而且利益眾生時，心裏面不可希望眾生感恩、回報，而且要常常樂於受持十二部經；受持十二部經以後，還要用自己所持的十二部經，再來教導別人；也發願自己於未來世中能毀壞一切眾生的惡見與惡業。毀壞眾生的惡見，是三、四、五地以下的菩薩就能夠做的事；毀壞眾生的惡業，沒有八地十地的證量，縱使有能力也不敢去做，因爲這是干預因果而去改變眾生的內相分；干預因果的事，連佛都不太願意做，因爲干預了以後，眾生會說：「**我以前的種種惡業種子，請佛幫我消除。**」這樣一來，眾生就都不肯修行啦！這還能稱爲因果不爽嗎？

所以毀壞眾生的惡見，是我們所能做的；毀壞眾生的惡業，那是十地法王所做的事（當然，藉著毀壞眾生的惡見而不再造作抵制正法、傷害眾生法身慧命的事情，因此而使得眾生懂得懺悔以前所造惡業，轉變眾生的身口意行，也可以算是毀壞眾生的惡業）。但我們也要求自己：願未來世有能力毀壞眾生的惡業。爲什麼呢？因爲你可以因此而證得十地功德，未來在十地階位時可以幫助有緣眾生毀壞惡業。能夠這樣做的話，世間一切事情都不能勝過你這個境界；當你有這個修證境界時，大威德就幾乎全部具足了，還有什麼人能降伏你呢？得到這種勝妙的威德後，再用來轉教眾生，善於治療眾生的身心重病，就容易多了。不過菩薩這個治眾生重病，不是治世間疾病，而是業障病，是世間醫生所治不好的，菩薩來幫忙醫治，因爲這個是心中的業障所引發的病。

如果看見眾生有離散，或者眷屬被毀壞的話，能夠促使他們和合共住、回復他們的親情；看見有眾生怖畏時，能夠爲眾生做種種救護的事業；救護眾生以後，再爲他們宣說種種法要，讓眾生剛強的心、不調柔的心可以調伏下來，安住於出世間法上的修學。如果已成爲十地、等覺時，看見有眾生飢餓，剛好自己沒有飲食可以供養，乾脆就以自己的色身去供養眾生；所以釋迦世尊在菩薩位時，曾施身給餓虎，讓那母虎養活子女，這叫作「見飢施身，令得飽滿」；但是這時要發願：「願老虎（或眾生）不生貪心、惡心。」希望牠在吃我的肉時，只是爲了填飽肚子，就好像吃草吃木一樣不貪著肉味。草是指草類所生的果實，木是指樹木所生的果實；願眾生好像在吃草木的果實一樣，不生貪惡之心。

菩薩還願意自己未來世常常樂於供養父母、師長、善友以及宿德；宿德是說這人已經弘法很久了，有大名氣也有正法及道德的人。並且還要在怨家和親人中，其心平等如一；即使是怨家，他來求法時還是要收他做學生，不會冷嘲熱諷：「你今天也懂得跟我學法？過去為什麼要和我爭吵？」一定會說：「善來弟子！」「善來同修。」這叫作「其心等一」。不但如此要求自己，還要發願：自己在未來世中，常常修於六念之法、以及無我想、十二因緣。六念是念佛、念法、念僧、念天、念戒、念施。這六念要常修。修無我想，就是指二乘菩提聲聞法的四聖諦、八正道的解脫道，十二因緣是指緣覺法。菩薩還發願：希望自己世世出生時，如果生在沒有正法處——沒有正法可以聽聞、修學、弘法——願意自己常常樂於安住於寂靜當中，也就是修學禪定之法，遠離喧鬧。而且常常修集慈悲之心，並且發願：一切眾生如果看見我的色身，或者聽聞到我說話、唱歌等等，或接觸到我的時候，都可以遠離煩惱。菩薩摩訶薩發了這個大願，一般人聽到菩薩修行時發願一大串，可能會說：「你煩不煩啊！」但是久學菩薩不會心煩，越聽越歡喜，說：「這個人眞是個菩薩摩訶薩，不然誰敢發這種願呢？」這些願都是吃力不討好，都是利益別人而不是利益自己的，所以每一個願都會令人想到：「這眞是菩薩摩訶薩呀！」發這些願，看來似乎都是不利自己的，但這才是大利於自己的道業。佛接著開示說：

【「菩薩雖知除菩提已，不求餘果；爲衆生故，求以弘利。善男子！菩薩若能如是立願，當知是人即是無上法財長者；是求法王，未得法王。」】

講記　菩薩發了這樣的願以後，雖然他知道除了三乘菩提法應該修學、果證應該實證以外，其餘的果報他都不追求；可是雖然心裏不樂於追求，爲了利益眾生的緣故、爲了未來無量世都有無量的資財來布施給眾生，所以應當要求其他世間的果報，求來用作利益世間眾生的果報；所以　佛說菩薩如果能這樣立願，作爲他未來生生世世的志願，就可以知道這個人是無上法財的長者；即使他現在只有二十、三十歲，但是不必幾年就會成爲無上法財的長者，這個人可說是求法王果證的人，雖然他還沒有獲得法王的果證。法王是十地滿心或是佛地，菩薩摩訶薩修到十地滿心時，百劫內都是不再求法的，他只是純粹去利益眾生，也就是在等覺位中百劫修相好，專修福德；所以才稱為法王，已經於法自在故。不得十地滿心之前，都得要求法；菩薩尚未十地滿心之前，都得一心一意求法，沒有人比他更精進，所以是求法之王。接下來 佛說：

【「善男子！菩薩摩訶薩具足三事，則得名為法財長者：一者心不甘樂外道典藉，二者心不貪著生死之樂，三者常樂供養佛法僧寶。復有三事：一者為人受苦心不生悔，二者具足微妙無上智慧，三者具善法時不生憍慢。復有三事：一者為諸眾生受地獄苦如三禪樂，二者見他得利不生妒心，三者所作善業不為生死。復有三事：一者見他受苦如己無異，二者所修善事悉為眾生，三者善作方便令彼離苦。」】

講記　什麼樣的人可以成為法財長者？有三件事可以成為觀察的事相，第一、身為法財長者，心性不喜歡外道的經典和書籍：外道的經典書籍很多，道家的、一神教的、一貫道、清海的聲論外道法……，都屬於外道法。「外道」的意思不是說在 佛門之外就稱爲外道，而是**心外求法**稱爲外道；凡是外於眞實心而求眞實法，就稱之爲外道。外道典籍，我家裏很多；一神教的也有幾本，比較正統的譬如說《舊約聖經》，那一本有五十幾年了！還有《新約聖經》，比較非正統的譬如說《標竿、荒漠甘泉》，比較文學化的譬如《但丁神曲》。這些外道典籍，有一些我都讀完了，有一些我讀不下去，像《舊約聖經》眞的讀不下去：上帝那麼兇狠，一點兒慈悲心都沒有，講話又愚痴，上帝眞沒智慧，就好像大學教授勉強在讀幼稚園的教材一樣。一貫道也有一些書籍，像《聖賢月刊》；比較早期的像《道鐘警明》也曾讀過，就是沒有因緣去讀回教的《可蘭經》；道家的像《道德經、參同契、莊子》之類的東西，這些東西我們拿來參考，看看他們到底在講什麼法。你如果不出來弘法就無所謂，不需要讀它；但是如果想要出來弘法，最好是懂一些，人家來跟你談氣功時可以談一點，來談丹道也可以談一點；看他是修外丹還是內丹，你都可以和他談一點；這些都叫作外道典籍，都應該知道一些，但不必一天到晚捧著讀。因爲你只要有道種智，那些東西只要讀一遍就差不多知道了，你還可以指導那些外道們應該怎麼修，因爲道種智都可以通這些外道法。

第二點、法財長者不會貪著生死之樂。他不會想要求長壽，所以不會怕弘法太辛苦而一心想減少爲眾生付出的時間，用來爲自己做事；他不會貪著於生死之樂，如果貪著於生死之樂，我這個角色他就幹不了。我剛開始學會電腦時，打電腦打到怎樣你們知道嗎？你們睡覺時就只是躺下來睡覺，但我最少還要擦藥、揉、推，因爲整隻手都變形了，手指關節都嚴重腫脹，每晚必須擦藥及推揉。現在雖然好多了，但在睡前還要把兩手都穿兩層襪子；若不爲它保暖，半夜裏可會痛起來的，所以推揉以後還要穿襪子保暖；第二天起床後繼續再打字，所以《狂密與眞密》五十六萬字，我三個半月就打完了！這是打字行職員要打一年的工作。然後再用一個月來改正錯別字等。所以是打得很快，從來不曾這樣工作的手指頭當然會腫起來；但是腫痛沒有關係，晚上推揉推揉、每一隻手穿二件襪子睡覺，就這樣過日子。到了冬天，還要兩層襪子中間還要再加上一層紙巾，保暖效果才會比較好，才能在明天繼續打字寫書。長時間這樣走過來，現在已經好了！不痛了！想要當菩薩，就不要貪樂生死，再怎麼苦，爲正法該做的事你就去做。如果貪著生死之樂，不願爲眾生、爲佛教正法的弘傳而付出，這個人不是法財長者。

第三、他要常樂供養佛、法、僧寶。可是很奇怪，我想要供養僧寶時，似乎不太有僧寶願意讓我供，我現在只有每天供養 佛、供養法。若有機會時，我仍然會與大家一起供養三寶，我們也正在研究供養正覺常住三寶的制度，將來本山寺院完成時，就可以實行了。具足這三點，才能稱爲法財長者，如果這三點少了一種，就不叫作法財長者。

還有三件事是法財長者所應具備的：第一、爲人受苦，心不生悔。你幫別人做事，結果別人一天到晚責罵你做得不好，那該怎麼辦？很簡單，做不好就改進，不要因此而生悔。如果有人說：「你做的這個不好，應該怎麼做。」「那我不做了！你來做好了！」這就是做已生悔。佛說應該爲人去做，心不生悔。第二是要具足微妙的無上智慧，你如果要當法財長者，縱使證得阿羅漢果了，也還不夠格；因爲你證得的智慧不是無上智慧，只是解脫道智慧，只斷我見與我執煩惱的現行而已。法財長者必須有無上的、微妙的智慧，只有法界的實相才是無上的；只有種智才能夠稱爲微妙，能把法界實相及種智傳授給弟子們，才叫作無上與微妙，這樣的人才能稱爲法財長者。第三、具備善法時，不生憍慢：不會在演說善法時，用下巴看人；對誰都是和和樂樂，都很謙和。只有一樣不謙和，那就是破斥外道、破斥邪說，而待人處事一定都是謙和的，不會有憍慢之心。具足這三點，就可以稱法財長者。假使佛教界能夠多出生一些法財長者，未來的佛教正法弘傳就沒有後顧之憂了！假使眞能做到這一點，我捨壽面見 世尊時，就可以於心無愧：「您交待的任務，我們完成了！」菩薩所應該注意的就只有這六件事嗎？不止！

「復有三事：一者爲諸眾生受地獄苦如三禪樂，二者見他得利不生妒心，三者所作善業不爲生死。」是說菩薩證悟了以後，應該要具足三法才能夠稱爲法財長者。前面已講過兩種的三事，現在繼續再講幾種的三事：第一種，菩薩證悟了以後成爲摩訶薩，但是一定要在爲眾生受地獄苦時，都要視如三禪之樂。我們講過初禪有身樂，初禪遍身發而能夠微細轉進不退失的人，在胸腔永遠都有微細的樂觸，這是初禪的身樂；二禪有心喜，得心一境性而不受外塵所遮障，所以有心喜，因爲心喜而生心樂。三禪是把初、二禪合起來，不但是定境增上，在有為法上來說還有身心二樂，因此三禪之樂是一切三界中最上之樂，這叫做三禪之樂。但這個是講等持位而不是講等至位，等至位中都沒有任何的喜樂。身為證悟的菩薩要成為法財長者，擁有法財而且可以是長者，那就必須要有這第一件事，為眾生受苦時視同三禪之樂，不管遭受怎樣的橫逆打擊，心中不以為苦，並且視如逆增上緣可以自我增上，也成為利他的增上，這叫做視受地獄苦如三禪之樂。

還有第二件事，看見別人獲得世間法上的利益或是出世間法上的利益時，不產生嫉妒之心，能隨喜對方，這樣才能成為法財長者。

第三件事，證悟之後凡所作事，不管做什麼樣的善業都不是為了增長生死種子而作；增長生死種子，就是為了自己求世間法上財物的利益，求名聲的利益，或者求世間法中權位、權勢的利益，這就是所作善業是為增長生死而作的，這樣就不是法財長者。所以證悟之後要當法財長者，要捨棄世間法上的追求。

「復有三事：一者見他受苦如己無異，二者所修善事悉為眾生，三者善作方便令彼離苦。」還要有三個條件才能成爲法財長者：第一、看見別人受苦時猶如自己在受苦。假使看見有人受苦，譬如說，明知道眾生被誤導了，又被種種因緣所羈絆而無法回頭，心裡是很痛苦的，那你要以何種心態去幫他？你要覺得他們正在掙扎時的痛苦就是你自己正在受苦，要自己想像一下那是何等的痛苦！有這樣的觀念，能夠去深入體會他們的痛苦如己無異，這樣才可以稱作法財長者。爲什麼要這樣？因爲這樣做才能使你發起大悲之心，因爲菩薩從大悲中生嘛！如果想要具足菩薩種性就得要這樣做。

第二件事情：所修的一切善事全部都是爲眾生而做，不是爲求自己的利益而做的，這樣才能成爲法財長者。

第三件事情，要有善巧方便。使用種種方便善巧都是爲了利益別人，讓他們離開痛苦，這樣來做的話才叫做法財長者，如果像世俗人講的：「只管自家門前雪，莫管他人瓦上霜。」那就不是法財長者了。有人心裡面想：「我沒有被楊先生他們影響而退轉，經過法義辨正以後，我在法義上又更深入了。楊先生的退轉謗法，對我反而是塞翁失馬：以前對實相還沒有弄得今天這麼清楚，法義也沒這麼深入。現在這一年的法義辨正，我反而增上了！你被他們拉著退轉，那是你家的事，與我何干？」甚至有人起悲心去救，他還罵對方「干卿何事」：「這與你有什麼相干呢？你管你自己就好了。」那意思就是說，沒有善作方便讓他們離開誤入歧途後悔之苦，這樣就不叫作法財長者了。雖然無妨是摩訶薩，但絕不是法財長者。換句話說，在這種心態下，修行就不能迅速增上。菩薩是在利他當中來利己的，一心利他時就表示自己的我所貪愛消失了，我的執著消失了，法的增上成功了。接下來又說：

【「復有三事：一者觀生死樂如大毒蛇，二者樂處生死爲利衆生，三者觀無生法忍多諸功德。復有三事：一者捨身，二者捨命，三者捨財；捨是三事，悉爲衆生。復有三事：一者多聞無厭，二者能忍諸惡，三者教他修忍。復有三事：一者自省己過，二者善覆他罪，三者樂修慈心。復有三事：一者至心奉持禁戒，二者四攝攝取衆生，三者口言柔濡不麤。復有三事：一者能大法施，二者能大財施，三者以此二施勸衆生行。」】

講記 還有很多種的三事要學。要成爲法財長者還要做三件事，第一：要觀察生死中所有樂事都如大毒蛇一樣。眾生都怕蛇的毒，卻不知道生死的毒更嚴重，生死中的毒是在生死過程當中擁有的世間五欲之樂的愛貪；對財色名食睡的愛樂其實猶如接受大毒蛇所螫的毒液：會陷人墮於法身慧命斷絕的境界中。所以應當觀察生死中之種種樂事猶如大毒蛇一樣，應當遠離而不貪著。

第二件事，除了觀察生死樂如大毒蛇外，還要轉過頭來，不畏懼生死之苦痛，不畏懼生死之樂所引誘，然後發大心留惑潤生，重新再入生死當中，來利益眾生，能夠這樣才可以稱作法財長者。

第三，還要觀察無生法忍智慧中有許多功德。一般人還沒有破參之前看到已悟祖師在說法，心中好羨慕：說來說去都通，就是自己不通。所以覺得好羨慕。但大部分祖師所說的妙義也只是破參的智慧功德而已。可是到了諸地無生法忍生起時，這無生法忍的功德可就大了。一般人無法想像無生法忍有什麼功德，莫說一般人，乃至菩薩到了十迴向滿足時，都不可能知道初地入地心的功德，入地心又不知道初地滿心的功德，初地滿心又不知二地的功德，二地菩薩又不知滿心菩薩的功德，所以其中有許多的差異，我們書中也大略的寫了一小部分。所以，無生法忍的功德，得要在通達之後才能夠漸漸有一些體認；可是成爲菩薩摩訶薩以後還想要成爲法財長者，就得要能觀察無生法忍中有許多的功德。

接下來還有三件事，第一是說：要能爲法、爲眾生而準備隨時棄捨身命。身體既然可以捨，命當然也可以捨，所以第二件事情還要能夠捨命。捨身與捨命不同，有時爲眾生、爲正法，把一條腿布施也就布施了，一隻手布施也就布施了，命仍然還在啊！假使能夠連命都能捨，這就不容易了！大家可以捫心自問：「**我破參了，忝爲菩薩摩訶薩，假使有一天必須接下一個任務，可能會造成自己身家性命會有危險，我敢不敢接這個任務？**」要自問敢不敢接？如果不敢接，那你是摩訶薩而不是法財長者，兩者不能兼具，兩者不能兼具就永遠入不了初地。要願意捨身也願意捨命，身與命都願捨的話，捨財就容易了，因爲錢財是身外之物；如果身命都不願捨，想要捨財就比較不容易了！因爲身命第一：能捨財者還不一定能捨命，能捨命的人一定不會把財物看在眼裡。這三件事都能做到，不怕身命財被剝奪，能無所顧慮的護法、弘法，都爲眾生的利益而做，就可以稱作法財長者。如果捨身、捨命、捨財都是爲求來世的利益，那不是法財長者，而是自了漢、自私鬼。

另外還要有三件事：第一要能多聞無厭。眾生聽法時的心態是只願意聽一遍，自以爲眞的懂了！當你再講第二遍時他就不聽了：「這些我都知道了，不想再聽了，請你講別的啦！」但其實聽一遍就能眞實的理解嗎？不然！因爲講的人他如實了知他所講的是什麼，可是聽的人往往各各不同：有人聽懂十成，有人聽懂八成，有人六、七成，乃至有的人只能懂得一成，但是所有人都會自以爲全部懂了。爲對治這種現象，所以應當要多聞而無厭倦，並且同一個法可以由很多方向來說，也可以從很多層次來說；所以單是一個如來藏的眞如性，般若經講多久呢？講十九年！二轉法輪講了十九年，講的都是別相智，還沒有講到種智。但別相智都是在講這個如來藏祂的眞如法性，佛從很多不同的層次、不同的方向說，但是有哪一位菩薩曾向 佛說：「您講來講去都是這個第八識實相心，我聽都聽膩了！」沒有啊！同一個第八識的別相智，佛講十九年，那麼一切種智講到八十四歲，有講完嗎？當然講完了！講完了才能入滅啊！沒講完以前就是法輪還沒有轉完，怎麼可以入滅？可是 佛明明入滅了，當然是講完了！可是在實際上其實也是還沒有講完的，因為有很多妙義都是一、二句話就帶過去了，卻在四王天、忉利天分別講，一直講到他化自在天去，所以《華嚴經》從人間講到他化自在天去。

成佛之道的一切種智妙法，當然是講完了才能入滅，可是實際上並沒有講完，只是把諸地的部分大略講出來，仍有很多妙法未講出來；如果在人間就全部講完了，那麼報身佛 盧舍那在色究竟天還講什麼法呢？在人間所說的法與在天界所說的法，總是會有深淺廣狹差別的，一定還有許多諸地無生法忍中的妙法是在人間只作略說，仍然不曾細說的。人間的諸地菩薩說法時也一樣，會觀察不同的時節因緣而說不同層次的妙法；所以當菩薩聽聞諸佛說法或聞善知識說法，永遠是多聞無厭的。不但要多聞無厭，還要樂說無厭；因為菩薩無生法忍的修證不是單靠聞佛說法，還要有別的助緣——眾生的助緣——有時往往眾生向菩薩奉承一句話，或向菩薩罵一句話，或對菩薩講一句無關緊要的話，結果菩薩突然一念：「咦！怎麼會這樣子？」可能這個凡夫眾生就幫助這個菩薩完成某一地滿心之無生法忍現觀了，就能提升到上一地去。這事情是很難說的，所以說菩薩不會討厭再聽第二遍的。你們看 佛陀講阿含，有時同一個地方同一個法，會講上三遍、五遍，因爲來聽法的人各不相同，而聽過的人也不可能全部懂得。阿難尊者不曾這樣說：「佛陀啊！您這個法已經講過了，不要再重講啦！」富樓那尊者聽過好幾遍的法義，還是歡喜重聽，這叫作多聞無厭。能夠做到多聞無厭，這位菩薩摩訶薩才算具足了法財長者的第一個條件。

第二件事情是「能忍諸惡」，眾生來親近學法的過程中往往會有許多惡心惡行，對這些惡心惡行你不應該生惱；你可以兵來將擋、水來土掩，但是應對之時心中不生氣惱，這叫作能忍諸惡；並且在眾生對你的法提出質疑、誹謗時，你不是丟一句話反問回去把他撂倒就算了，還應該詳細爲他說明爲什麼他的質疑是錯誤的，讓他有機會轉變邪見，這也是能忍諸惡。如果不能忍諸惡，那就只需把他撂倒，事情就結束了。但菩薩不可以如此草率對待眾生，所以我的《燈影》已經出版了，我們台南共修處還會在下個月印出兩本書，看能不能救退轉而質疑我們的人；他們剛寫出來時比較簡略，但是我要求他們要發揮更多內涵出來。因爲出書目的不是要摧倒某些人，而是要讓他們瞭解「誹謗阿賴耶識爲什麼是錯的？」要讓他們有機會提昇知見，未來可以轉變邪見、回歸正道。所以台南共修處的法義組等人，就開始發揮而寫出來，其中一本有四百多頁，另一本由一個人主筆，也有三百多頁。

如果出書的目的只是想要摧倒對方，那很簡單：不管對方某一段怎麼質疑，你都只問他一個問題就夠了：「你們堅決的說『阿賴耶識是生滅法』，請問阿賴耶識何時生？何時滅？有何教證及理證根據？」把對方的質疑每一段都列出來，但是都只反問這一句話，就能把他們摧倒了，事情也就解決了，何必費那麼多心血來寫書、印書？但這樣做就不是依悲心而做的了。有悲心的話，你就得要爲他們詳細的解釋義理，讓他們理解是什麼地方誤會佛法了，要一一讓他們知道，然後才懂得修正、改變。這樣他們才懂得去懺悔，才可以救護他們免於墮入壞法的地獄業裡面；所以不是說把他們駁斥摧倒就結束了，而是要詳細的說明。

所以我向台南共修處的法義組成員說：「寫出來的書，要能讓他們理解自己的錯誤，知道改變，還要能夠傳之於後世，利益後世的眾生。」如果寫出來之後只能這一世有用，對後世的人沒有用，下一輩子人家把你忘了，那你寫出這些書是沒有大作用的。能如此做，才叫作能忍諸惡。

你剛開始寫時，總是會覺得那些人似乎不可理喻，《楞伽經》明明講：「阿梨耶識者，名如來藏。」為什麼他們還要說阿賴耶識與如來藏是兩個心？心裡面有時會不耐煩，對不對？但這樣就不對了！你應該用歡喜心詳細的寫，因為寫的目的是想要救他們，這樣叫作能忍諸惡。現在他們能夠忍於諸惡，更詳細的寫；到後來愈寫愈歡喜，已經懂得這個法樂了。他們寫到後來說：「我們寫這二本書下來，智慧增長很多。」所以他們現在能忍諸惡，那我教導他們如此作，這就是教他們修忍。所以你如果成為菩薩摩訶薩，想要進一步成為法財長者，得要具備這三件事：多聞無厭、能忍諸惡，還要教他修忍，不是你自己忍了就算了；還要教導別人也能這樣安忍，乃至更進一步自得法樂。

成為法財長者，還須有三件事情：一要自省己過，二要善覆他罪，三要樂修慈心。自省己過是在事相上檢查自己是否有某些過失，要懂得自我反省。第二件事情是要善於覆藏別人在事相上的過失：如果在事相上有什麼事情做錯了，我應該自我檢討；至於他們誹謗我，編造事實來誹謗我事相上的事情，我不會公開去說他，這叫作善覆他罪。那些人退失以後，編造虛假的事相來誹謗我，你們要是聽到了，可能會氣炸了。但是我不說這些事相上的事，那都屬於人身攻擊，我只是純粹從法義來辨正，這叫作善覆他罪。所以他們是用事相上的造假來破壞我，想拉人去依附他們，可是我不在事相上去駁斥他們，把他們對我的誹謗覆藏起來，我絕對不會在講經或增上班的課程中，向你們大家講他們誹謗些什麼事，所以你們也要懂得善覆他罪。第三件事情是要樂修慈心，不管他們怎麼樣，你都要詳細的告訴他們：你爲什麼錯了，錯在何處。詳細說明以後讓他們將來可以轉變，這就叫作慈心。如果他們將來能有氣度，把面子丟了，確實懺悔而回歸到正道，他們的痛苦就可以消失了。他們現在的痛苦在哪裡呢？在於被面子所拘束，所以現在即使你給他樓梯，他也不肯下。

事相上如此，在法上又怎麼辦呢？法上也一樣，也要自省己過。我們這次被他們退轉者從私下運作的否定，到後來的公然否定，已經是第三次在法上的考驗了。但這一次我已經不再自省己過了，因爲我在前二次就已經自我檢查過了：完全符合經典所說，諸佛菩薩也會這麼說，所以我們的法絕對沒有錯。但是在以前我們還沒有發起道種智時，每一次有人提出質疑或誹謗，我們都是自己先去檢討，不曾先生對方的悶氣。當人家提出質問時，我們確實應該先檢討自己的法義有無錯誤，證明正確了再來寫書，《護法集》就是這樣寫出來的。後來人家再度質疑，我們也再度自我檢討，檢討的結果還是正確，所以寫了《平實書箋》。但是這一回第三次的質疑，我沒有自省己過，因爲在法上已經不需要再自省己過了，因爲始終是正確的，不必再自省就已經確定無誤了，因爲已經再也沒有疑義了。可是我們還是得要把法寫出來，比以前更詳細的寫出來，這才叫樂修慈心。

但是在法義上誤導別人或是否定正法的過失，就不可以善覆他罪；如果明知他們說法嚴重錯誤了，你還善覆他罪，那就成爲鄉愿者，違背了佛的告誡了！佛說如果有人在否定了義正法，應當要起來摧邪顯正，乃至拿刀拿槍都可以，一定要護持正法，所以在法義上面絕對不可以和稀泥。如果在法義上也可以和稀泥，這三件事就不必講了。

想要成爲法財長者，還有三件事要做。第一件是：以至誠心奉持禁戒。換句話說，從菩薩戒、出家戒，乃至在家五戒，都要依照自己的身分來奉持，不可違背；假使已成爲法財長者——證得初地眞如的菩薩摩訶薩——竟然還會犯戒，而且犯的是謗僧、謗法、謗佛這種重罪，佛門中不可能有這種事。在謗法之後還能說他戒行清淨的地上菩薩，佛門中不可能有這種事。所以這種人不但不是法財長者，連摩訶薩都算不上，乃至七住賢位菩薩的功德都保不住。

第二件事情：要以四攝法來攝取眾生。四攝法是依佛世時天竺的狀況來說。四攝就是布施、愛語、利行、同事。菩薩要利益眾生，首先是布施：法布施、財布施、無畏布施。所以我們出來弘法，是法施；從來不收人家錢財納爲己有，我們並且出錢贊助來買講堂，是財施；使人了知無餘涅槃中的實相，捨壽面對生死時無所畏懼，就是無畏布施。四攝的第二法是爲眾生說法時要和顏悅色，不要老是板著臉孔看不起人；而且說話要柔軟，要慈愛，這就是愛語。然後，當眾生正在爲佛教做事時，我們不可置身其外，要與眾生共行，這就是同事。所做的事情都是利益眾生的行爲，並且又與眾生共同爲佛教正法的永續流傳而做事，對眾生有利，叫作利行。利行等事都不是爲了利益自己，而是利益現在的佛教，也利益未來世所有的佛門學人；但是做這些事情時不必單獨由自己做，可以與眾生共事一起來做，所以利行之事也可以同事。以這四種方法來攝受眾生，就是四攝法。

第三件事情是：口言柔軟而不粗鄙。換句話說，菩薩說法時，接引眾生時都不會惡口、都不講粗鄙之話。惡口就是講話很不客氣而且大聲，但是禪師所用的機鋒另當別論，可別去到禪三共修時挨我一棒，就說：「老師！你爲何這麼粗魯？」到時候不要怪我再打你幾棒。在禪法裡面沒有粗魯可說的，在如來藏中從來沒有粗魯！是你粗魯？我粗魯？在這裡面沒有粗魯的，但是平常待人接物一定溫和親切。這就是說，接引眾生時口言柔軟而不粗魯，說話也不鄙俗，就是言語柔軟不粗。假使本身的戒行好，又具備四攝法來攝取眾生，而且說話柔軟不粗鄙，就可以稱爲法財長者。

但是 佛說法財長者另外還有別的條件，菩薩摩訶薩另外具足三件事的話，也可以稱爲法財長者：第一是能做大法之施。大法施是說，不以表相佛法來布施給眾生，講的一定是具體可證的法。如果一天到晚講四聖諦、八正道、宗門禪，講了一大堆，但都只是理念而沒有行門，或者有行門卻是錯誤的方向，就都不是大法之施了。又譬如說，講的法有理念也有行門，但是那個法門是小法二乘菩提，那也不是大法施，大法之施一定是佛菩提的親證。佛菩提道除了實相般若的親證以外，而且函蓋了二乘菩提；有了般若的親證以後還要上進，提昇到一切種智，以一切種智而作法施，才叫作大法之施。

第二是能做大財施。關於大財施，有很多人誤會：「大概我要捐上五、六百萬，或是二、三千萬，才叫做大財之施，我沒有很多錢財，看來禪三不會錄取我了！」但是諸位還記得一個典故嗎？有一位老婆婆想要與別人一樣的點燈供佛，當晚大戶長者點的燈又多又亮，這位老婆婆很窮，她傾其所有就只夠買一盞燈的油；點了供佛以後，天亮時她的油燈還在照明；可是天亮時就用不著點燈了，免得浪費，有些人想要吹熄它，那老婆婆的燈總是吹不滅；後來大神通的目犍連尊者用威神之力來煽，也是煽不滅。因為那位老婆婆以至誠之心——以她所有的錢——買了那些香油來點，那個至誠心不是目犍連尊者所能滅得掉的，這才叫作大財施——傾其所有而布施——雖然數目很少，比起那大戶長者來說實在不成比例，可是因為有至誠心而罄其所有，所以成為大財施。

第三，法財長者除了自己這樣做以外，還要以這種大法之施、大財之施，勸導眾生同樣效法實行。三法都具足了的證悟菩薩，就可以成為法財長者。

【「復有三事：一者常以大乘教化眾生，二者常修轉進增上之行，三者於諸眾生不生輕想。復有三事：一者雖具煩惱而能堪忍，二者知煩惱過、樂而不厭，三者自具煩惱、能壞他結。復有三事：一者見他得利歡喜如己，二者自得安樂不樂獨受，三者於下乘中不生足想。復有三事：

一者聞諸菩薩苦行不怖，二者見有求者終不言無，三者終不生念：我勝一切。」】

講記　這一段經文說：菩薩摩訶薩想要成爲法財長者時，另外有三件事。第一件事：常以大乘菩提來教導衆生。如果一向都以二乘菩提來教導衆生，他就不能稱作法財長者的摩訶薩。一向常以大乘菩提來教化衆生，在當代的大部分弘法者並不容易做得到。當諸位打開電視機，觀看宗教台節目時就看得見：有許多人專門講四聖諦、解脫道、十二因緣，從來不跟你講大乘菩提的妙義與修證。台南不是有一個寺院嗎？永遠都是講二乘菩提。但這還算是好的，更有名師以二乘菩提來代替大乘菩提，說是成佛之道；那是誰啊？（大衆同答：印順法師！）是印順法師嘛！他是不以大乘教來教導衆生的，他所謂的大乘法教，永遠都是用二乘教法取代大乘教法，這就不能算是法財長者了。

第二件事，是常常熏修佛菩提道轉進增上之行門。對於大乘菩提，證悟之後如何轉進？如何增上？大乘菩提並不是一般人所想的「悟了就不必再修行了」。如果悟了就了達一切，那應該每一個人開悟時都是成佛了，才可以沒事了。但是事實顯然不是這樣，所以古時有很多禪宗大師的作法不正確的，當徒弟方才明心時就印證說：「汝大事已了。」哪裡了了呢？才只是剛剛註冊完成而已，都還沒有開學上課，哪裡叫做了？如果了了，那要像祂老人家一樣（蕭老師指著背後的 釋迦世尊），成佛時才叫作了了。所以，如何轉進增上是一件大事，可惜的是，自古以來禪師們悟了以後能夠教導徒弟們轉進增上的並不多；而在教門上教導大眾如何轉進增上的大師們，偏偏又是沒有悟的人；所以我說以前遇到克勤大師時是我的福氣，但也不是每個人都能從他那裡得到大利；因爲克勤大師的個性一向直來直往，如果心地彎曲，他根本就不理你；可是卻碰上我也一樣直心，所以他就傾囊相授，全部倒給我了。不然，今天諸位也沒有妙法可聽聞了，這是說老實話。

這就是說，證悟之後要懂得如何轉進，如果老是停在總相智上：「就是這個！就是這個！」一天到晚弄來弄去永遠都是這個實相心，那就永遠停在總相智裡，你的水平不能提昇，就不能稱爲法財長者。一定要在人家悟了以後，你能提昇他。我們是怎麼提昇大家的呢？明心之後是進求眼見佛性，轉入第十住位中，《大般涅槃經》說十住菩薩眼見佛性嘛！明心時只是第七住，龍樹菩薩的《大智度論》不是講了嗎？他說見道入第七住位得無生法忍，所以他講的開悟也是第七住位，不過他說是證得無生法忍，這個「法忍」用詞不太好！也許只是翻譯翻錯了吧！因爲無生法忍是要到初地開始才算是無生法忍的。我們的法道是明心以後求見性，見性以後進修別相智及一切種智，次第邁向初地：等等。

除了悟後轉進及增上的行門你得要懂，還能夠教導眾生，再加上第三個法就可以成爲法財長者，那就是「於諸眾生不生輕想」。你不要看一個人才剛開始學佛，好像什麼都不懂，就說他：「**那個人什麼都不懂！只是一個新學的人！**」但是菩薩在未到三地滿心以前都有胎昧，忘了過去世所證的法，也許他在這一世破參了以後，修行一天的成績將等於別人修行一年，等他悟後十年可能就不同凡響了，可不能等閒視之。所以菩薩應當如是：「**於諸眾生不生輕想。**」我這一世也是一樣，我破參之前總是覺得自己大概沒希望開悟，不過總是要盡人事、聽天命，不盡一番人事就放棄總是不對的，那我就盡一番人事吧！沒想到還眞的能破參。破參之後就認為眾生不可小覷，我這樣子想：「**我如是，別人應該也可以這樣。**」過去世的法縱使忘記了，也許今生初入佛門不久又再度破參了，這眞的很難說得定。所以我自從出來說法以來，不曾小看過一個人，把每一個人都當作跟我一樣；正因為這樣，所以出問題了：總認為每一個人若是參出佛性的名義時，就可以看得見佛性了，哪知道別人與我不一樣，參出來了還是看不見。

雖然如此，我們還是永遠不能輕視任何一個人；所以我到現在還在等待：也許哪天眞的會來一位八地、十地菩薩指導我們進修。因為菩薩要在人間修行才會快速，所以大部分時間是不住天上的。要是能有這種良好的心態：「**於諸眾生不生輕想。**」就不會有後來必須後悔的事。十年前一直輕視我、罵我的人，現在心中開始後悔了，但口頭仍將不服而繼續抵制。後悔的原因就是當初「於眾生生起輕想」，我們別和他們一樣有不好的心態；那些大師們的前車之覆，諸位要引為殷鑑，不要重犯。如果以上所說的三件事能夠具足，也可以稱為法財長者。

另外還有三件事的實行也可以使你成為法財長者。第一：雖然自己仍有思惑及我所方面的煩惱，但是能夠堪忍煩惱，不會一天到晚老是難過的放不下。定性阿羅漢們是每天在山洞或樹下進入滅盡定，啥事兒都不管的；到了明天早上十點多、十一點鐘出定了，接著就搭衣持缽、入城乞食；乞食回來吃過了，肚子飽飽的不便靜坐，所以就經行；經行一會兒，他們又入滅盡定去了！他們就是討厭煩惱，不樂住在世間境界中。菩薩卻不可以斷盡思惑煩惱，還要故意留著最後一分思惑，一直修到七地去，要能堪忍這一分思惑的存在。

第二是要知道煩惱的過失，可是卻反過來樂而不厭，不斷煩惱。對菩薩行者而言，有我執煩惱沒有關係，只要不很重就可以；假使我執很重可就不行了，一天到晚看誰都不順眼，每一個人他都要批評，可是他自己做得到嗎？一件也做不到！那就是我執很重啊！我執不可斷盡，除非已有方便波羅蜜，否則最後一分我執若是斷除了，一定會入無餘涅槃，這就不能成佛，也不能廣利眾生了。所以最後一分我執仍要留著——有能力斷除而不斷除。菩薩摩訶薩要常常住在三果的解脫境界中，不取四果；但是卻一直在無生法忍上面用功，一直在利樂眾生上面用功，這樣就是知道煩惱過失的人；但是菩薩無妨證得三果解脫功德之後，卻回來跟眾生一樣處在我見我執煩惱裡面爲眾生做事，這個就是知道煩惱的過失卻樂而不厭；還得要樂在其中，才能成爲法財長者。

第三：要能使自己在還有我執煩惱的情況下，卻能斷壞眾生們的結使。結使就是講三縛結及五利使。菩薩無妨仍保留著一分思惑不斷，繼續去告訴眾生：我見的內容、我執的內容。教導眾生斷我見、斷三縛結，斷三縛結以後至少要取證二果解脫——薄貪瞋癡，又告訴他們還要去取證三果的斷五下分結，菩薩是「自具煩惱能斷他結」的。如果證悟了，這三個條件也具足，那你可以叫做法財長者。

還有三件事的完成可以成爲法財長者：一、看見別人得到佛法修證上的利益，我們就爲他歡喜，好像自己獲得了一樣。爲什麼要這樣呢？假使別人在法上得到大利益了，我們總可以請教一些佛法；就算他不願意全部教給我們，只教三分之一或一半，我們也可以得到利益；不肯隨喜而誹謗，就對自己全無利益了！所以別人得到佛法修證上的增長，我們要跟著高興才對，不應該生嫉妒心。會生嫉妒心的人都是傻瓜，因爲對自己沒有利益。假使你的師父、師長在佛法上一直都不進步，你的利益不會不斷的增長；假使你的師長在佛法上一直快速往前增進，你當然會因為他的教導而跟著快速得到利益，所以應該「見他得利，歡喜如己」。同理，如果是自己獲得法益，因此心得安樂，也不應該說樂於自己獨受，應該要去教導大家，讓大家同樣可以提昇上來，所以叫做不樂獨受，這是法財長者的第二個要件。

第三，於下乘——就是對二乘法——你聽聞了、證得了，但是不可對二乘法產生知足之想，還要往菩薩的法道前進。現在有許多人對二乘法生知足想，而且他的二乘法是不可能斷我見的二乘法，卻已經自己生起知足想了，眞是可憐啊！如果那個二乘法是正確的二乘法，確實可以使徒眾們斷我見及三縛結，因此而生知足想，倒也還好；可惜的是無法斷除我見的二乘法，卻生起知足想。可是，如果是於大乘法中來看二乘法的修證，那麼我們也說不應該生知足想，而必須更上層樓。如果於下乘法中就已生起知足想，這個人就不堪法財長者之稱號。

還有三件事可以成為法財長者，第一、當他聽聞諸菩薩如何行苦行時，他心中沒有恐怖。表面看來菩薩是很有福報的，你們看文殊、普賢、觀音、勢至、維摩詰，哪個不是很有福報的樣子？可是你們不知道，他們其實辛苦得不得了，不斷的為眾生辛苦忙碌。你如果想在人間荷擔如來家業，那很辛苦的，但是他們不只在人間忙碌，也在天界為眾生忙碌，也在十方世界為眾生忙碌，簡直是忙得一塌糊塗，只是心中不忙。可是在娑婆的人間住持正法，那可是很累人的！有的人會說：「老師你好辛苦喔！每週二上座講經，且不談說法的辛苦，光是盤腿盤兩個鐘頭就痛死了！」我說這個不苦！電腦一坐上去，開始寫書，一坐就是四個鐘頭，屁股痛了、痲了，還捨不得下座走一走，因為還有很多法義急著要寫上去啊！寫的過程中怕會有些法義又被漏掉沒寫，所以只好一直寫；如果有人來打岔，那倒是可以下座休息一下，動一動眼睛，所以眞的辛苦。但是你們以為苦，我不以為苦，因為法樂無窮，怎麼會苦？所以說，苦是看各人怎麼定義；世俗人是身體苦就覺得苦，我們不以身體的苦為苦。如果打禪三，你說盤腿四天眞的很苦，可是我在主持禪三時，每天要盤上十幾個鐘頭小參欸！你說苦不苦啊！但是不可覺得苦，要以度得眾生眞入佛法內門而歡喜。所以你們聽到別人爲佛法、爲利益眾生時如何的辛苦，聽了都不要覺得恐怖；如果你生起恐怖之心，那你最多就只是摩訶薩，還沒資格當法財長者。

第二是看見有人來求法時，法財長者「終不言無」。或者有人來求財，菩薩終不言無；絕不會在人家因爲被某件急迫的事情所逼，必須迅速得到一筆錢而來求施時，明明家裡有錢卻推說：「**家裡正好沒錢！抱歉！**」如果人家來求法，你明明有這個法，卻說自己還未證得，因爲怕他證得以後會超過自己，那心態就不對了，就無法增長自己的道業，所以 佛說「見有求者終不言無」，這樣才能稱爲法財長者。

第三件事，雖然自己的證量勝於一切人，卻從來不起一念：我勝過一切人。要這樣子才能成爲法財長者。我敢在 佛前說，我沒有起過這麼一個念：「**全世界的佛法修行人，我是第一。**」我沒有這樣想過，我只是想怎樣讓大家得利，我不去想人我的高下。我還在想：「**也許有個八地、十地菩薩不曉得躲在哪裡？我們有沒有因緣去把他發掘出來？**」所以不曾起過這一念：「**我勝過一切人。**」生起這種念頭的人，道業就會往下掉！愈修行的結果是層次愈低。假使你悟了，並且有這三件事，那你就可以稱爲法財長者。接下來 佛又開示說：

【「善男子！菩薩若能觀因觀果，能觀因果、能觀果因；如是菩薩能斷因果，能得因果。菩薩若能斷、得因果，是名法果——諸法之王，法之自在。善男子！菩薩有二種：一者在家、二者出家。出家菩薩立如是願，是不爲難；在家菩薩立如是願，是乃爲難。何以故？在家菩薩多惡因緣所纏繞故。」】

講記 「善男子啊！菩薩摩訶薩如果懂得觀察一切事情之因、一切法之因，如果能夠觀察一切法的果、一切事的果；也能觀察種種的因會產生不同的種種果報，也能觀察一切果報的因是什麼，這樣的菩薩就是能斷因果的人，」能斷因果是說於因果之中能夠決斷，不會昧於因果，卻又不妨處身於因果之中，這叫作斷因果。斷因果而得因果，並不容易；眾生是因果不能斷、也不能得，他們是隨業而流轉的；菩薩能夠在因上觀察、果上觀察，也能於因與果之關聯上觀察。當你能夠在因上觀察時，如實知因就不會有後來定受的惡果。如果能夠善觀因與果，那麼弘法也好，在世間法上也好，就不會被自己造作的行爲所牽制。譬如你想要摧邪顯正時，你在書中說別人的法義錯了，但是其實人家沒有錯啊！如果像這樣子寫書出來，就是不能善觀因果的人，以後將會出問題，現世就會先受不可愛的回報，來世還會有不可愛的異熟果報。

我寫這麼多的書，你看我評論了多少人？如果我把人家錯評了，今天會有怎樣的結果呢？人家會寫書質問：「**你說我那個法錯了，我現在證明我的法正確！**」那我要怎麼辦？我只好再寫一本書承認他對，一定要出書公開道歉及更正，否則這個謗賢聖的重業是消不掉的；因爲是自己先出書錯評別人，現在當然得要出書更正，不然這個無根誹謗的罪名是消不掉的，後果一定等著哩！我這個傻瓜就是有這一點聰明，假使眞的錯了，一定會公開更正；公開更正以後，來世就不必受惡報，獲得來世的善果，所以面子對我來講不值一文錢。如果當初寫評文時，沒有把因與果考慮清楚，一時心癢或不忍，就把人家寫出來，今天可就下不了台。如果想要下台，就要自己去造一個樓梯：出書道歉、更正。這才是負責任的人嘛！

《楞伽經詳解》第三輯開始指名道姓辨正法義時，我都已考慮好了的，你們都不曉得這裡面有多少的考慮。接著我在公案拈提第四輯開始指名道姓辨正法義時，我有更深一層的考慮：我若沒有指名道姓而引述別人的文句，對方是可以告我的：「**根據著作權法，你引用我的文句、文詞，但你沒有寫明出處，違反著作權法，我告你。**」那些大法師們都可以告我，結果將會依著作權法而處罰我台幣三萬元。不曉得是罰台幣還是銀圓？我不知道，若是銀圓那就是台幣九萬元。但是我已先判斷過：如果他們去法院告訴的話，我將必須被罰三萬到九萬元，但是有誰願意來告我？有誰願意對號入座？一定沒有大法師願意對號入座，我就不用被罰款了。我已事先考慮過這件事。可是後來我想：不指名道姓的引述而辨正法義，如同當年 玄奘大師寫《成唯識論》時被 窺基大師勸止而不指名道姓一樣，根本就沒有效果；所以就學 窺基大師在《成唯識論述記》中指名道姓而辨正法義。可是指名道姓以後會有什麼結果？第一、可能引來對方與我作法義辨正，第二、人家會去告我誹謗。但是多半不會告，爲什麼呢？因爲去法院告了以後，他們的名聲將會更敗壞，所以他們一定不會去告。尤其那些人都是大法師，我當時也沒什麼名氣，算是以小搏大，所以他們鐵定不會告。

即使他們去法院提出告訴了，有沒有用呢？沒有用的。因爲告訴的結果，他們將只會得到一封公文書：「**這是屬於佛教的法義，不屬於法律管轄範圍。告訴駁回，不得再上訴。**」那時檢察官將會給我一個公文：不起訴處分書。理由是這個不屬於法律管轄範圍。你若想要寫書，這些因果都要先考慮到。爲什麼要先考慮這個？因爲你寫了以後，要考慮將來會對你在弘傳佛法時的影響。若不先考慮就莽莽撞撞的做下去，未來數月、數年的現世果報現前時，可就無法應付了，更何況還有未來無量世的異熟果等著自己。懂得這些因與果間的關聯，才知道如何可以順利的辨正法義而且得到所要的救護眾生結果，卻仍可以不必浪費時間在無謂的世間法中纏訟。可是那些寫書罵我們的人，都沒有先考慮過現世及未來世的因緣果報關聯，所以他們現在沒有辦法應付我們了，因爲他們不先觀法上的因與果，也不先觀察世間法中的因與果，所以他們不能斷因果。斷就是斷定：這件事情將會產生什麼因果，此事的肇因與後果之間會有什麼關聯，這個因種下去以後，果會怎麼樣生成？他們無法斷定。不能斷定的人就不能得到正確的因果。你能夠斷那個因將來會產生什麼果，那你去造的因就會是正確的因，將來就可以得到自己想要的果，這樣才是能得正確因果的人。

菩薩如果能斷因果，也能得因果，想要完全有把握，得要到十地之時；十地又稱爲諸法之王，法之自在，所以法王就是菩薩法的極果；再進修下去都是爲了成就佛地的廣大福德而專修福業了。可是十地菩薩對於因果有具足的了知嗎？其實也還沒有！只有佛地才能具足了知，所以十地菩薩在世間法、出世間法能斷、能得因果，但仍不是具足的了知，所以也正好需要百劫修相好，在這百劫之中藉著世間法的事相來具足通達因果；但由於能斷、能得因果，所以菩薩十地得到菩薩位的究竟法果，稱爲法王。因爲於法自在的緣故，所以十地才能稱爲法雲菩薩；十地菩薩說法如雲如雨，沒有斷絕時，因此稱爲法雲地。我們的距離還很遙遠，所以我們寫書下筆時一向很謹愼；雖然我們出書速度很快，量也大，尤其這四、五年來，每一本書總是又厚、內容又多，行數也比人家多，每一行的字數也比人家多，擠得滿滿的，而且每一本都很大本；可是我一定會要求校對的菩薩們對我找碴，在出書讓別人找碴之前，我們先自找，儘量挑毛病，挑的愈多愈好；這正是爲了避免不當的因果，避免錯說法的因果。這件事很重要：法義錯了遠比世間法錯了更嚴重。這也是你想要當法財長者時所必須要有的條件，並不是你證得大法、有了大法，你就可以當法財長者，還得要懂得觀因、觀果及斷因果。

今天 佛的這一段開示聽完了，你們重新去讀《華嚴經》善財大士五十三參，那裡面有多少長者呢？你們對那些長者就會懂得恭敬了，不會再小看他們了！但是修這個法，出家菩薩容易，在家菩薩難；因爲菩薩一向有二種：出家與在家。出家菩薩立下以上所說願意實行許多類的三種事，想要當法財長者，他們發這個願並不困難，因爲沒有人會羈絆他們。可是你們在家菩薩建立這個大願可就難了，因爲家人常常會對你扯後腿，常常會拉你的手後肘；如果你想要做大財施，往往困難重重。所以在家人當法財長者還眞的是不容易，我是運氣好，沒有家人對我扯後腿、拉住手後肘，一般在家菩薩卻是很不容易作到的。因此，三賢位的在家菩薩要立這個願而當法財長者，確實很不容易；若已進到地上位，不論在家或出家，作法財長者就比較容易了。所以若有在家菩薩能出來當法財長者，眞是值得讚歎！這眞是難行能行，難能可貴。正因爲難，所以能做到時就是最可貴的，因爲在家菩薩有許多惡因緣纏繞著他。

〈名義菩薩品〉第八

【善生言：「世尊！如佛所說菩薩二種：一者假名菩薩、二者實義菩薩。云何名爲假名菩薩？」「善男子！衆生若發菩提心已，樂受外術及其典籍持諷誦讀；即以此法教化衆生。爲自身命殺害他命，不樂修悲、樂於生死，常造諸業，受生死樂；無有信心，於三寶所，生疑網心，護惜身命不能忍辱，語言粗獷、悔恨放逸。於己身所生自輕想：我不能得無上菩提。於煩惱中，生恐怖想；亦不勤修壞結方便，常生慳貪嫉妒瞋心。親近惡友懈怠亂心，樂處無明不信六度，不樂修福不觀生死，常樂

受持他人惡語，是名假名菩薩。」】

講記　大乘法中有名義菩薩和實義菩薩二種，「名義」就是定位的意思，以某名確定他的位子；就好像法律一樣，比如你想要拍賣債務人的財產來抵債，要先取得執行名義。如果沒有取得執行名義，你有本票、債權、借據、支票都沒有用，有抵押權也不能拍賣；你不能拿著借據、支票、本票要求法院依抵押權幫你拍賣，要經過取得執行名義的過程才能拍賣它。想取得執行名義，要先提出告訴！由法院裁決可否執行拍賣的行爲。這就牽涉到法律的問題，本票比較容易取得執行名義，支票就比較難，這事我們不談它，由法律專家去做就行了；可是取得執行名義以後，就算是已經完成拍賣實質了嗎？還沒有，還得要經過鑑價、公告、拍賣、投標、繳清價金的過程，才能拿到你所應得的錢財。所以必須先確定執行名義以後，才有名義可以拍賣債務人的財產。

同理，你現在想要當菩薩，可是你是要當什麼菩薩？這個實質很重要，要能先作確定：確定你是實質名義的菩薩或是假名菩薩？就如世俗男人拈花惹草，後來金屋藏嬌的她要爭法律上的配偶名份，這叫作爭名義。大乘佛法也一樣有名義，這名義就是說：你是眞實義的菩薩？或是假名爲菩薩的虛假菩薩？現在 佛開示說，有下面所說十二種現象的人就是假名菩薩，不是眞的菩薩。善生爲我們請問：「世尊啊！如佛您所說的，菩薩有二種，一種叫作假名菩薩，一種是眞實義的菩薩，什麼叫假名菩薩？」先不問眞實義菩薩，先把假名菩薩不好的現象修除掉，剩下的悲心……等等當然就是眞實義菩薩的境界了。

佛就開示說：「善男子啊！眾生如果發了菩提心以後，喜歡信受外道的法術、道術……等等，以及教授外道各種技術的經典、書籍，還去受持與誦讀……」什麼叫作外術？比如世間法中說，術有五術：山、醫、命、卜、相。山就是看風水；醫是當醫生專門幫人看疑難雜症，有的人很精通，專門治疑難雜症，不是一般的醫生；命就是算命，用你的生辰八字排列天干地支……等來推算；卜就是爲人卜卦，看人們想做的某件事情可不可做？相就是以身相、面相爲人算命。這叫做五術。現代的五術界也有人把藏密的東西也算在五術裡面，也拿來用；不過幾年前，他們五術界已經瞭解西藏密宗是個宗教界的大騙局，可是他們都知道藏密是個大馬蜂窩，沒有人敢去捅，有人在網站論壇放話說：將來留給有能力的人去捅吧！結果就由我這個「不知死活」的人去捅藏密大馬蜂窩，所以就招來藏密的喇嘛們在大陸網站全面圍剿。但是藏密那些東西其實也都是外術，因爲西藏密宗只是拿佛法的名相套在外術上面而已，它有哪一法義是眞正的佛法？連號稱最具有佛法法相的應成派中觀，也都是常見外道見加上斷見外道見，完全沒有佛法在其中。所以藏密那些喇嘛們也都是樂受外術者。在天竺時，他們本來只是佛門中的凡夫而已，還稱不上外道；可是沒有法的證量而又想要高於他人，就不斷的蒐集外道的奇異事物而套上佛法名目；這樣大量的加進外術以後，反而被外道的術法給外道化了；本來要攝受外道進入佛門，但因自身沒有實質修證的緣故，反而被人家同化了！然後再用外道法說爲佛法來教化眾生，所以藏密及弘傳常見見的人都叫作假名菩薩。意思是表面看來是菩薩，也正受了菩薩戒，可是實質上都與菩薩的知見、證量及所行無關。這是第一種假名菩薩：徒有菩薩之名而無菩薩之實質。

佛說第二種菩薩，是爲了自己的色身、生命的存活，而去殺害別人的生命。譬如受過菩薩戒當菩薩了，還去殺雞殺鴨賣錢營生，那就是假名菩薩：殺害眾生，存活己命。這種人不樂於修悲心而樂於造作生死業，根本不想出離生死，他一天到晚想著「哪裡有好的享受」，他就去享受；至於解脫道、佛菩提道，他說：「這個太深了，我聽不懂，也沒因緣悟入。」他不想得，就走了。可是如果叫他週日去某大道場做義工，他一定去。這叫作樂於生死，因爲所造的都是生死業：來世得天福，就是生死業。這種凡夫菩薩常常造作善業，目的就是爲了受生死之樂，這樣的人就是假名菩薩。

第三種假名菩薩是「無有信心於三寶所」。他對佛法僧三寶還沒有具足信心，他來聽佛法，只是因爲這是有地位者的風尚，是一個潮流：現在禪正風行，我也跟著附庸風雅一下，表示我也學禪，我也懂禪。其實他對三寶、對禪都沒有信心，要這種人供養僧寶或護法，他是不願意的，他心裡面想：「出家法師還不是跟我一樣是個人，我供養他作什麼？」他對三寶沒有具足信心，這也是假名菩薩。

佛說第四種假名菩薩，是對佛法產生懷疑，被懷疑的網子所綁住了，因爲對佛法所說的因果律、解脫、法界實相、成佛果報……等等，都懷疑不信，所以只願意護惜身命，不願實地將佛法所說的道與理，確實付諸實行，不樂實際修證，這就是假名菩薩。

第五種假名菩薩，不但一直護惜自己的身命，卻又不肯修忍辱行；你叫他修生忍、法忍，他是聽不進去的，根本就不願意修行。他認爲：**「那是傻瓜才修的，被人家辱罵了還在那邊忍，被人家欺負了還在那邊忍，都不可以罵回去，眞笨！」**他不能修忍，所以就言語粗獷：人家罵他一句，他更大聲的回罵三句。罵了以後再來悔恨：當初若是不回罵那三句，今天就不會被捅那一刀。但是都太慢了。這類凡夫菩薩，悔恨過後不久又開始放逸了，又開始誹謗、罵辱對方了，這就是假名菩薩。

第六種假名菩薩，是對自己生起輕想，心中老是想：**「我算老幾？哪有可能開悟？不可能啦！」**如果於己身生於輕想，他一定踏不進同修會的大門來。由此看來，諸位好像都有大心，但他們老是想：**「我沒有辦法得到無上菩提啦！大乘法的開悟是無上菩提，我這種愚劣的人哪有可能？」**他心裡面如果有這個想法，那就是假名菩薩，不是眞的菩薩。

實義菩薩不會這樣想，實義菩薩會想：「我即使捨命也要悟一回，就算悟了就立刻死了，我也甘願。」實義菩薩總是這樣想的，他心心念念想的是如何入道。

第七種假名菩薩是「於煩惱中生恐怖想」，這是責備小根小器的人。小根小器是指定性聲聞。他們老是想：「我這一世悟了二乘菩提，把思惑斷盡了，死後可以證無餘涅槃，不再來受生死苦了！若是發大願再來投胎，來世有隔陰之迷，使我忘了解脫果的證境，就會跟凡夫一樣，萬一愚昧而造了惡業，豈不是又要繼續下墮了嗎？何時才能再有出生死苦的機會？」所以他們對思惑煩惱生起恐怖想，這就是定性聲聞人，他因此就沒有辦法發願留惑潤生，不能盡未來際利益眾生，不能行菩薩道所以不能成佛，這種人沒有資格當菩薩。這種人只想著自己：「我這一世趕快悟了，就可以出三界而不再來人間。」那個最早期隨我學法，後來以月溪法師的邪見來毀謗如來藏妙法的瞎掉一個眼睛的人，就是這種想法，他一天到晚想著：「我明心了，要早日斷除思惑、要成爲阿羅漢、要出三界。」他很怕思惑不盡而必須再來人間，他不肯再來人間利樂眾生，這就不是實義菩薩了，就是假名菩薩。

第八種假名菩薩是不肯精進修行，對於壞斷三縛結，壞斷五下、五上分結的方便法門，他都不肯精進去修正與實行，心裡面又常常生起慳貪、嫉妒、瞋心。這種人很多，以前我們常常說：悟了以後要伏性障、除性障。他們怎麼說呢？他們說：「**斷除煩惱習氣種子太辛苦了，我們不要如此辛苦，我們往生去極樂世界就一切解決了！**」所以不願修除自己的貪瞋痴。可是去到極樂世界就解決了嗎？沒有！性障若沒有伏、除，去到極樂世界以後， 彌陀世尊就讓他住在七寶池的寶蓮花中，繼續聽聞佛法，經過這裡的無量劫以後，性障伏、除了，才能花開見佛，結果還是要除，逃不掉。因爲性障本來就不是靠諸佛來爲他斷除的，如果沒有特別的因緣，諸佛都不會爲他轉變內相分。除非那個世界需要他來住持正法，才會幫他這樣做，那就是他有大因緣。沒有這個大因緣，諸佛都不做這種事，因爲這是干預因果。這種「不勤修壞結方便，常生慳貪、嫉妒、瞋心」的人，就是第八種假名菩薩，不是實義菩薩。

第九種假名菩薩是喜歡親近惡友，難免懈怠與亂心。親近惡友的結果就難免自高而開始謗法，可是謗法時心裡面一定會有很大的壓力：「我這樣說，會不會是謗法？我說『阿賴耶識是生滅法』，又常常對別人貶抑阿賴耶識，妄說阿賴耶識心體不是如來藏。這樣做，是不是謗法？」特別是跟隨謗法者，而在謗法者被人破斥以後，心裡面會有更大的壓力，喪失了信心，對佛法的進修就會懈怠下來，以後在一起時就會少說佛法：這一週去角板山郊遊，下一週去佛光山參訪，下下週去東勢林場遊山。只好變成這樣，不然又能怎麼辦？又沒面子回到同修會裡來！所以親近惡友以後一定會懈怠。而且會亂心，因爲心中七上八下、忐忑不安，心中老是想：「可能正覺的法義才正確，我們跟隨別人出走以後，所說的都是在誹謗正法。」心中一定會自生衝突，一定很掙扎：能不能離開謗法者？怎樣才能消除自己支持謗法者的共業。這時心還能定、靜嗎？什麼憶佛不憶佛的？早就忘光了！成日裡只是在那邊思想：「我護持了謗法者，這共業要怎麼辦？怎麼辦？」心都亂掉了！這就是親近惡友的結果，一定會導致懈怠、亂心，這就是第九種的假名菩薩。

第十種假名菩薩，譬如有人樂處於無明之中，受了菩薩戒以後卻不很相信六度的行門。你告訴他正確的法義，他也不很信受；人家說覺知心是虛妄心，因爲祂與五別境相應，與惡心所煩惱……等等相應，所以是虛妄心；又告訴他：「**如來藏才是眞實心**。」他始終不信。你要幫他破掉這個無始無明，他也不接受，偏執離念靈知才是眞心，這類人就是「樂於處在無明之中」。你又告訴他：「**修學大乘佛法與聲聞法不同，聲聞不必有福德資糧來助道，只要努力去觀行，把我見與我執斷掉就行了，所以聲聞法不必修六度**。」他聽了就歡喜，雖然也還是貪著世間五欲境界，但終究肯修一點兒聲聞法了。但是有一天他想：「**聽說聲聞法不究竟，我來修大乘法看看**。」他不是眞修，是修看看！結果終於來到同修會，親教師開始傳授無相念佛的法門，接著說到布施，又說持戒。可是他聽到布施度時，心中生起煩惱了！因爲：「**我口袋裡有錢很好，爲什麼叫我拿出來利益別人？**」第一度他就通不過了，這就是樂處於無明的人。修菩薩道的人一定要六度具足，缺了一度就不行，而且有次第性，後面也會說到次第性：布施是持戒的基礎，持戒是忍辱的基礎，六度有次第性。可是他不信菩薩六度，樂處於無明中，這個人就是假名菩

他解脫生死的眞實義時，他就聽不進去了，這就是不觀生死，這種人就是假名菩薩。

第十二種假名菩薩是：常樂受持他人惡語。假使聽到有人講：「某某人做了某件壞事，另一個某人又做了某件壞事！」他一聽就全部記住了，絕對不會忘記，然後就到處去傳揚。你若是爲他說佛法，他一聽就忘了，永遠都記不住，這叫作常樂受持他人惡語。你若問他剛才講的佛法懂不懂？「不懂！」可是說別人是非的閑話，他可是一聽就記住了！這也是假名菩薩。以上這十二種，都是假名菩薩；假使遇到了假名菩薩，你們應該廣設方便，讓他們離開假名菩薩境界而成爲實義菩薩。

【「善男子！復有衆生發菩提心，欲得阿耨多羅三藐三菩提，聞無量劫苦行修道然後乃得，聞已生悔，雖修行道，心不眞實；無有慚愧，不生憐愍，樂奉外道，殺羊祀天。雖有微信、心不堅固，爲五欲樂造種種惡；倚色命財，生大憍慢，所作顚倒不能利益；爲生死樂而行布施，爲生天樂受持禁戒；雖修禪定，爲命增長，是名假名菩薩。」】

講記　這一段經文又說另有十種假名菩薩。第一種是發了菩提心——也就是發四宏誓願——想要證得無上正等正覺；可是發心之後，當他開始修學佛法時，聽到開示說：「想要成佛，得要無量數劫苦行來修道，才能獲得佛果。」他聽了，腳底涼了：「那還行嗎？人生已經夠苦了，還要去修苦行？苦上加苦，我才不要呢！」聞已生悔。雖然他仍然在佛門中繼續修行佛道，可是他心中已經不太眞實修證佛道了；只是應付應付，表相裝著在學佛，這就是第一種假名菩薩。

第二種假名菩薩雖然也在修行佛法，可是他心中無慚無愧。無慚是做錯事情卻賴皮而不肯承認，譬如謗了正法以後，被人舉證確實是謗正法，但他仍然不承認；誹謗賢聖以後也一樣不承認，所做的一切惡事都不承認，這叫就無慚。無愧是不肯改正，做了以後承認有做，這是有慚；但是有慚不一定就有愧，承認了以後並且願意改正，公開聲明以後不會再做，才叫作有愧。有慚有愧是善法，不是惡法；無慚也無愧，那才叫惡法，可是誣謗阿賴耶識心體是生滅法的人，現在知道自己是妄謗正法了，卻仍然不肯公開的承認，也不願公開宣佈以後不再誹謗阿賴耶識正法，這就成爲無慚也無愧了！也有一些人自稱是「慚愧比丘」，既然是有慚有愧的人，爲什麼已經知道自己是妄謗正法了，爲何還不肯認錯？爲何知錯而又不改？怎能自稱爲慚愧比丘？所以慚愧沙門、慚愧居士、慚愧比丘都一樣，應該要有慚也有愧。可是他們對於慚與愧的意思似乎是不懂的，所以自稱有慚有愧，實際上仍是無慚也無愧，正是假名菩薩。

第三種假名菩薩：不生憐愍。當他看見眾生有痛苦，卻不願意幫助，心中沒有憐愍心；或者看見眾生被世間財富、權勢、名位所繫縛，他們正在繫縛之中卻仍然不知有二種繫縛，仍然樂在其中，我們也應該有憐愍心來救度他們；換句話說，對於別人要有憐愍心。憐愍是上對下的一個觀念，在中國有一句古老的名言：「**各人自掃門前雪，莫管他人瓦上霜。**」這句話本來是沒有錯的，但是被錯用了！本來是說自家門前的雪要趕快掃除，否則就沒辦法出入，別人家的門前雪，你有空時可以去幫忙，但是不用進一步去管他家的瓦上霜；若你去管了，就是管得太多了。但是現在已經被錯用成不管別人的正事、閑事了！別人的閒事當然可以不管，但是別人的生死正事可就得要你來參與啊！這才是有悲心的實義菩薩。修學佛法者應當要有悲憫心，看見眾生在生死苦海中輪迴而不知出離，應當要悲憫他們，想辦法救助他們。又看見學佛人被外道常見、斷見、無因論誤導，卻沒有悲憫心來救助，這個人就是假名菩薩，不是眞正的菩薩。

第四種假名菩薩是樂奉外道殺羊祀天。殺羊祀天是在印度才有，在中國是殺豬祀天。印度的民間信仰不吃豬肉，他們認爲牛是聖牛，所以不准吃牛肉；他們的習俗也不太吃豬肉，大多吃羊肉。哪天有機會去朝聖時，你們看路邊的肉案子上大多是羊肉，你找不到豬肉與牛肉。殺羊祀天，是當時外道的想法。假使有人修學菩薩法以後，仍然樂於信奉外道神祇，而以牲畜的肉來祭祀諸天，這種人一定不是眞正的菩薩。修學菩薩的法道以後，結果卻仍然在拜外道的天神乃至鬼神，這個就是假名菩薩。藏密裡的護法神，也都是外道法中層次很低的鬼神，不但青面獠牙，而且必須以生肉、鮮血等不淨物來祭祀，不可用水果花香等物祭祀，才能感應他們護持藏密；而藏密的喇嘛們從來都是如此信奉這一類鬼神的，藉這些鬼神來處置背叛他們的信徒，所以藏密喇嘛們也都是假名菩薩。而且他們還精修外道的雙身樂空雙運法，極力追求淫樂中的第四喜淫觸境界，又以樂空雙運中的覺知心認作常住的眞如心，所以他們縱使身披佛教法衣，本質仍是外道，連假名菩薩都談不上。

不過有一點還是要說明一下，有一些學佛人誤會 佛意了。 佛雖然說「歸依三寶以後不可再歸依外道」，但是有的人卻做得太超過了；他們看見外道的神廟、神祇時，把下巴抬得高高的，心想：「我是三寶弟子。」有些輕視的意思。其實也不必這樣子，因爲外道也有存在的價值，不是所有外道都像藏密一無是處。就好像我們常說台灣四大山頭也有存在的價值，我們評論的只是因爲他們把法弄錯了，誤導了極多的學佛人，所以並不否定他們在社會上的貢獻，也不否定他們接引初機眾生的功德。同理，不管它是一神教、多神教外道，乃至一貫道都有存在的價值；但都不是究竟法，不是正確的佛法；因此說：歸依佛教三寶之後，雖然不再信奉外道，但也不必就全面排斥。但是菩薩如果仍然樂奉外道殺羊祀天的世俗殺生惡法，這個人一定是假名菩薩。

第五種假名菩薩，是對三寶稍微有一點信心，但是他的心不堅固，搖擺不定；心不堅固的原因是因爲對三寶的信心不足，對因果道理也沒有完全信受，所以有時爲了五欲上的享樂，就去造作種種惡事，因此壞了他自己的菩薩道，這就是第五種的假名菩薩。

第六種假名菩薩是：倚靠自己色身的強健，或壽命長遠（譬如倚老賣老的人），或者依靠大財富，對他人生起大憍慢。菩薩若是「倚色命財生大憍慢」，就會使眾生產生對佛法的不信受、對三寶的排斥心態，所以有這種心態的人就是假名菩薩。

第七種假名菩薩是：所作顛倒，不能利益。在世間法中如果所作顛倒，輕者事業不能成功，重者身家敗壞；在佛法中也一樣，如果所作顛倒，對自己的道業不可能會有利益，對眾生更無法發生利益。有很多世間人，他們在世俗法中希望事業成功，但是所作所爲卻都是會導致他的事業失敗；在佛法中也一樣，想要成就自己的道業，就不能心生顛倒；如果心生顛倒，所作的事與業都會使他在佛法修證上不能得力，乃至產生無量世的災害，所以在佛法中特別不可心生顛倒而做弘法等事。不過這事眞的很困難，因爲眾生沒有能力去判斷眞實與顛倒，所以很多人在積非成是的狀況下，眾口鑠金而繼續堅持意識心爲常住法。沒什麼價值的黃銅，當所有的人都說它是黃金時，不知道的人聽了就會信，跟著大眾說這黃銅就是黃金；當一萬個人說黃銅是黃金時，只有一個人把黃金拿出來說這才是黃金，往往只被少數人接受，其餘的多數人都會誹謗眞黃金，說不是眞黃金；這些人，當然永遠找不到眞正的黃金囉！這叫做心行顚倒而產生誹謗，這就是所作顚倒、不能利益。

第八種假名菩薩，是爲了生死中的五欲之樂而做布施的事與業，也是爲來世的生死之樂而造作的善業。譬如有人求世間的善名廣大，而不是爲了累積自己的布施波羅蜜的功德，這就是爲生死樂而行布施；又譬如有人行布施行時，他的目的不是迴向解脫、迴向佛菩提，而是爲了在佛教界獲得大名聲，或者獲得許多人的恭敬，這也是爲生死樂而行布施，這些人都稱作假名菩薩。

第九種，爲生天樂受持禁戒，也是假名菩薩。有人聽說持五戒可以保住人身，假使聽說持五戒之後再加受菩薩戒，或加受出家戒，捨報後就可以生天而享受欲界天樂；他爲了希望生在欲界天中享受勝妙的五欲樂，不是爲了求取解脫或親證佛菩提，只是爲了來世可以生天，這樣的人只是假名菩薩。出家以後，不管你有沒有修證，只要不犯戒，一定可以生欲界天享福，所以有的人就想：「**那我去受菩薩戒，去受出家戒，我來世可以生天享福哪！何必在人間受苦！**」以這種心態而去受戒，就是爲了生天之樂而受禁戒，這種人就是假名菩薩。

第十種菩薩，雖然在人間時也修學禪定，不過他修學禪定的目的不是用禪定來作爲幫助修道的資糧，也不是爲了幫助自心降伏煩惱，他的想法是爲了增長壽命，這種人就是第十種的假名菩薩。也有人他學禪定的目的是爲了發起神通：五神通不是不好，神通也是菩薩所應該修證之法，但是我們認爲應該要依照道的次第來修；應該入了三地心以後，如果你沒有什麼弘法上的重責大任，那你就可以隱居起來修四禪八定、修四無量心，然後再修五神通，這就是三地菩薩所修、通外道的禪定和神通。三地菩薩爲什麼要修五神通？是因爲如果專修無生法忍，將無法滿足三地心的現觀功德；必須在三地所應修的無生法忍即將完成時，因爲最後一分無生法忍的實證，要藉四禪八定、四無量心和五神通作爲助緣，才能完成最後一分無生法忍——成就猶如谷響的現觀。所以諸地的法道是有次第性的，但是有些人不想照這個次第來，明心或見性之後，就想要修神通；這樣修神通或禪定，都不是依照佛道十地次第來修的，將會導致事倍而功半的結果，從長遠來看待，反而是耽誤自己的道業，所以愛樂神通或禪定境界而不重視無生法忍的智慧境界，當然也是假名菩薩。這十種人都稱爲假名菩薩，都不是實義菩薩。接下來開始說明實義菩薩的意涵。

【「實義菩薩者：能聽深義，樂近善友；樂供養師、父母、善友，樂聽如來十二部經，受持、讀誦、書寫、思義。爲法因緣，不惜身命、妻、子、財物，其心堅固；憐愍一切，口言柔軟，先語實語，無有惡語及兩舌語；於自身所不生輕想，舒手惠施無有禁固；常樂修磨利智慧刀，雖習外典爲破邪見、出勝邪見，善知方便、調伏衆生，於大衆所、不生恐怖。」】

講記　想要成爲實義菩薩還眞的不容易啊！有很多的條件。這一小段中就說有十種條件。第一種是要能聽受很深妙的義理，不能滿足於人天乘的善法。假使有人說法時這麼說：「你不要貪心，對人要和藹，大家一起幫助社會、淨化社會。」這都是世間法的人天乘善業，都不是深妙的佛法教義。也許有人認爲他們正在弘揚深妙法義，如此開示：「你要時時保持覺醒，要注意自己有沒有起心動念，所以要隨順覺、隨順觀。」他說這樣可以證得三果，可是覺與觀都是意識心啊！我見仍在而斷不了，連初果都證不得，說這樣可以證三果，就與常見外道沒什麼差別了！這不是深妙義。假使有人如實開示解脫道，所說的解脫道理都無錯誤，但這仍然不是妙義、深義！因爲那是聲聞人的修法，仍然不是深義妙義。深妙義是屬於大乘菩薩所修的佛菩提道，必須是聽受般若的總相智、別相智及一切種智，才是眞的聽受深妙義。

今天諸位有膽子敢來聽我說法，就表示你具足了實義菩薩第一步的資格啦！因爲一般眾生聽到我們的開經偈說：「我今見聞得證悟。」就罵起來：「你們好大膽！大妄語！」可是諸位敢來唱和，這表示實義菩薩的第一步完成了。但是先別高興，後面還有很多條件。實義菩薩的第一要件就是要能聽受深義，深妙法義能夠聽受；因爲一般人聽了以後心裡面就會害怕：「聽說正覺講堂在教人家開悟明心見性，可是我不敢去啊！因爲我的根器不好，哪有可能明心見性？去了可能會鬧笑話，所以不敢去聽。」你敢來聽深妙法而不退轉，是初步成爲實義菩薩了。

第二種實義菩薩的條件是樂近善友。換句話說，就算已經離開了惡友，卻說：「我自己在家讀經、讀論就好了，我一個人自修吧！」他不肯親近善友，那就不是實義菩薩，仍然是假名菩薩；因爲經論中有許多法並不是自己閱讀就能懂得的，往往是自以爲懂，結果卻是誤會了。

第三種條件是要樂於供養教導你修證佛法的上師，也要樂於供養家裡的兩尊活佛，他們就是你的老父母；並且還要樂於供養善友，因爲善友能夠幫助你修學道業；雖然不是你的師父，他也可以幫助你道業的成長，所以也要樂於供養。把父母放在善友前頭，是因應世俗法；在佛法中把師長放在最前頭，是因爲幫你證法的上師是生生世世相關聯的，雖說菩薩供養父母只是人倫的根本，但卻是菩薩最親近的報恩田，所以又擺在善友之前。如果在家中對父母惡行惡狀、粗言惡口，而說這個人可以當菩薩，世間沒有這種事情；就好像剋扣父母的供養去外面布施，佛說這是假名布施。孝養父母是人倫的根本，有了這個根本才算是具備修菩薩行的資格；可是佛法的實證畢竟才是重要的，想當實義菩薩的人當然要把供養師長放在第一位。有了父母才能有這個色身來修菩薩行，我們欠恩於父母，要懂得報恩；可是師長教導你出離生死乃至證得佛菩提果，我們也可以轉而幫助父母修學佛菩提，乃至親證解脫果或佛菩提果，所以在佛法中師長反而比父母重要。假使有因緣，供養善友也是好事；當你有了資財之後，對於引你進入佛門、引你進入最勝妙了義正法的善友，卻不願意有一些供養，就沒資格當菩薩了，所以當實義菩薩的第三個條件是樂於供養師長、父母、善友。

當實義菩薩的第四個條件是要樂聽受如來十二部經。換句話說，只要是如來所說的經，十二部都得聽受。以前有人跟我建議說：「不要講《優婆塞戒經》，講《維摩詰經》就好啦！」我說：「《維摩詰經》當然要講，但是我得要先講《優婆塞戒經》；假使菩薩戒沒有弄清楚，怎麼修菩薩道？」他們不想聽《優婆塞戒經》，因爲我打算講《優婆塞戒經》

時他們已經開始有私心在暗中運作了，所以他們反對我講這一部經。當時《楞嚴經》都還沒有講完，正好講到十習因的因果，所以每次講完後都有人臉是黑的或是紫紅色的；因爲他們心中可能是認爲我在說他們的不是，然而其實我只是依據經文直解罷了！可是當時他們心中都變得很怪，總是不自在。如果他們現在再聽《優婆塞戒經》，很可能聽到一半就中途袖子一甩，走了！想要當菩薩，得要先瞭解菩薩的戒法，菩薩戒是十二部經中的毘尼，不該說：「**講戒的部分我不聽，我只要聽了義法。**」所以當時我沒答應先講《維摩詰經》，仍然先講這部經。不過這部經中沒有了義法嗎？有！而且是很妙的了義法！所以要樂於聽受如來的十二部經，不要妄自選擇。不但要聽，聽過了以後還要受持；受持就是接受而奉持，然後還要再加以讀誦、書寫，免得忘失了！最後也是最重要的是：思惟所受持的經教義理。聽來的終究只是常識、知識，細加思惟以後就可以變成你自己的了，這是成爲實義菩薩的第四個條件。

第五個條件：爲了佛法的因緣，可以不惜色身性命乃至自己的妻、子、財物。那妳們女眾可以這樣說：「**不惜生命、夫、子、財物。**」爲了正法，什麼都可以不顧，正法才是最重要的。並且不可以只有五分鐘熱度，還要「其心堅固」。有的人跑道場，剛開始一年中精進得不得了，很勇猛，每到週日是一定要去道場服務的，不管家人如何的反對。一年以後變成二、三週去服務一趟，五年以後變成每年去寺院「回家」一趟，十年以後根本就不再修學佛法，回到世間法中了。我親眼看見這種人，這就是其心不堅固，就無法當實義菩薩。所以為了正法的因緣，應該有堅固心、有長遠心，一直走下去。

第六個實義菩薩的條件，要能憐愍一切人乃至憐愍一切狗、貓、鳥、魚……等等，包括你的寵物在內。有的人養狗是很粗魯的，動不動就一腳踢牠，都沒想到是他的眷屬，那就是沒有憐愍心。這裡主要是講對人要有憐愍心，要憐愍一切人，與人家說話時口言要柔軟，也就是不惡口。不可惡行惡狀的說話，也不許大聲辱罵的口氣來說話。而且還要先語、實語：當你知道某人心中有某種懷疑，就先告訴他，為他釋疑，不必等到他來問；而且你所說的話必須是如實語，不是方便妄語。沒有惡語：是說不會故意說虛妄語來導致他人走入歧途，不會妄說而害人違犯戒律或造作惡業。兩舌就是挑撥離間，爲達成某種目的而說假話、挑撥是非，也不可以。若能口言柔軟，先語、實語，沒有惡語也沒有兩舌，這就是實義菩薩的第六個條件。

第七、還得反過來「於自身所不生輕想」。換句話說，你如果想要當實義菩薩，一定不許說這句話：「**明心、見性，那我沒辦法。**」這句話出口了，就會有障礙，這是「於己身生於輕想」。看清了自己的往世淨業以後，就不會有這個現象。我在以前破參的一剎那之前，還是會想：「**我這一世大概沒辦法開悟了。**」在還沒有到達三地滿心以上時，都仍然有胎昧，所以會這樣想。假使已經沒有胎昧，那是三地滿心以上的菩薩，就不必討論這個問題了。但是當時還是這樣想：「**大概沒辦法開悟。修到哪裡就算哪裡吧！**」不過我還是努力去參。大家也一樣，不可以輕易放棄。如果於己身而生輕想，那就不是實義菩薩啦！所以你們來到同修會中又能安住，就是實義菩薩的條件已經具備一部分了。假使幫助他明心了，他卻這樣子想：「**這不可能是如來藏！離見聞覺知而又不作主，你們認這個心作爲開悟，就是大妄語。**」那他就不是實義菩薩了。甚至於後來謗法的說法被破斥以後，於己身生輕想，就說：「**我現在全部歸零，以前在正覺所悟的智慧境界我仍然不承認是眞的開悟。我將在一大阿僧祇劫以後才會證得初地眞如。**」那也不能算是實義菩薩。因爲明明已經證得如來藏了，卻妄自否定，而又輕視自己，說要等到一大阿僧祇劫以後才證初地眞如，那就是於己身生於輕想嘛！

第八個條件是：舒手惠施無有禁固。當你願意布施時，不必刻意設定：今天出門一定要布施。有些好人有一個習慣，日行一善：「**我每天出門最少要布施一百塊錢。**」先設定一個出門的條件，然後特地挑乞丐布施。看見有的乞丐似乎收入蠻多的，就決定另外找一個看來收入較少的，那就是有禁固了！舒手惠施的眞義是：你既然決定布施給乞丐，那就一體通施，先見了誰就先給誰，不然就分成十份，每一份給十塊錢，如果你不嫌麻煩的話。但是舒手惠施無有禁固，要有個前提：破壞正法的人或道場，你可千萬不要布施，因爲你布施了會變成支持謗法者，有共業的。所以：凡是否定阿賴耶識心體，謗說不是如來藏的人，或是否定如來藏阿賴耶識心體的道場，你都不要去布施，免得成就破法共業。

以前不知道印順的《妙雲集》法義是破壞正法而給予助印，無可厚非；今天知道了，還要去助印或買來送人，那就是知而故犯，一定會成爲破法共業。所以，舒手惠施雖然沒有禁固，那是從世間相的善事來說的，在正法上得要有禁固的，這是第八個條件。

第九個條件是要常常樂於修智以及磨利自己的智慧刀。必須把智慧不斷的增長，不能老是停留在總相智上面。有的人來學法三、五年了，一直還在總相智上面，在別相智上面都沒有用心，種智就更甭提了！那就表示他雖然已經有了智慧刀，可是刀刃鏽了、鈍了，沒有常常磨利。磨利智慧刀的目的要做什麼用途呢？要用更爲銳利的智慧，去閱讀外道的典籍，瞭解了以後用來破斥外道的邪見，這才是菩薩讀外道典籍的目的。你如果有很利的智慧刀，外道典籍你一讀就全部瞭解，不必被人家籠罩。這《狂密與眞密》五十六萬字，爲什麼三個半月就寫完了？任憑你怎麼寫也寫不了這麼快，但我就是這麼快寫完了，因爲我們知道藏密的中心思想與實修方法是什麼本質，不必去思惟、整理、想像，只要把藏密各種外道法門分門別類再依次第排好以後，就可以飛快的寫出來。

這些藏密的秘密寫出來以後，有很多人台灣、大陸學密十多年還不知藏密本質的人，他們讀後就會知道：「**原來我的上師是在弘傳雙身法，私底下也是在和異性徒弟合修雙身法的。**」恍然大悟了！

當然他們藏密的喇嘛們是很生氣的，一定會想要找我麻煩的。這兩天聽說有藏密上師要跟我開法義辨正無遮大會，但他們都是講著玩兒的；以前有過兩次藏密的喇嘛約好要來辨正，結果都爽約了，而且連爽約的通知及理由都沒有，所以他們都只會虛張聲勢嚇唬人罷了。如果說印順法師想要來與我開法義辨正無遮大會，我還比較相信一些，倒底他還有兩把刷子，但是藏密的喇嘛們是絕不可能的！西藏密宗的密經與密續，再加上口訣都讀過了，就知道他們那些喇嘛們成天就只是在研究女人和性愛技術而已，根本就沒有佛法可說，所以我就把它破了！這就是因為有銳利的智慧刀才能做得到，若是沒有智慧刀，或者刀鋒不利，就一定做不到。光憑破斥雙身法是沒有辦法破除密宗的，一定得要全面的一一舉證而辨正它的本質，所以銳利的智慧刀是最重要的，因此 佛說菩薩要常樂於磨利智慧刀，這是身為實義菩薩的第九個條件。

第十個條件，還得善於了知種種善巧方便來調伏眾生，當你有了種種善巧方便，能夠調伏眾生時，站在大眾面前就不會出生恐怖心。有些人都很恐怖：恐怕蕭平實去找他們。因爲根本沒把握能調伏蕭平實，連一點一滴的把握都沒有。但我們有把握可以調伏他們，縱使心中不服，至少也要讓他們口服；我們就用他的法來破他，所以有的人在網站上大喊：「**我要跟蕭平實開無遮大會。**」我說「好！」雖然他不符合我要求的條件，我說：「**好！請把姓名、電話、地址留下來。**」還是不敢！又縮回去了！網站論壇是虛擬世界，說話都不必負言責；可是法義辨正無遮大會上的說話，可以不必負責的嗎？他們想要辯論法義卻又希望可以不必負言責，這就是心生恐怖，所以不敢留下眞實姓名與面目。爲什麼你能於大眾前不生恐怖？因爲你善知方便調伏眾生，不管是要談論外道法與解脫的關係，或是要談論二乘法、大乘法的解脫與實相，我們都可以跟他們談，所以有把握調伏他們，因此在大眾面前就沒什麼好恐怖的！因爲眾生都是你所能調伏的，能夠這樣做才是實義菩薩。接下來 佛又開示說：

【「常教眾生：菩提易得；能令聞者不生怖心、勤修精進。輕賤煩惱，令彼煩惱不得自在；心不放逸常修忍辱，爲涅槃果持戒精進，願爲眾生趨走給使，令彼安隱歡娛受樂，爲他受苦心不生悔，見退菩提心生憐愍。能救一切種種苦惱，能觀生死所有過罪，能具無上六波羅蜜，所作世事勝諸眾生，信心堅固修集慈悲，亦不悕求慈悲果報；於怨親中其心無二，施時平等、捨身亦爾，知無常相、不惜身命，以四攝法攝取眾生，知世諦故隨眾生語。爲諸眾生受苦之時，其心不動如須彌山。雖見眾生多作諸惡，有少善者心終不忘。」】

講記　這一段說實義菩薩的第十一個條件，要常常教導眾生說「菩提易得」，因爲 佛早就預料到末法時期的大師們都會說：「你就好好給我老實唸佛，不要想開悟，那是聖人們的事。」台灣二、三十年來的佛教界大法師們，不都是這麼說的嗎？有誰膽敢出面說他已開悟，就會成爲眾矢之的，所以當初李元松老師剛出來弘法時，也是被人家攻擊到體無完膚；總算他有一些手腕，漸漸獲得一些認同，雖然後來也證實他的開悟是假的。我們剛出來弘法也是一樣，我們都不說別人錯悟，別人卻先罵我們，所以我們只好回應，就一本又一本的出書，走上了法義辨正的不歸路。俗語說：「一不作，二不休。」既然已經被迫破壞了和諧的假象，不如就一路破下去，乾脆把佛門中的外道見作一個總清理。之所以會演變到這個地步，都是因為我們一直講開悟不難，而諸方大師都說開悟極為困難；因為我們最早期是不辦禪三的，就在大家平常共修禮佛時，我們就喚人進來小參，當場就引導、逼拶；可是都成為早計成熟，都是水果還沒熟就把它提前摘下來，所以後來都爛掉而不能吃，只剩下那兩三顆；所以現在一定要先熬！熬！熬！最少要共修兩年半，建立正知見，才給與參加的機會。假使悟緣還沒有熟，就等個三年、四年、五年，也許等到八年再錄取參加禪三，希望悟後的品質會比以前好一些。在我們這裡，菩提眞的太易得，所以就生起輕賤想；可是在佛世本來就是很易得的，許多人聽聞 佛陀開示，當下就悟入了，這樣才是正法！哪有眞正的正法隨學很多年以後還是悟不了的？你們看大乘經的記載，佛說一次法，就有幾億人天證悟，也有已悟的菩薩因此證得無生法忍，從三賢位就進入初地去了，這樣才是正法；所以我們應該對眾生講菩提易得，促使他們生起大信心。

不過話說回來，在還沒有破參之前總是想：這事兒眞的比登天還難。但是破參時卻說：「眞是簡單啊！」一出一入差別眞大，但也就只是一念之間而已。爲什麼 佛告訴我們要常常教導眾生菩提易得，才可算是實義菩薩？都是爲了想要使宗門了義正法不至於斷絕，佛種也就不會中斷。所以實義菩薩必須常常告訴眾生「菩提易得」：不但二乘菩提容易得，大乘菩提也容易得，才能讓聽你說法的人在修證佛菩提時不生恐怖心。大阿羅漢不敢迴心而向大乘，就是因爲怕佛道難成，因爲怕菩提難悟；你向眾生不斷的開示菩提易得，眾生聽一遍不信，十遍倒有一點兒信了，聽上一百遍大概會信一半；如果你每天跟他講，講上十年他們就會全然信受了，因此他就會勤修精進，就有證悟的機緣，佛菩提的種子就不會斷滅，這是實義菩薩的第十一個條件。

第十二個條件是要輕賤煩惱，要看不起煩惱。煩惱有很多種，世俗法的財色名食睡，那是世人的煩惱；佛法中的煩惱是斷不了我見，證不到初果，這是二乘人的基本煩惱；大乘人的煩惱則是悟不了，找不到如來藏，明不了眞心。找到眞心如來藏了：「佛性要怎樣才看得見？無形無相要怎麼看得見？太奇怪了！」可就是看得見，「我一天到晚聽平實導師說看得見，親教師也說看得見，到底要怎麼見？我拼了好幾年都看不見，又想不出見的辨法來。」所以心中就起煩惱。這種煩惱就不可輕賤了，因爲這是善法貪、善法欲，斷了就成不了佛。若是遇到不喜歡的人，看了就討厭，這個煩惱應當要輕賤，要把它丟棄，不可一天到晚抱著這煩惱不放。要讓這個煩惱對我們不能自在，而我們對那個煩惱得自在：想要丟開時，隨時可以丟開。當煩惱不能掌控你的時候，你就可以說是大力士了；因爲大力士都沒辦法掌控煩惱，力氣再大也沒用；你卻於煩惱中得自在，由自己掌控煩惱，這才是眞正的大力士。於彼煩惱而得自在，煩惱卻無法奈何你，那你就是實義菩薩。

實義菩薩的第十三個條件：心要常常住於法上，不放逸。住於法上而不放逸，這才是眞正的苦行。一般人修的苦行，是一天到晚出坡，然後晚上不倒單，坐在那邊打瞌睡，辛苦自己，說這樣是苦行。但這不是眞苦行，眞苦行其實是中道行，不苦不樂：不苦是身不受苦，不樂是心不貪於五欲，常能制心一處。若不是在佛法整理思惟上用心，那就是憶佛而淨念相繼，不然就是一念不生的出坡，這才是不放逸。修身苦行的人出坡種菜時心中若在打妄想，身體勞累辛苦時在打妄想，那就不是眞苦行，而是放逸了。佛法的修行全都在心上用功，可是他專在身上自苦，那種用功是心外求法，是佛門外道。那種苦行不該是佛門中人所應修的，我常說：「心不放逸名爲苦行。」也只有心不放逸才能修忍辱，修於生忍，修於慈忍，修於法忍，能於深妙法安忍而不動搖，才是眞正的修忍辱行，這就是實義菩薩的第十三種條件。

實義菩薩的第十四個條件：爲了修證涅槃果而持戒精進。聽到應該修涅槃果，有的人就說：「那就應該趕快證有餘涅槃、無餘涅槃。」錯了！因爲這是菩薩的戒經，不是二乘人的戒經，所以這裡的涅槃果有四種：除了二乘的二種涅槃以外，還要再加上明心所證的本來自性清淨涅槃，一直修到佛地才完成了無住處涅槃，具足四種涅槃才是成佛之道所證的涅槃果。爲了這四種涅槃的果實，要努力好好的把戒法守持好，要精進修學般若中觀的見道、別相智、一切種智……才能成就四種涅槃，具足大乘法的四種涅槃。如此持戒精進修證四種涅槃果，是實義菩薩的第十四個條件。

實義菩薩的第十五個條件是：要願意爲了眾生的利益而親近眾生，並爲他們奔走，供給他們所需的財物，宣說他們修行所需的法義，乃至供眾生使喚，當眾生希望你爲他們做事時，你能幫忙他們，讓眾生可以安隱。安就是心得安止，隱就是不會曝露在外而讓人家攻擊他，這就是安隱。不但如此，還要能使眾生獲得歡娛而喜愛世間樂乃至法樂。這樣爲眾生受苦，心中始終不生後悔之心，這就是實義菩薩的第十五個條件。

實義菩薩第十六個條件：假使看見有人退失於菩提心，要憐愍他們；退失菩提心是正常的，前些時候大陸有人這麼說：「你看他們《燈影》寫出來了，他們自己會中重要的人物都退失了，可見正覺同修會不是正法。正法是不會退失的。」這說法若講得通，釋迦牟尼佛所說的法也將同樣不是正法了！因爲《菩薩瓔珞本業經》曾說當時有幾億人、天聞　佛說法而開悟，可是其中卻有八萬人退失，那又怎麼說呢？佛親在世間，提婆達多尚且會退失，何況我們呢？所以不會退失的法才是有問題的，因爲眾生最喜貪的就是覺知心自己，當他們的我見、我執深重時，一定喜愛覺知心、離念靈知心自己，不會退失的。直到聽聞正法，知道自我是生死輪迴的根本，才肯死掉自己，才願意承認自我的虛妄，否則永遠都會執著五陰中的識陰離念靈知心，永遠死不掉自己，也就無所謂退轉可說了。

佛菩提所證悟的標的是如來藏，祂是很現成的，現成到你無法承認祂，現成到你不敢認定祂就是如來藏，跟你明說了也是不信，所以得要先教你正確知見：「法離見聞覺知、實相離言語覺觀相、一切法無知。」建立正確方向以後再讓你去尋尋覓覓，不斷的否定五陰的種種變相，死掉自我以後，才敢承擔起第八識心，才能保住自己不退失於佛菩提的見道，這就是五濁眾生的心性。如果在極樂世界說法就不必如此辛苦，明說就行了，因爲生到極樂世界以後要住在蓮花中不斷熏習：「苦啊！空啊！無我啊！無常啊！六波羅蜜、般若……」要熏習多久呢？熏習無量劫啊！如果是上品中生，還得要在蓮苞裡熏習相當於娑婆的半劫時間；假使在此娑婆半劫時間不斷的聽聞正確說法的錄音帶，都不睡覺也不昏沈（往生極樂世界的眾生待在蓮苞中都不睡覺），八功德水循樹上下，不斷的發出聲音說法：「苦、空、無常、無我、六波羅蜜……」不斷的說法；專心聽了半劫下來，我見也就斷了，求悟大乘法的知見也建立了，這時再明講心眞如，就不會退失了。如果有人把我講經的錄音帶整整三年不睡覺而且不昏沈的專心聽完，我爲他明講密意以後一定不會退失；假使條件尙未具足，明講了以後一定會退失，所以十年前我爲楊先生明講以後，他今天會退失菩提而回到意識心中才是正常的；如果他肯提出問題與我討論，就不會退失，可惜的是他始終不向我發問而自以爲是。

還有一種情形明講了也不會退失，就是人壽八萬歲時。人活到八萬歲時，在人間學到的教訓已夠多了，不會再胡亂搞怪了；現在有些人就是在我身旁還沒學到教訓，所以沒有學乖，因爲我從來不教訓別人，太過於謙和的緣故，他們都不曾被我教訓過，所以都不曾學乖。學乖了就不會太大膽，自信滿滿倡言：「**我已經證得佛地眞如，我已經超越蕭老師了。**」假使眞的超越了，我就反過來拜他爲師，因爲那是我日夜祈求的大菩薩；偏偏不是眞的超越，就敢自信滿滿的說：「**你所證阿賴耶識**

是生滅法，只有證得佛地眞如才是眞正的開悟。」因爲自信滿滿，所以我六度求見他們還都見不到，各個姿態都很高。這是膽子太大，還沒有學到教訓的緣故。如果活到八萬歲（不必八萬歲，只要活到五百歲），這些教訓他們一定早都受過了，一定都有經驗了，何況活到八萬歲時什麼教訓沒有學過呢？那時 彌勒菩薩成佛（祂今晚出家，半夜成佛，明天就開始說法），爲緣已熟的人明講，大家都會信受的。人能活到八萬歲時智慧比較高了，對正法一定會有所認知而不敢誹謗的，那時連天魔都會來護持 彌勒尊佛的正法，還有誰敢誹謗 彌勒尊佛說法？所以人壽百歲以內時會有人謗法，是正常的！有人會退失也是正常的！全部不退才是不正常的，那一定是意識心的境界。當我們看到有些人退了菩提心還自以爲是增上，我們要對那些人心生憐愍。

不要去怨恨這些人手段好毒，一心要讓我們同修會瓦解掉。雖然知道他們每一步的手段都是這樣，但不必生氣，反而要心生憐愍，歡迎他們隨時來跟你討論法義，歡迎他們隨時歸隊、回家，要這樣想。因此說，你如果想當實義菩薩，不想當假名菩薩，要生起憐愍心；但是當他們有人回來了，你不必特別親熱去招呼他，當作沒看見，免得他們尷尬。然後在暗中幫助他們，千萬不要讓他們覺得怪怪的：大家都對我特別好，好像看我回來怪怪的。那就不好。這叫作生憐愍心。千萬不要說：我拒絕他們回來。

第十七個實義菩薩的條件是：能救護一切種種苦惱。譬如說有人想回來，可是他有很多苦惱，因爲被串聯住了，離不開了。串聯的手段很厲害，被串聯住以後，有心想回來時是很困難的；如果你知道了，要想辦法幫他們把串聯的鉤鎖脫開，你得要有方便善巧，這樣才叫作能救一切種種苦惱。在世間法中也一樣，看見眾生世間法上有苦惱，你做得到時就幫助他，這也是實義菩薩的第十七個條件。

第十八個條件是：能觀察生死中的所有過罪。在三界生死中有很多過失，這些過失就是一般宗教所講的原罪。一神教講原罪，說所有人生來就有罪，所以必須上帝赦免才能回到天堂。他們說的原罪從哪裡來的？是因爲被亞當與夏娃所生的緣故：亞當、夏娃偷吃了禁果，所以墮落到人間來，你們都是他的孩子，所以就繼承了這個罪，是生來就有罪的。這是什麼話？我說上帝太無聊了吧！眞是無聊！他先用泥巴捏造一個亞當，再從亞當的肋骨中抽出一根變成夏娃，再把自己的靈分靈給亞當、夏娃，然後又居心不良，以禁果誘惑他們（誘惑自己的分靈），讓他們受不了誘惑而犯禁，再趕出伊甸園去受苦。像這樣捏造出本無的二人，然後分靈給他們，再設計誘惑及懲罰他們，然後再來救他，上帝可眞是閒著無聊！如果上帝來找我，我會對他說：「你太無聊了！」如果他說：「《聖經》是人寫的，我說的不是這個意思。」那我就說：「那你就叫他們改寫《聖經》吧！否則這筆帳仍然要算到你頭上。」這些其實都是生死法中的過失，可是眾生並不瞭解，連上帝耶和華也不瞭解生死中的過失。因爲他叫人一心一意要生他的天國，說生他的天國是永遠當他的奴僕而享福，那就表示他想一直的要做主人嘛！那就是生死的過罪。而且他的天堂也只是欲界天的境界，層次仍然很低，何況能解脫生死的過罪？我們既然想要當實義菩薩，就要懂得生死的過罪。

凡是落到五陰相應的法中，都有生死的過患存在，如果能夠觀察生死過罪，你就是實義菩薩。上帝耶和華無智慧而不能觀察，他一天到晚以他的覺知心作中心，所以他不能觀察五陰生死的過患；你如果悟了就超過他，若還沒有悟，只要證得初禪也就超過他了；初禪很容易證，而上帝只能住在欲界的他化自在天境界，他到不了初禪天去，因爲他沒有禪定證量！有什麼證據而如此說？有的！你們看他的《新約、舊約》，或者他的信徒們所寫的《荒漠甘泉、標竿》……等等書中，都講不出初禪的境界；所以你只要證得初禪，你就超過上帝的境界了！這樣的上帝還值得你崇拜嗎？如果進一步講到解脫道，他更不懂；佛菩提的明心與見性就更甭提了，所以說上帝不能觀察生死的所有過罪，因爲他一直都落在覺知心上面。如果能夠觀察生死的過罪，你就成爲實義的菩薩了。

第十九個實義菩薩的條件是具備無上的六波羅蜜。所謂無上是已進入內門修行才叫作無上，還在外門修六波羅蜜的人都不叫作無上，都是有上六度波羅蜜；因爲只能上於一般眾生、上於外教信徒，不能上於二乘聖者、大乘菩薩，所以外門修六度萬行是有上波羅蜜，因爲還有別人可以超過他們。換句話說，你要以如來藏爲中心，以明心所生的無分別智來看待一切法、看待六波羅蜜，這樣才能說修布施時同時也有波羅蜜。外門修六度的人是修布施而無波羅蜜，譬如證嚴法師，她修布施但沒有波羅蜜；波羅蜜是到彼岸，她沒有辦法到彼岸，因爲她始終落在生死此岸的意識心中，不是實義菩薩，只是假名菩薩，更何況她還不斷的支持印順的破法邪見，又與邪淫極貪的喇嘛們常有往來。

實義菩薩必須具備無上的波羅蜜，證悟後開始內門廣修六度萬行；你所做的一切事情就都可以勝過諸眾生，這一切事情當然都是在世間做，總不能出了三界來做一切事；出了三界世間，五陰十八界都不在了，還能做什麼？所以說「在世間」做一切事而勝諸眾生，因爲是以佛菩提的智慧來做一切事。

實義菩薩的第二十個條件是信心堅固、修集慈悲，並且不希求對眾生慈悲而獲得眾生的回報及世間法的回報。信心不堅固而修慈悲，修了一年、二年就會厭倦了，要有信心堅固才能長時間的修集慈悲。信心堅固要從哪裡來？要從證得佛菩提果、解脫果而來。證得佛菩提果時——明心時——你同時也是證得聲聞解脫果的初果，就可以瞭解佛法眞實、三寶不虛，才能讓自己信心堅固，修集慈悲就不會退失。信心堅固而修集慈悲心，就不會悕求：「我修集慈悲、利樂眾生，眾生會怎麼回報我？」也不會這樣子想：「我現在以慈悲心來利益眾生，未來可以得到世間法中的可愛異熟果報。」不能有這樣的想法，這是第二十個條件。

實義菩薩的第二十一個條件，修集慈悲時，對怨家及親屬要「其心無二」平等而修慈悲；當你布施佛法、布施財物時，都以平等心來布施。乃至為眾生而捨身時不會說：「這是怨家仇人，我不願為他捨身。」如果能這樣做到的人，就是實義菩薩。

實義菩薩的第二十二個條件，要了知蘊處界萬法都是無常相，這就是說：身為菩薩，還得要有聲聞人的解脫果證量，最少要有初果的證量。初果人斷我見、斷三縛結，明心菩薩也一定已斷三縛結，這是了知無常相——現前確認五陰虛妄。當你了知無常相時，才能不惜身命。會中有人雖已了知五陰的無常相，但仍然極力護惜身命，他看到我寫書一本一本的評論諸方山頭，害怕了：「老師！你還沒受傷害，我將會先受傷害。」只好溜走了！這是知無常相而寶惜身命。知無常相之後還要有大心，才能不惜身命，有大心、有憐愍心而能不惜身命，才是實義菩薩。

實義菩薩的第二十三個條件，要以四攝法來攝取眾生。以四攝法來攝取眾生才能夠長久，地前大多以財物作爲四攝法的布施，入地以後除了財施以外還要在法上布施；還要做種種利益眾生的事，並且與眾生和言悅語攝受他們。除了以四攝法攝取眾生，還要能隨順眾生的語言：眾生來找你談世俗法，你無妨與他談世俗法，再以方便把佛法帶進來說，有緣的眾生就會聽進心中去。無緣的眾生就會說：「**我才不要跟他講話，三句不離本行，談上幾句話就講佛法。**」所以我們應該隨順眾生的話，漸漸把佛法帶進去，可別一開口就說：「**你這樣講不對！應該怎麼樣才對。**」那就沒談話空間了！你要這樣說：「**你這樣講很好，不過還有一個想法，你可以考慮看看。**」然後才委婉的說出來，要有方便善巧。爲什麼你能隨順眾生而被有智眾生接受？是因爲你懂得世俗諦。世俗諦不是說世間法中爲人處世道理，而是講解脫道的眞義，宣說人生無常、苦、空、無我、四諦、八正。如果他很執著，你就告訴他：「**所有財產都帶不到未來世去，何必那麼看重？何不爲自己來世的世間福報做一點兒準備？**」用世俗的道理爲他講，就聽得進去，假使爲眾生說人生無常，他們會接受，你就從色身無常開始講，然後再談到四念處觀，眾生比較容易接受，這是因爲你已瞭解世諦，所以能隨順眾生的話來說。

實義菩薩的第二十四個條件：當你發了菩薩心，爲眾生做事而受苦時，得要堅定其心不動，如須彌山。一般人爲眾生做事是沒問題的，可是一旦太累了就會反悔；有的人身體再苦也沒關係，可是心不願意受委屈，假使向他說：「你這樣做不好，你換這個方式來做吧！」「那你來做好了！」手上的事情就丟給你，他就走了。但是菩薩必須心不搖動如須彌山，如果能安住不動如須彌山，苦歸苦、做照做，心中不以爲苦，你才能夠當實義菩薩。

實義菩薩的第二十五個條件，雖然看見眾生常常造惡，但是他們有時也會生起一念善心，那時你就藉緣幫他記住：「我會永遠記得你曾經做過這件善事。」眾生因此而開始喜樂行善，這就是顧念眾生的少善功德，但是不要老是顧念眾生的多惡罪業；也就是說，即使眾生再怎麼惡劣，只要有一念之善，你就願意救他，這樣才叫作實義菩薩。

【「於三寶所，不生疑心，樂爲供養。若少財時，先給貧窮，後施福田；先爲貧苦，後爲富者。樂讚人善，爲開涅槃；所有伎藝，欲令人學；見學勝己，生歡喜心。不念自利，常念利他，身口意業所作諸善，終不自爲，恒爲他人，是名實義菩薩。善男子！菩薩有二種：一者在家、二者出家。出家菩薩爲實義菩薩，是不爲難；在家菩薩，是乃爲難；何以故？在家之人多惡因緣所纏繞故。」】

講記 實義菩薩的第二十六個條件是：對三寶從來不產生疑心，信心具足。信有很多個層次，從迷信、仰信開始：認爲 佛是三界最高的聖人，所以我要皈依佛，不皈依外道。但並不知道佛究竟是什麼？只當作是眾神中最高的神。迷信之後是仰信，然後是證信；證信就是你證得解脫果或佛菩提果而深信不疑，證信才是眞正的不生疑心。於三寶不生疑心之後，才能樂於供養而不勉強。如果於三寶心有疑心，心裡面想：**「我每次到寺院來，都先買水果供僧，有什麼意義？他們不也是跟我一樣是個凡人！」**在這種心態下供上幾次就厭倦了。如果有眞正的信心，那是由證信而生的信心，譬如在你師父座下悟了以後，你對師父感恩戴德，哪裡還會心生懷疑？不生懷疑才能樂爲供養，否則每天送上飲食供養時，心裡會想：「我爲什麼要這麼恭敬供養他？眞沒意思。」就無法樂爲供養了！所以證信以後才會樂於供養三寶。於三寶有證信而樂於常做供養，是實義菩薩的第二十六個條件。

實義菩薩的第二十七個條件：假使財物有時不足，沒有辦法做廣大施，那時應該先施貧窮的人救活生命，等以後有錢了再來種福田；因爲窮人的性命都快沒了，你要先救命，然後再爲自己種福田而打算，等以後有錢再來做，這也是在世間法上作人的基本。如果看見有人快餓死了，卻仍不肯布施食物，一心想著要去種福田，這就叫作假種福田。救命遠比種福田更重要，來世所得福德也更大，因此菩薩應該先爲貧苦，然後才施給富有的人，假使富人恰巧也需要的話。

實義菩薩的第二十八個條件：樂讚人善，爲開涅槃。樂於稱讚別人所做善法的功德，有人看見某某人到慈濟功德會一捐就是兩千萬，他就說：「你應該留給子女，何必捐那麼多給慈濟？你怎麼那麼笨？」這就錯了！他沒有樂讚人善，還對別人說：「那個人好傻，一捐就是兩千萬，都不懂得留一半享用。」這就是不樂讚人善，這樣就不是實義菩薩。你應該隨喜，他捐那麼多一定有他的理由，難道他沒有計算過就捐出去嗎？一定不會的，一定有計算過，所以你應該隨喜讚嘆：「你眞是大善人，你眞的樂於施捨，眞的是菩薩！」樂讚人善之後還有一件事要跟著做，不能只是讚善，否則就成爲世俗法了！接著要「爲開涅槃」，當眾生造了善事、善業，有了福德，你要樂於爲他開導涅槃的眞義，就教他把大善業的福德迴向證得涅槃。他當然會問涅槃的道理，你就有機會告訴他二乘法中的二種涅槃，順便解說大乘法中有四種涅槃，眾生聽了就說：「你還眞的有智慧，我早該來跟你學了，怎麼現在才知道你！」那你不就把眾生引入門了嗎？菩薩戒中不是有一條輕戒嗎：凡有所說、凡所稱讚，都要會歸到佛法上來講；凡是布施財物予眾生時，都必須方便引入佛法中。如果你布施給眾生，但是沒有宣說佛法給眾生，那就犯了菩薩戒的輕戒。由此看來，大部分的人都已犯了菩薩戒的輕戒，所以布施給眾生時，要把眾生方便引入佛法中；既然如此，當然要爲眾生開導涅槃的正理。樂讚人善是隨喜功德：別人造善事，你爲他隨喜，就有一分功德，千萬不要去扯後腿，不但沒有隨喜的功德，還會減少自己的功德，變成在善法上造惡，因此應該讚善，再爲眾生開導涅槃的道理。

實義菩薩的第二十九個條件是：不管你有什麼樣的伎藝，都希望別人能從你這裡學習成功。世間人的想法是不管什麼都要留一手，但我們弘法以來從不這樣作，從來都不先留一手，除非是佛所交待不可說的密意與現觀的部分，這得要自己去親證。在法義上我們都不保留，只是沒有時間全部講出來而已，所以只能講出心中所證的三、四分之一。如果你心中留一手，道業就不會進步。有人想：「**我保留最後一步，徒弟們就奈何不了我，我就不需要一直往前進步了。**」假使全部技術都教給徒弟，就得自己再往上提昇；當你一直在進步中，還需要留一手嗎？沒有必要了！應該是你一直在進步，你的徒弟也跟著你在進步，你的徒弟出去創業時就可以獨當一面而勝過別人，而你依舊不斷往前進，不斷提昇他、教導他，這樣你才能成爲業界龍頭，這就是實義菩薩的世間伎藝欲令人學。如果有一天徒弟勝過你，當師父的人應該生歡喜心，因爲你這個伎藝一定不會失傳了，而且他會幫你發揚光大；佛法中也如是，能有這種心態的人，才是實義菩薩。我一直在想：「哪一天有個學生比我蕭平實更棒，那我走的時候就可以很安心，佛法續傳一定沒有問題。」只是目前還沒有等到這個人，今天還在等。

實義菩薩的最後一個條件：不念自利，常念利他。菩薩不該老是想著自己能得到利益，該想的是如何利益眾生，所以菩薩身口意業所作的種種善事都不是爲自己，永遠都是爲了眾生。如果要爲自己，二、三年前我一定要退休了，我還要弘法幹什麼？那我的道業也將會永遠停在這個階段。但我現在做的事情都是利益眾生，自己的禪定道業都沒時間再往上增進了！我現在應該要做的事是躲到深山中去進修尚未完成的禪定。但是現在弘法的擔子很重，還沒有達到純化教內法義的目標，必須要繼續破斥外道邪法。我做這些對我個人的道業並沒有利益，只是增加護法的大福德而已。我現在做的都是爲眾生，沒有一分一毫是爲了自己，但是仍不許抱怨！因爲今天能夠達到這個地步，都是 佛的加持。願意完成這個任務， 佛就把你提升到必須的層次中。加持提升以後，任務還沒有完成你就想抽腿，豈不是忘恩負義？

有人會這樣：當他想要在你這裡把道業提升到某一個層次，你爲他開示說：「**好啊！你去做某件事，任務完成以前我一定會幫你達到這個層次。**」可是他達到了所要地步時，任務還沒有完成就捨棄不做了。在極樂世界不會有這種事，但是娑婆惡世常常會有這種事，這也是正常的。你們將來如果出來弘法度眾生，遇到了這種徒弟時也不必怨嘆，因爲五濁惡世本來就會有許多這類眾生，這是這裡的常態，永遠會有一小部分人是如此的，你不可以因爲這樣而說：「**我從今以後，唯念自利，不念他利。**」那就是自己往下拉而不是向上提升！因爲已經不能成爲實義菩薩了！所以，雖然一定會有人居心不良，但你的身口意業所作諸善還是要繼續正確的心態：終不自爲，恆爲他人。以上說的三十個條件做得到，就可以成爲實義菩薩。

這樣看來，實義菩薩還眞不容易當。但是希望各位不要打退堂鼓，還是要繼續當下去，因爲從今世到未來的無量世中，除了這一條路以外，沒有別的路可走；三界最究竟的法就是成佛，如果想要得到這個最究竟的果報，當然要走這條路，再怎麼吃虧還是要走，肯吃虧的人才是最有福報的人，未來無量世中常有可愛異熟果等著你，菩薩道的資糧永遠都不缺。如果走到別的路上去，未來無量世以後還是要走回這條路；因爲這是最究竟的路，終究要走；既然遲走不如早走，不如早一點把它完成，豈不更好？所以實義菩薩雖然不容易當，也還是要繼續當下去。

接著　佛開示說：菩薩有二種，一種是在家菩薩，另外一種是出家菩薩；如果是出家菩薩，當實義菩薩並不困難，可是在家菩薩就很困難，因爲在家菩薩有很多的惡因緣所纏繞著。如果出家了，沒有太太、先生來管著你，你要怎麼布施都沒有人管你，你要怎麼行菩薩道都沒有人管你，但是在家之身可就不行，三天兩頭要開家庭會議討論你是否布施太多了？能否停止布施？不然就跟你鬧家庭革命！在家菩薩當實義菩薩確實不容易，必須先把惡因緣消除掉，或把惡因緣轉變成善因緣。所以在家菩薩惡因緣多，不容易當實義菩薩。這不是在貶低你們在家菩薩，而是讚嘆你：如果能當實義菩薩，你眞的是難能可貴的菩薩。所以我今天就在這裡讚歎：各位確實是難能可貴的在家實義菩薩。接下來是第九品：

【善生言：「世尊！義菩薩者，云何自知是義菩薩？」「善男子！菩薩摩訶薩修苦行時，先自誡心。善男子！我念往昔行菩薩道時，先從外道受苦行法，至心奉行，心無退轉。無量世中，以灰塗身，唯食胡麻、小豆、粳米、粟米、禾等，日各一粒；荊棘惡刺，椓木地石，以爲臥具；牛屎牛尿，以爲病藥。盛夏之月，五熱炙身；孟冬之節，凍冰儭體。或受草食、根食、莖食、葉食、果食、土食、風食；作如是等諸苦行時，自身他身俱無利益。雖爾，猶故心無退轉，出勝一切外道苦行。」】

講記　善生菩薩問：「眞實義菩薩們，是如何證實自己確實是實義菩薩？而不是假名的菩薩？」　佛陀開示說：大菩薩在修苦行時，都要告誡自己的心，如何告誡呢？　佛就說他自己所經歷過的：「我釋迦牟尼佛想起以前無量世行菩薩道時，一直沒有機會聽聞到佛法，所以只能先跟隨外道而信受、修行苦行的法，並且至心奉行，心不退轉。我在無量世中，有時以灰塗身……」，你們有時會看到電視新聞報導印度的苦行者，皮膚很黑而且塗了白灰，他們拿草木燒過以後塗在身上。塗灰外道出現的因緣，在《阿含》經典中有說過。塗灰外道是怎麼出現的，我們現在暫時不說它。「我無量世中以灰塗身，每日只吃胡麻一粒、小豆一粒、粳米一粒、粟米一粒、稻子一粒，這樣過著苦行不貪的生活；夜晚要睡在荊棘惡刺上面，睡在椽木地石上……」椽木就是很硬的木頭，或是睡在土地石頭上面，與古時的勾踐臥薪嚐膽一樣，不過勾踐是爲了報仇，不是爲了成佛。世尊在因地行菩薩道時因爲沒有佛法可學，只能從跟隨外道修苦行來開始；萬一生病了，沒有藥物可用，只能以牛屎牛尿來治病；就像現在有人用尿療法治病，尿中有蛋白酶等物質可以治病；猶如中藥裡面有人中黃，修苦行時只能用這二種物質來當藥，如果治不好而病死了，那就下輩子再來。

在盛夏之月，實在很熱，卻還要五熱炙身，來烤自己的身體，讓自己去受苦，期望因此而消掉業障。正在季冬時節（譬如季夏是最熱的時候，稱爲三伏天；這是夏天最熱的時候，稱爲季夏；季冬則是凍到最完整的時候，是最冷時），反而要用凍冰來襯在身體下面，故意受冷凍之苦，這是盲修苦行。外道爲何要這種苦行？因爲他們有一個觀念，認爲人生來就是有罪的，受苦就可以抵消罪業。但是受苦其實不能消罪的，消罪的方法是要把原來造的惡業加以對治彌補，罪業才能消除。不針對原來所造的惡業去對治，而另外去受無量的苦，都是白受苦惱，都是白癡。可是外道們不懂，以爲把身體拿來受苦就可以贖罪，這就是外道苦行。「**我釋迦牟尼無量世以來，有時受外道戒，有時受草食戒……**」，草食戒是這一世只能吃草，「**有時受根食戒，有時受莖食、菜食、果食、土食、風食等戒。我在往世修這種苦行時，對自己及眾生都沒有利益可言，但我仍然因爲想要修學佛法的緣故，所以心無退轉，仍然勝過一切外道的苦行。**」這是因爲欲求成佛而利樂眾生的目的而修的，所以仍然勝過外道所修的種種苦行。

【「善男子！我於往昔爲四事故，捨棄身命：一者爲破眾生諸煩惱故、二者爲令眾生受安樂故、三者爲自除壞貪著身故、四者爲報父母生養恩故；菩薩若能不惜身命，即自定知是義菩薩。」】

講記　佛又開示說：我於往昔無量世中為了四件事情能夠成功，所以對自己的色身生命都願意捨棄；第一件事是想要破壞眾生的種種煩惱，第二件事情是想要讓眾生獲得安樂，第三件事情是想要自己滅除自己對色身的貪著，第四件事情是為了回報父母生養我的大恩德，所以我願意為這四件事情來捨棄身命，因此而修苦行。如果身為菩薩，為完成這四件事情，為佛法的修證，能夠不惜身命，就可以確定自己是眞實義的菩薩，而不是假名菩薩。

【「善男子！我於往昔為正法故，剜身為燈三千六百；我於爾時，具足煩惱，身實覺痛；為諸眾生得度脫故，諭心令堅、不生退轉。爾時即得具足三事：一者畢竟無有退轉、二者得為實義菩薩、三者名為不可思議；是名菩薩不可思議。」】

講記　佛開示說：「我在往昔無量世中，為了修證正法的緣故，可以在身上挖洞，總共挖了三千六百個小洞」，因為身體有脂肪，把燈心插進去點了來供佛，以供佛的大功德來獲得見道及成佛所須的福德資糧；這是捨內財，是福德的修集中最大、最快的辦法；「剜身爲燈三千六百時，我仍是凡夫之身，所以具足煩惱，而且身體也確實很痛；可是爲了想讓眾生都得度脫的緣故，我就不斷勸諭自己，讓自己的心能夠堅定下來而不退轉」，成佛之後身體有沒痛覺呢？有人說會痛！錯了！亦痛亦不痛。爲什麼是亦痛亦不痛呢？且聽下回分解。

釋迦牟尼佛往昔行菩薩道時，爲了求得正法所以供佛：在身上鑽洞插燈心，總共插了三千六百個，點起火來，以光明供佛。受聲聞戒而燒戒疤，與這種點燈來比就不算什麼了。「那時的我是煩惱都還沒有斷的凡夫，所以實際上是很痛的；但是爲了想要求得正法，將來可以度脫眾生，就勸慰自己、諭令自己，應當堅固其心，不生退轉。我因此就具足了三件事：第一、畢竟不退轉。」想想看：身上可以戳三千六百個洞，一一插燈心，點了火而以光明來供佛，以這種勇猛心來求法，當然不會退轉。世間的苦，再苦也苦不過這個，因此得到的第一件功德就是無有退轉。在證得如來藏以後，痛時也可以說不痛，是因爲轉依如來藏的緣故，所以身體很痛時，痛到呲牙咧嘴了，還說不痛；因爲如來藏離六塵見聞覺知，所以不痛；因爲識蘊覺知心不離六塵見聞覺知，所以很痛，所以說亦痛亦不痛。「第二，因此可以成爲眞實義菩薩，遠離假名菩薩的境界。第三件事情是因爲不可思議的大心而證得不可思議的境界，成爲不可思議菩薩。由於能發大心而爲眾生，自己剜身爲燈三千六百點燈，對佛表示無上的崇敬，所以獲得這三件功德而成爲不可思議菩薩。」

常常有人打妄想，誤認爲開悟了應該就不會痛，也不會餓，也不會高興的笑起來，也不會氣得哭了，也有人說：「開悟了就應該有天眼通、天耳通、他心通，那你平實居士悟了，爲什麼不知道我心中在想什麼？」這種現象在這兩、三年的台灣是比較少了，可是在大陸還是很多，有很多人想：「哪一天能去台灣見見蕭平實，求他幫我悟了，就可以有神通，以後挨打也不會痛了。」但這是錯誤的想法，因爲證悟所得到的是般若智慧，是證得生命的眞實相、法界的眞實相、萬法的根源、無餘涅槃中的本際；因爲證悟而了知法界的本體，因此而發起智慧，這與身體的痛或不痛都不相干。

證悟也跟神通的發起不一定有關，但也不一定無關。假使過去世修過神通成功，但是因爲接下來的二、三世被污染了，神通就被遮覆了；但是這種修過神通的人在後世證悟以後的三、五年中，心又漸漸清淨下來，神通就會自然再度發起，這是因爲智慧而使得心清淨了，就重新發起了，所以一半是屬於報得，是因爲證悟而使心地清淨的悟道功德而激發上一世修得的神通。但不是每一個人都這樣，假使往世數世以來都不曾修神通，此世悟了以後就不會發起神通。如果每個人都在悟後就會發起神通的話，阿含部的許多經典顯然都要重寫了，因爲很多阿羅漢悟了二乘菩提以後仍然沒有神通；大乘法中也有許多菩薩證悟般若智慧，但也沒有神通。所以很多人誤會了，證悟是悟法界的實相，可是身體的痛癢冷熱是屬於阿賴耶識本有的法，屬於祂的種子、界、功能差別，這個法是無漏有爲法，是永遠都不可滅的，乃至修到佛地也不可滅、不應滅。所以 世尊當年被木槍刺足，當時也沒有止痛劑，也沒有像現在可以手術房開刀，正當很痛時該怎麼辦？就進入四禪中，離五塵境界就沒有痛覺了！但是清清楚楚的住在定境裡面。

不過入了四禪有個現象，就是息脈俱斷，阿闍世王因此就誤以爲 世尊昏迷了，可能會捨他而去，心中很驚慌，其實只是入了四禪中而離開痛覺。所以痛這個法是不應該滅除的，如果被人家殺了一刀也沒有感覺痛，等到臨死時才檢查自己爲何快死了，才知道曾經被殺了好幾刀而失血過多了，那時想救都來不及了。請問：你要不要失去這個痛覺？（大眾回答：不要！）寧可繼續保持痛覺才對啊！痛覺是有情眾生自我保護的方法，也是欲界法界中的一種本能，這是屬於無漏的有爲法，它跟善惡性無關。由於有這個痛覺，你才能有樂觸，你才能有不苦不樂受；有了不苦不樂的捨受，修定才能成功，否則修定一定不能成功；修定是依不苦不樂受中的覺受去層層轉進的；如果沒有苦樂觸覺，你就沒有捨受的感覺，就無法修定成功。而痛其實就是觸覺，觸覺則有很多種，都含攝在痛中，所以阿含說的痛，有時是講受覺、觸覺，所以有時十二因緣裡面的痛字是在說受或觸。所以不是開悟以後就不痛了，還是照樣痛。

但是證悟的人有時候卻會這樣告訴你：「我根本不痛。」就算你拿了棍子敲他幾記，他痛得哇哇叫時，你問他：「痛不痛？」他還是跟你說：「不痛！」因爲這時有會痛的，也有不痛的。若依五蘊就說會痛，若已轉依如來藏離六塵中的見聞覺知，就說不痛，所以他怎麼講都對。你今天問他：「痛不痛？」他說：「不痛！」明天再問他：「痛不痛？」他說：「**痛死了！**」你說：「**你自相顛倒！**」他說：「**我不顛倒，是你顛倒！**」沒有悟以前怎麼說都錯，悟了亂講一氣也對，因爲隨他怎麼講都可以：說不痛，是轉依了如來藏，當然不痛，祂離六塵中的見聞覺知，哪裡有痛？祂的了別不在六塵中，哪裡會痛？

明年另外一個人問：「**打你一棒，痛不痛？**」「**痛！**」「**你去年不是講不痛？**」「**對啊！去年是講如來藏，今年對你講五蘊。**」「**那爲什麼跟我講五蘊？**」「**因爲你沒有悟，所以爲你講五蘊。**（大眾都笑）你若是悟了，**我就不跟你講五蘊！**」這個痛，就好比經中有時說：「**佛無生臟、熟臟。**」諸佛自性法身、莊嚴報身哪裡需要吃飯？但這是從理上講的，不是在事相上講的。你也許問：「**你要不要吃飯？**」我說：「**我剛才吃過三碗飯，可是並沒有吃到一顆飯。**」但是應身佛在人間照樣要托缽，照樣要吃喝拉撒，不然阿含經裡面怎麼會記載說，佛叫阿難尊者去河中裝一鉢水來喝？這不是喝了水嗎？所以人間的應身佛照樣有生臟、熟臟，但是在色界天示現的莊嚴報身佛，可都沒有生臟、熟臟，還需要吃什麼東西呢？所以讀經文時，最忌諱的是依文解義，一定要依照經文前後段所講的意思來判定；如果講的是法身，當然就沒有痛覺，當然不吃飯；如果講的是七轉識、五蘊，那就一定有時候有食，有時候無食，要看是依哪個層次說的。也許你說：「到處有食，三界內誰沒有食？」到了色界天，還要以禪悅爲食，但那是觸食、意思食，同時也是識食；到了無色界，照樣逃不掉兩種食，只是不吃摶食、沒有觸食而已。所以講經時不可依文解義，要照眞實義來說。

這一段經文講的是：爲正法故，怎樣的犧牲都可以，這樣才是眞實義的菩薩；如果不能做到這一點，稍微有一點苦就受不了，就退轉了，那就是假名菩薩。如果更懈怠一點：「今天天氣這麼熱，我不要去聽經。」下一週遇到刮狂風，要撐洋傘時很不方便，也不想去聽經。好不容易到了冬天，來上了幾趟課，過幾天寒流來了，又不想出門了！這種人就是假名菩薩，他不是實義菩薩，不可能得到不可思議法。

世見了你當然要找機會罵你；你沒有激烈的回應，心平氣和歡喜的接受了，你過去世惡罵他的業種就消了。如果心裡面忿恨不平，後來又輾轉傳到他那邊去說：「某甲被你罵了以後還繼續在誹謗你。」業種就消不了了，那個罵是白挨了。所以被罵時要虛心檢討，有過則改；罵完時要歡喜接受；我若無過，那他是罵別人不是罵我，與我無關，那就沒事了。這樣，你沒有生氣，他罵得歡喜，對你的恨就不見了，他心中的仇恨種子消了，就表示你的業種消了，你跟他之間的往世惡業就了結了。所以消業還得看情形，不是說被罵一定能消業。那麼外道常常會這樣子講，說你受了苦，業就可以消了。那是邪見，只有一種受苦可以消業，就是冤家對頭來了，他來害你受苦，當害你受苦時他很高興，你過去世對他造的惡業種子就消掉了，只有這個情形才能消業。如果是另一個人生性喜歡虐待人，你過去世跟他無怨無仇，那你去讓他欺負欺負，業就可以消除了嗎？其實法界中沒這回事！這樣做只是在幫他造業而已。所以業果很難詳細瞭解，只有佛地才能具足了知。外道不瞭解這個道理，就說受苦就可以消業；在沒有佛法的時代，初學佛那幾千劫、幾萬劫，或者幾百萬劫，遇到外道都是正常的事，到處都有外道教你去自苦，譬如身上挖洞撒鹽，說是愈苦業消得愈多，業消得愈多就愈容易成佛。當時往往就信了，因爲到處都沒有佛法，大家都還在摸索中。若不是有很多苦行外道，經中就不會說到束髮外道、常立外道、常坐外道、常臥外道、塗灰外道、五炙熱身外道、食自落果外道……等等。

怎會有那麼多外道呢？都是因爲邪見。在沒有佛的時節中，爲了求佛法，遇到外道邪見而又無智慧分辨清楚，也就只好接受實行身上的苦行了！當時 釋迦菩薩周身左右受千瘡之苦，當時也仍然是具足一切的煩惱，所以身體實在是很苦；可是爲了求正法，想要用正法來度脫眾生，因此就勸諭自己的心志一定要堅固、不可退轉。在凡夫位的菩薩卻能如此做到，就是菩薩的不可思議。不斷受苦而又不退失，這種不可思議的凡夫菩薩，現在仍然很多；你們看慈濟功德會的會員們，一天到晚爬山涉水去做苦工，他們做得很歡喜；有的人已經做了十幾年、二十幾年還在歡喜的做，也眞的不容易！他們多數人會不會退呢？不會退的！雖然一直得不到正法，他們還是繼續做，這就是不可思議菩薩。那你說他們有正法怎麼不來學？爲什麼不學正法還可以叫作不可思議？那要請你體諒他們，因爲他們的緣還沒有熟，新學菩薩都要經歷這個過程；我們大家過去世也都經歷完這個過程，不斷的布施。我這一世破參前，因爲胎昧的關係，所以我也花了很多錢在一個道場布施護持，也花了許多時間去作義工；但是你的緣熟了，就會想：「**學佛難道只有這樣嗎？這樣行善就可以成佛嗎？**」你就會想：「**我應該開始追求一個眞正可以見道的正法，讓我可以親證佛菩提道。**」仍然不捨布施行，但是卻要去追求正法，那就表示他把新學菩薩所應做的事情做完了，即將進入久學菩薩位了。但是在凡夫位不斷的利益有情而不退轉，確實是不可思議的。所以對那些慈濟功德會的委員、會員等等，我還是滿心讚歎！因爲這是每一個人在三大無量數劫中，都必須要經過的早期過程，然後才會想要尋求見道。

譬如往昔 釋迦牟尼佛在因地時，曾經爲了救一隻鴿子，以他貴爲國王之身，卻願意捨身來救那隻鴿子，通過了那時的釋提桓因對他的考驗，學佛就沒有遮障了；因爲釋提桓因驚懼說：「**這位人間的國王爲什**

麼一直在布施修福？是不是想死後要來搶我忉利天天主的寶座？」所以故意去考驗他，但是菩薩對諸天天主的寶座沒有一絲一毫的欣樂，更別說人間的國王、總統，連天主的寶座都不接受。他當時能這樣做，可是卻仍在凡夫位中；因此當他的身肉被一片一片割下來秤時，其實是痛得不得了，可是偏偏怎麼秤，越來越多的身肉總是不及那隻鴿子的重量，那他還是願意繼續被割，割到死而救那隻鴿子的命。這就是說，色身雖然覺得很苦，但是爲了希望累積大福德、求得正法而能度脫眾生，所以不斷的勸諭自己的心更加的堅固，才不會退轉。可是在因位那個年代所修的其實都跟佛法無關，因爲無法見道；但是從另一個方向來說就有關了，因爲私心、性障已被除掉了！菩薩性已被發起了！如果後來有緣遇到正法之師，就可以證悟，所以又說是有關的。如果一直都沒有遇到正法之師，這就只是累積福德了。

菩薩在因位爲眾生而修種種苦行，都是在凡夫位時所修的，不會是在證悟之後；證悟之後——特別是見性之後——身心、世界如幻，什麼都會覺得不重要了，只有道業才是最重要的。但是在凡夫位、外道法中能這麼做，那是非常的難能可貴。在遠古人間還沒有佛法弘揚的時代，只有傳說的成佛之道，並無實修的法門與理論。成佛之道的傳說，是從過去的仙人一世一世傳下來的；有時也會有天人特地來人間向有神通的人說，漸漸的傳揚開來。在 釋迦牟尼佛降生之前幾千年中，就一直有著如來的傳說，但是沒有人能證得如來境界；所以如來這個名詞，不是佛在人間出現以後才有的，是在 佛出現人間之前二、三千年的印度就有了。我們不可因為如來這個名詞是古印度的傳說——外道一直傳說有如來——就說如來這個名詞是外道法。外道傳說的如來是正確的，只是外道們無法證得而已；可是印順法師不懂道理，他說「如來」本來是外道法，後來的大乘佛教把它借來用。他的意思是：並沒有常住不滅的如來法性存在，若有人主張常住的如來——譬如常住的法身如來藏——那就是外道神我的邪見。這眞是顚倒！他認為：只有後來的大乘經中才說「如來不磨滅」，原始佛法中沒有說如來常住不滅，所以如來常住的說法是外道法。就一直否定大乘佛教中心思想的如來藏，否定大乘佛教實證中心的如來藏妙義，所以說他眞的不懂佛法。世尊以自己例子說，凡夫位時，在外道法中修種種的苦行，身受種種苦而心不退轉，這就是菩薩不可思議。

【「善男子！一切惡友諸煩惱業，即是菩薩道莊嚴伴。何以故？一切凡夫無有智慧正念之心，故以煩惱而爲怨敵。菩薩智慧正念具足，故以煩惱而爲道伴，惡友及業亦復如是。善男子！捨離煩惱，終不得受惡有之身，是故菩薩雖現惡業，實非身口意惡所作，是誓願力；以是願力受惡獸身，爲欲調伏彼畜生故；菩薩現受畜生身已，善知人語、法語、實語、不麤惡語、不無義語。心常憐愍修集慈悲，無有放逸，是名菩薩不可思議。」】

講記　一切惡友及諸煩惱業，都是菩薩們在修學佛道過程的莊嚴助伴，正是逆增上緣：一切惡友是你的道莊嚴伴，所以遇到惡友時還得在心中感謝他。因爲他，所以有機會讓你修忍辱行，也促使你更努力進修而加速你道業的成就，所以惡友是你的道莊嚴伴。諸位想想看：從我們出來弘法以來，十三年了，每遇到一件事故，我就有更妙的法爲你們寫出來。第一次他們拿月溪法師的東西來否定我們正法，我們就講了《批月集》，後來出版時改名《正法眼藏—護法集》，當初即將開講時，有好多人反對。我說：「這裡面有很多妙法是你們從來都不知道的，你們都不想聽嗎？」當時他們不太相信：「明心見性就了結了，還要再學什麼法？」沒想到一開始講，一念無明、無始無明、心不相應無明住地、上煩惱、起煩惱……等講下來了，他們說：「原來悟後還有這麼多我們不懂的法。」我說：「對啊！明心、見性只是見道而已啊！」最後才歡喜接受。

第二次法難時，我們寫了《平實書箋》；這次已是第三次了，我寫了《八九識並存的過失》，把古來一直爭論不休的六、七、八、九、十識的諍議，明確的界定了：最多只有八個識，也不能少於八識。以後誰都別再講第九識、第十識，我以一天兩夜時間寫出那篇《八九識並存的過失》，當代大師應該沒有人會寫這麼快。我又以三個半月時間寫完《燈影》，諸位不都從其中又學到很多法義了嗎？所以，這些惡友是不是你們的道莊嚴伴？還眞的是欸！只可惜他們不懂得這都是「自我犧牲而成就佛教大業」的道理，還當作自己眞的壞法，所以都不懂得迅速回到正法中來，功德就不存在了！眞的很冤枉，眞是可惜！卻又繼續在否定第八識眞如的阿賴耶識心體，仍然妄謗爲生滅法。以往我們在《成唯識論》課程中早就講過：「眞如亦是假名施設，眞如只是識之實性。」這些法義以前我都詳細講過，眞見道與相見道也都講過了！也已詳細的說明：眞見道只是根本智，相見道是更勝妙的後得智。可是他們當時聽我講解時沒有生起勝解，所以念心所沒有成就，早就忘記了！上個月還在抱怨我：「蕭老師以前都不爲我們講解『眞如是識之實性』。」我說：「他們不該怪我啊！我早就講過了，只是他們當時沒聽懂而記不住！而且有錄音帶爲證。不信！你看他們自己書裡面都引述《成唯識論》文句而寫出了『眞如是識之實性』一句，還說我沒有講。」

但我們不怪他們，只是說他們的智慧不夠，死要面子，不懂得這種逆增上緣的護法作略，誤以爲自己眞的誤謗正法了，顏面無光就不可能回到正法中來，那就是自己的損失啦！這樣的犧牲眞沒價值。如果能夠回心轉意復歸正法中，那就有價値了，因爲他們成爲諸位的道莊嚴伴了：經過第三次他們的否定，我們寫出《眞假開悟》等書，佛教界相信正覺所悟的眞實，反而對未來的正法弘揚更有信心了；以前認爲證悟是不可能的，以爲正覺同修會的開悟有可能會像現代禪一樣是假的，不該對開悟的事情打妄想。但現在第三次再考驗下來，就很清楚了！

第三次法難剛開始時，佛教界的作法是「屛息靜氣、觀察以待」，大家都在等著看結果會怎樣？因爲聽說這是蕭平實的四五位左右手反咬一口、腋下生變：「**來這一下子，不死也去掉半條命！**」大家都等著看好戲啊！可是大家也不敢跟著楊榮燦先生等人開罵，大家都做旁觀者。其實經過他們這次大幹一場也好，反而使佛教界對證悟更有信心了；而且現在有些人私下更有信心：在當今佛教正法中想要修到初地是有可能的。除了繼續迷信印順的法師們，有很多小法師們改變了；以前他們會跟著大法師們人云亦云，現在則改口說：「**我們不要亂講話，萬一正覺的證悟是眞的，我們誹謗了以後就很麻煩了！**」變聰明了！這倒也是全體佛弟子共同的大收穫；看起來，佛教正法弘傳的未來，是比以前更光明了。

這就是說，惡友往往是你的道莊嚴伴；將來如果發願要在五濁惡世人壽百歲時成佛，當你成佛時很可能也會有一個提婆達多，你要有心理準備，然而他是你的道莊嚴伴。如果是 彌勒菩薩來成佛時，不會有提婆達多的，反而有天魔蠰佉來護持正法：每次 彌勒尊佛要入城托缽時，他在前夜就把全城都先平整道路，灑了香水。 彌勒尊佛準備開始說法時，他就預先呼喚大家來聽法；那是人壽八萬歲時，天魔也變乖了，人們也不會謗法、破法了！因爲八萬歲生活下來以後，什麼教訓都學過了；人會犯錯謗法，都是因爲教訓學得還不夠。所以在五濁惡世的人壽百歲時成佛，都要有心理準備：每一尊佛都有一個提婆達多跟著，但他卻是道莊嚴伴。

此外，你自己的煩惱也是道莊嚴伴。爲什麼菩薩到七地入地心還不捨棄思惑？初地滿心已經可以把最後一分思惑斷盡，爲什麼他故意不斷？一直留著？因爲：若沒有煩惱而入涅槃，初地滿心到六地滿心的六種無生法忍的現觀都無法證得，這些現觀的因緣都是從自己與眾生的煩惱中出現的，猶如鏡像、猶如光影都是從煩惱中整理出來的現觀境界啊！因爲一個煩惱使你產生一個問號？由這個問號去探究，你有了道種智就有能力去探究它爲什麼會這樣，探究完成時才會知道這原來是某一種現觀；剛出現疑問時跟現觀智慧看起來是兩回事，好像無關。所以每一個疑惑都不可以輕易放過，這些疑惑都是在煩惱之中出現的（只有十住位見性所得的身心世界如幻觀，是因眼見佛性而出現的，其他的都在煩惱中出現），所以煩惱是菩薩的道莊嚴伴。如果你把思惑斷了，你根本不想理會眾生，也不會與眾生往來，就不可能有那些煩惱作因緣，無法證得六種現觀，所以煩惱是菩提的道莊嚴伴。

《維摩詰經》不也這麼說嗎：煩惱淤泥中出生蓮花。菩薩的道業就是在眾生的煩惱淤泥中完成的，如果不是卑濕淤泥，還長不出蓮花呢！所以煩惱存在並沒有關係，但是我們應該於煩惱得自在，不要讓煩惱於我們得自在——我們要能夠掌控煩惱——這樣你就成功了。菩薩的最後一分思惑就這樣一直留著，到七地滿心時才斷盡，可以作爲六地滿心前的六種現觀修證因緣，所以煩惱是菩薩道的莊嚴伴。「煩惱業」是道莊嚴伴，爲什麼要加個業字？因爲光有煩惱而沒有業，不能成就初地到六地滿心的現觀，這些現觀都是業的因緣（在眾生的各種身口意業上才能使你發起），所以說煩惱業是道莊嚴伴。

可別說：「**我每天必須禮佛，眞煩惱；每天還要去講堂服務大眾，後天還要去爲眾生做事，大後天又要去某某山做義工。**」其實我們講堂的工作算是很少的，如果因此而起煩惱的話，那你可就錯了！菩薩的道業就是要在這些身口業裡面才會有因緣出現。當你的智慧到達某一個層次，福德也到達那個層次了，一個無足輕重的煩惱業出現時，你就會去探究，你絕對想不到那麼稀鬆平常的小煩惱卻會成爲引發現觀智慧的因緣；所以有煩惱業時，不要被煩惱業所轉，要能利用煩惱。甚至於證得現觀時說：「**還好你有去享受那個煩惱，不然就無法證得。**」

爲什麼諸惡友、諸煩惱業是菩薩的道莊嚴伴呢？這裡說一切凡夫都是沒有智慧、沒有正念之心，可是有的人聽了不服氣：「**哪兒有？我很有智慧啊！我要是沒有智慧，如何能白手起家，建立這麼一大片事業王國？**」但是這裡講的不是世間智慧，而是三乘菩提的智慧。眾生正因爲沒有菩提智慧，所以沒有正念之心，因此就以煩惱爲怨敵；有煩惱出現時就氣憤不平，或者恆生惡念，以煩惱為怨敵。可是菩薩不同，智慧與正念具足，因此能以煩惱作為道件。惡友也一樣是道伴，過去世所造的惡業現行了，也一樣把它當作助道之伴；沒智慧的人就想要捨離煩惱，捨離煩惱就是二乘人；阿羅漢都是捨離煩惱的，所以就永遠不可能發願再度接受眾生之身，捨離思惑煩惱的人連善有之身都不想接受，何況接受惡有之身？「三界有」中有那些是善有？欲界天、色界天是三界的善有，無色界天則無所謂善或不善，因為住在定中都是無記性的。菩薩連善有都不願意接受了，更何況是人間這個惡有、五蘊有？所以當然是靠著大願與大悲心，才會再來接受人間的惡有。

人間的五蘊有都是要有痛苦才能得到快樂，譬如人們認為最快樂的就是當總統，可是當總統不好幹，半年競選下來聲音沙啞、腳也腫了、手也握痛、握腫了，加上渾身的酸痛，光說當選之前就痛苦死了；可是當上之後就快樂嗎？不然！今天這家報紙罵，明天那家報紙罵，顯然不是快樂的！這就叫作惡有。可是這種惡有還是有許多人努力在追求呢！世間人總是如此的。你說：「我送一億美金給你，請蕭老師出來競選總統。」我才不願意呢！當你證悟了以後，跟世間人談一些世間事，總是覺得沒意義；若是斷盡思惑煩惱，又斷盡了七地前所有的上煩惱，那更不可能再來人間接受人身，道業就不容易成就。如果有了道種智而生到天界去，諸天天主見了你都得跟你頂禮，那你還有什麼慈忍、悲忍可修呢？全部都是順境時，諸地滿心現觀的引發因緣就不會出現了，那要怎麼修成諸地滿心的現觀智慧？可是人間眾生的根性低劣，當你講出層次很高的法義時，眾生層次差太多時就不能接受，往往咒罵起來；但是因此就可以增長你的道業，因為你的逆增上緣很多，引發現觀智慧的因緣就會很多。

假使生到天界去，諸天天主都會很恭敬你，沒有人敢誹謗你；因為在天界都是看光色的，若是你的光特別強、特別漂亮、特別莊嚴，沒有純藍光、純綠光、純紅光，而是金、白色光芒中夾雜種種妙色光的莊嚴相，大家自然心知肚明：此人福德與智慧都高。諸天天主看你如此，還不禮拜恭敬嗎？但你如果生在人間，就算你放射出萬丈光芒，也沒有人認得你，因為眾生多是沒有天眼而看不見的。外面常有人自稱有天眼，我告訴你，一百個號稱有天眼的人最多只有一、二個，其他都是假的，是籠罩人的；剩下的一、二個有天眼的人，又因爲慢心及沒有智慧，也一樣瞧不起你，所以你在人間是不會被眾生恭敬的；因此而會有許多的逆境，所以引發諸地現觀的種種因緣可就多了！菩薩發起大願來人間受惡有時，也有可能會示現惡業，譬如未到三地滿心時仍有胎昧，入胎後忘了前世的證量，心性正直，看不慣眾生亂欺負人，路見不平就會因瞋而造惡。但是破參以後想法開始改變：「哎！這種打抱不平的事情已經不適合我來做啦！」所以菩薩有時會示現惡業，也是正常的事。其實，菩薩因胎昧的緣故而造惡業，也是因爲誓願力而來的：所造惡業的身口意業本身固然不是誓願力，但今天他會有這種身口意上的惡業，都爲了幫助眾生而故意留著一分思惑不斷，轉生來到這一世才會打抱不平而造惡業，所以說他的身口意惡業，廣義的說，也屬於誓願力，是故意留惑潤生再來而衍生的。

乃至有時菩薩還以誓願力來受惡獸身，譬如有時示現爲獅王，因爲可能有一頭獅子世世不斷的妄造惡業：不是因爲肚子餓，只是好殺而常常濫殺無辜，其餘眾生都沒辦法，可是那隻好殺的獅子前世與菩薩曾有因緣，所以就來當獅王教訓牠，教牠改變不良心行。菩薩是爲了要調伏有緣的畜生，所以示現受惡獸身，但這也是以願力來受畜生身的。菩薩在這種情形下，通常是已修得神通，而且善知人類語言及說法時該用的語言，而且說如實語，不說粗惡語，也遠離無義語，不犯口四業。菩薩以大悲誓願力而受惡獸身時，仍然心常憐愍，修集慈悲，而且自身都不放逸，這也是菩薩種種不可思議中的一種。假使有人說：「你有修得神通了，你去受惡獸身，度那些畜生類好不好？」一般人一定說不好。他們想：「我有神通了，我應當在人類中出生，世俗人都會當我是聖人來崇拜我。」沒有人願意再去當惡獸，只有菩薩才願意，所以說不可思議。

（詳續第三輯中分解）

佛菩提二主要道次第概要表——二道並修，以外無別佛法

佛菩提道——大菩提道

遠波羅蜜多

十信位修集信心——一劫乃至一萬劫

資糧位

初住位修集布施功德（以財施爲主）。
二住位修集持戒功德。
三住位修集忍辱功德。
四住位修集精進功德。
五住位修集禪定功德。
六住位修集般若功德（熏習般若中觀及斷我見，加行位也）。

外門廣修六度萬行

七住位明心般若正觀現前，親證本來自性清淨涅槃。
八住位起於一切法現觀般若中道。漸除性障。
十住位眼見佛性，世界如幻觀成就。

一至十行位，於廣行六度萬行中，依般若中道慧，現觀陰處界猶如陽焰，至第十行滿心位，陽焰觀成就。

一至十迴向位熏習一切種智；修除性障，唯留最後一分思惑不斷。第十迴向滿心位成就菩薩道如夢觀。

內門廣修六度萬行

見道位

初地：第十迴向位滿心時，成就道種智一分（八識心王一一親證後，領受五法、三自性、七種第一義、七種性自性、二種無我法）復由勇發十無盡願，成通達位菩薩。復又永伏性障而不具斷，能證慧解脫而不取證，由大願故留惑潤生。此地主修法施波羅蜜多及百法明門。證「猶如鏡像」現觀，故滿初地心。

二地：初地功德滿足以後，再成就道種智一分而入二地；主修戒波羅蜜多及一切種智。滿心位成就「猶如光影」現觀，戒行自然清淨。

解脫道：二乘菩提

斷三縛結，成初果解脫 → 薄貪瞋癡，成二果解脫 → 斷五下分結，成三果解脫

入地前的四加行令煩惱障現行悉斷，成四果解脫，留惑潤生。分段生死已斷，煩惱障習氣種子開始斷除，兼斷無始無明上煩惱。

圓滿成就究竟佛果

近波羅蜜多

修道位

三地：二地滿心再證道種智一分，故入三地。此地主修忍波羅蜜多及四禪八定、四無量心、五神通。能成就俱解脫果而不取證，留惑潤生。滿心位成就「猶如谷響」現觀及無漏妙定意生身。

四地：由三地再證道種智一分故入四地。主修精進波羅蜜多，於此土及他方世界廣度有緣，無有疲倦。進修一切種智，滿心位成就「如水中月」現觀。

五地：由四地再證道種智一分故入五地。主修禪定波羅蜜多及一切種智，斷除下乘涅槃貪。滿心位成就「變化所成」現觀。

六地：由五地再證道種智一分故入六地。此地主修般若波羅蜜多——依道種智現觀十二因緣一一有支及意生身化身，皆自心眞如變化所現，「非有似有」，成就細相觀，不由加行而自然證得滅盡定，成俱解脫大乘無學。

七地：由六地「非有似有」現觀，再證道種智一分故入七地。此地主修一切種智及方便波羅蜜多，由重觀十二有支一一支中之流轉門及還滅門一切細相，成就方便善巧，念念隨入滅盡定。滿心位證得「如犍闥婆城」現觀。

七地滿心斷除故意保留之最後一分思惑時，煩惱障所攝色、受、想三陰有漏習氣種子全部斷盡。

大波羅蜜多

八地：由七地極細相觀成就故再證道種智一分而入八地。此地主修一切種智及願波羅蜜多。至滿心位純無相觀任運恆起，故於相土自在，滿心位復證「如實覺知諸法相意生身」故。

九地：由八地再證道種智一分故入九地。主修力波羅蜜多及一切種智，成就四無礙，滿心位證得「種類俱生無行作意生身」。

十地：由九地再證道種智一分故入此地。此地主修一切種智——智波羅蜜多。滿心位起大法智雲，及現起大法智雲所含藏種種功德，成受職菩薩。

等覺：由十地道種智成就故入此地。此地應修一切種智，圓滿等覺地無生法忍；於百劫中修集極廣大福德，以之圓滿三十二大人相及無量隨形好。

煩惱障所攝行、識二陰無漏習氣種子任運漸斷，所知障所攝上煩惱任運漸斷。

圓滿波羅蜜多

究竟位

妙覺：示現受生人間已斷盡煩惱障一切習氣種子，並斷盡所知障一切隨眠，永斷變易生死無明，成就大般涅槃，四智圓明。人間捨壽後，報身常住色究竟天利樂十方地上菩薩；以諸化身利樂有情，永無盡期，成就究竟佛道。

斷盡變易生死成就大般涅槃

佛子蕭平實 謹製
（二〇〇九、〇二 修訂）
（二〇一二、〇二 增補）

佛教正覺同修會〈修學佛道次第表〉

第一階段
* 以憶佛及拜佛方式修習動中定力。
* 學第一義佛法及禪法知見。
* 無相拜佛功夫成就。
* 具備一念相續功夫—動靜中皆能看話頭。
* 努力培植福德資糧，勤修三福淨業。

第二階段
* 參話頭，參公案。
* 開悟明心，一片悟境。
* 鍛鍊功夫求見佛性。
* 眼見佛性〈餘五根亦如是〉親見世界如幻，成就如幻觀。
* 學習禪門差別智。
* 深入第一義經典。
* 修除性障及隨分修學禪定。
* 修證十行位陽焰觀。

第三階段
* 學一切種智真實正理—楞伽經、解深密經、成唯識論…。
* 參究末後句。
* 解悟末後句。
* 透牢關—親自體驗所悟末後句境界，親見實相，無得無失。
* 救護一切眾生迴向正道。護持了義正法，修證十迴向位如夢觀。
* 發十無盡願，修習百法明門，親證猶如鏡像現觀。
* 修除五蓋，發起禪定。持一切善法戒。親證猶如光影現觀。
* 進修四禪八定、四無量心、五神通。進修大乘種智，求證猶如谷響現觀。

佛教正覺同修會 共修現況 及 招生公告 2020/05/03

一、共修現況：（請在共修時間來電，以免無人接聽。）

台北正覺講堂 103 台北市承德路三段 277 號九樓 捷運淡水線圓山站旁 Tel..**總機** 02-25957295（晚上）（**分機：九樓**辦公室 10、11；知客櫃檯 12、13。 **十樓**知客櫃檯 15、16；書局櫃檯 14。 **五樓**辦公室 18；知客櫃檯 19。**二樓**辦公室 20；知客櫃檯 21。）Fax..25954493

第一講堂 台北市承德路三段 277 號九樓

禪淨班：週一晚班、週三晚班、週四晚班、週五晚班、週六下午班、週六上午班（共修期間二年半，全程免費。皆須報名建立學籍後始可參加共修，欲報名者詳見本公告末頁。）

增上班：瑜伽師地論詳解：單週六晚班。雙週六晚班（重播班）。17.50～20.50。平實導師講解，2003 年 2 月開講至今，僅限已明心之會員參加。

禪門差別智：每月第一週日全天 平實導師主講（事冗暫停）。

不退轉法輪經詳解 本經所說妙法極爲甚深難解，時至末法，已然無有知者；而其甚深絕妙之法，流傳至今依舊多人可證，顯示佛法眞是義學而非玄談，其中甚深極妙令人拍案稱絕之第一義諦妙義。已於 2019 年元月底開講，由平實導師詳解。每逢週二晚上開講，第一至第六講堂都可同時聽聞，歡迎菩薩種性學人，攜眷共同參與此殊勝法會現場聞法，不限制聽講資格。本會學員憑上課證進入第一至第四講堂聽講，會外學人請以身分證件換證進入聽講（此爲大樓管理處安全管理規定之要求，敬請諒解）；第五及第六講堂（B1、B2）對外開放，不需出示任何證件，請由大樓側門直接進入。

第二講堂 台北市承德路三段 267 號十樓。

禪淨班：週一晚班。

進階班：週三晚班、週四晚班、週五晚班、週六早班、週六下午班。禪淨班結業後轉入共修。

不退轉法輪經詳解：平實導師講解。每週二 18.50~20.50 影像音聲即時傳輸

第三講堂 台北市承德路三段 277 號五樓。

禪淨班：週六下午班。

進階班：週一晚班、週三晚班、週四晚班、週五晚班。

不退轉法輪經詳解：平實導師講解。每週二 18.50~20.50 影像音聲即時傳輸

第四講堂 台北市承德路三段 267 號二樓。

進階班：週一晚班、週三晚班、週四晚班（禪淨班結業後轉入共修）。

不退轉法輪經詳解：平實導師講解。每週二 18.50~20.50 影像音聲即時傳輸

第五、第六講堂

念佛班　每週日晚上，第六講堂共修（B2），一切求生極樂世界的三寶弟子皆可參加，不限制共修資格。

進階班：週一晚班、週三晚班、週四晚班。

不退轉法輪經詳解：平實導師講解。每週二 18.50~20.50 影像音聲即時傳輸。第五、第六講堂爲開放式講堂，不需以身分證件換證即可進入聽講，台北市承德路三段 267 號地下一樓、地下二樓。每逢週二晚上講經時段開放給會外人士自由聽經，請由大樓側面梯階逕行進入聽講。**聽講者請尊重講者的着作權及肖像權，請勿錄音錄影，以免違法；若有錄音錄影被查獲者，將依法處理。**

正覺祖師堂　大溪區美華里信義路 650 巷坑底 5 之 6 號（台 3 號省道 34 公里處 妙法寺對面斜坡道進入）電話 03-3886110　傳眞 03-3881692 本堂供奉 克勤圓悟大師，專供會員每年四月、十月各三次精進禪三共修，兼作本會出家菩薩掛單常住之用。開放參訪日期請參見本會公告。教內共修團體或道場，得另申請其餘時間作團體參訪，務請事先與常住確定日期，以便安排常住菩薩接引導覽，亦免妨礙常住菩薩之日常作息及修行。

桃園正覺講堂（第一、第二講堂）：桃園市介壽路 286、288 號 10 樓（陽明運動公園對面）電話：03-3749363(請於共修時聯繫，或與台北聯繫)

禪淨班：週一晚班（1）、週一晚班（2）、週三晚班、週四晚班、週五晚班。

進階班：週四晚班、週五晚班、週六上午班。

增上班：雙週六晚班（增上重播班）。

不退轉法輪經詳解：平實導師講解。每週二晚上，以台北正覺講堂所錄 DVD 放映；歡迎會外學人共同聽講，不需出示身分證件。

新竹正覺講堂 新竹市東光路 55 號二樓之一　電話 03-5724297（晚上）

第一講堂：

禪淨班：週五晚班。

進階班：週三晚班、週四晚班、週六上午班（由禪淨班結業後轉入共修）。

增上班：單週六晚班。雙週六晚班（重播班）。

不退轉法輪經詳解：平實導師講解。每週二晚上，以台北正覺講堂所錄 DVD 放映。歡迎會外學人共同聽講，不需出示身分證件。

第二講堂：

禪淨班：週一晚班、週三晚班、週四晚班、週六上午班。

不退轉法輪經詳解：每週二晚上與第一講堂同步播放講經 DVD。

第三、第四講堂：裝修完畢，即將開放。

台中正覺講堂　04-23816090（晚上）

第一講堂　台中市南屯區五權西路二段 666 號 13 樓之四（國泰世華銀行樓上。鄰近縣市經第一高速公路前來者，由五權西路交流道可以快速到達，大樓旁有停車場，對面有素食館）。

禪淨班：週四晚班、週五晚班。

進階班：週一晚班、週三晚班、週六上午班（由禪淨班結業後轉入共修）。

增上班：單週六晚班。雙週六晚班（重播班）。

不退轉法輪經詳解：平實導師講解。每週二晚上，以台北正覺講堂所錄 DVD 放映。歡迎會外學人共同聽講，不需出示身分證件。

第二講堂　台中市南屯區五權西路二段 666 號 4 樓

禪淨班：週一晚班、週三晚班。

第三講堂台中市南屯區五權西路二段 666 號 4 樓

禪淨班：週一晚班。

第四講堂台中市南屯區五權西路二段 666 號 4 樓。

進階班：週一晚班、週四晚班、週六上午班（由禪淨班結業後轉入共修）。

不退轉法輪經詳解：每週二晚上與第一講堂同步播放講經 DVD。

嘉義正覺講堂　嘉義市友愛路 288 號八樓之一　電話：05-2318228

第一講堂：

禪淨班：週四晚班、週五晚班、週六上午班。

進階班：週一晚班、週三晚班（由禪淨班結業後轉入共修）。

增上班：單週六晚班。雙週六晚班（重播班）。

不退轉法輪經詳解：平實導師講解。每週二晚上，以台北正覺講堂所錄 DVD 放映。歡迎會外學人共同聽講，不需出示身分證件。

第二講堂　嘉義市友愛路 288 號八樓之二。

第三講堂　嘉義市友愛路 288 號四樓之七。

禪淨班：週一晚班、週三晚班。

台南正覺講堂

第一講堂　台南市西門路四段 15 號 4 樓。06-2820541（晚上）

禪淨班：週一晚班、週三晚班、週四晚班、週五晚班、週六下午班。

增上班：單週六晚班。雙週六晚班（重播班）。

第二講堂　台南市西門路四段 15 號 3 樓。

不退轉法輪經詳解：每週二晚上與第三講堂同步播放講經 DVD。

第三講堂　台南市西門路四段 15 號 3 樓。

進階班：週一晚班、週三晚班、週四晚班、週五晚班（由禪淨班結業後轉入共修）。

不退轉法輪經詳解：平實導師講解。每週二晚上，以台北正覺講堂所錄 DVD 放映。歡迎會外學人共同聽講，不需出示身分證件。。

高雄正覺講堂　高雄市新興區中正三路 45 號五樓 07-2234248（晚上）

第一講堂（五樓）：

禪淨班：週一晚班、週三晚班、週四晚班、週五晚班、週六上午班。

增上班：單週六晚班。雙週六晚班（重播班）。

不退轉法輪經詳解：平實導師講解。每週二晚上，以台北正覺講堂所錄 DVD 放映。歡迎會外學人共同聽講，不需出示身分證件。

第二講堂（四樓）：

進階班：週三晚班、週四晚班、週六上午班（由禪淨班結業後轉入共修）。

不退轉法輪經詳解：每週二晚上與第一講堂同步播放講經 DVD。

第三講堂（三樓）：

進階班：週四晚班（由禪淨班結業後轉入共修）。

香港正覺講堂

九龍觀塘，成業街 10 號，電訊一代廣場 27 樓 E 室。

（觀塘地鐵站 B1 出口，步行約 4 分鐘）。電話：(852) 23262231

英文地址：Unit E，27th Floor, TG Place, 10 Shing Yip Street, Kwun Tong, Kowloon

禪淨班：雙週六下午班、雙週日下午班、單週六下午班、單週日下午班

進階班：雙週五晚上班、雙週日早上班（由禪淨班結業後轉入共修）。

增上班：每月第一週週日，以台北增上班課程錄成 DVD 放映之。

增上重播班：每月第一週週六，以台北增上班課程錄成 DVD 放映之。

大法鼓經詳解：平實導師講解。每週六、日 19:00～21:00，以台北正覺講堂所錄 DVD 放映；歡迎會外學人共同聽講，不需出示身分證件。

美國洛杉磯正覺講堂　☆已遷移新址☆

825 S. Lemon Ave Diamond Bar, CA 91789 U.S.A.

Tel. (909) 595-5222（請於週六 9:00~18:00 之間聯繫）

Cell. (626) 454-0607

禪淨班：每逢週末 16：00~18：00 上課。

進階班：每逢週末上午 10：00~12：00 上課。

不退轉法輪經詳解：平實導師講解。每週六下午 13：30~15：30 以台北所錄 DVD 放映。歡迎各界人士共享第一義諦無上法益，不需報名。

二、招生公告 本會台北講堂及全省各講堂、香港講堂，每逢**四月、十月**下旬開新班，每週共修一次（每次二小時。開課日起三個月內仍可插班）；但美國洛杉磯共修處之禪淨班得隨時插班共修。各班共修期間皆爲二年半，全程免費，欲參加者請向本會函索報名表（各共修處皆於共修時間方有人執事，非共修時間請勿電詢或前來洽詢、請書），或直接從本會官方網站(http://www.enlighten.org.tw/newsflash/class)或成佛之道網站下載報名表。共修期滿時，若經報名禪三審核通過者，可參加四天三夜之禪三精進共修，有機會明心、取證如來藏，發起般若實相智慧，成爲實義菩薩，脫離凡夫菩薩位。

三、新春禮佛祈福 農曆**年假**期間停止共修：自農曆新年前七天起停止共修與弘法，正月 8 日起回復共修、弘法事務。新春期間正月初一～初七 9.00～17.00 開放台北講堂、正月初一~初三開放新竹、台中、嘉義、台南、高雄講堂，以及大溪禪三道場（正覺祖師堂），方便會員供佛、祈福及會外人士請書。美國洛杉磯共修處之休假時間，請逕詢該共修處。

密宗四大派修雙身法，是外道性力派的邪法；又以生滅的識陰作為常住法，是常見外道，是假的藏傳佛教。

西藏覺囊巴以他空見弘揚第八識如來藏勝法，才是真藏傳佛教

佛教正覺同修會　弘法行事表

2019/02/18

1、**禪淨班**　以無相念佛及拜佛方式修習動中定力，實證一心不亂功夫。傳授解脫道正理及第一義諦佛法，以及參禪知見。共修期間：二年六個月。每逢四月、十月開新班，詳見招生公告表。

2、**進階班**　禪淨班畢業後得轉入此班，進修更深入的佛法，期能證悟明心。各地講堂各有多班，繼續深入佛法、增長定力，悟後得轉入增上班修學道種智，期能證得無生法忍。

3、**增上班 瑜伽師地論**詳解　詳解論中所言凡夫地至佛地等 17 師之修證境界與理論，從凡夫地、聲聞地……宣演到諸地所證無生法忍、一切種智之眞實正理。由平實導師開講，每逢一、三、五週之週末晚上開示，僅限已明心之會員參加。2003 年二月開講至今，預定 2019 年講畢。

4、**不退轉法輪經**詳解　本經所說妙法極爲甚深難解，時至末法，已然無有知者；而其甚深絕妙之法，流傳至今依舊多人可證，顯示佛法眞是義學而非玄談，其中甚深極妙令人拍案稱絕之第一義諦妙義。已於 2019 年元月底開講，由平實導師詳解。不限制聽講資格。

5、**精進禪三**　主三和尚：平實導師。於四天三夜中，以克勤圓悟大師及大慧宗杲之禪風，施設機鋒與小參、公案密意之開示，幫助會員剋期取證，親證不生不滅之眞實心——人人本有之如來藏。每年四月、十月各舉辦三個梯次；平實導師主持。僅限本會會員參加禪淨班共修期滿，報名審核通過者，方可參加。並選擇會中定力、慧力、福德三條件皆已具足之已明心會員，給以指引，令得眼見自己無形無相之佛性遍佈山河大地，眞實而無障礙，得以肉眼現觀世界身心悉皆如幻，具足成就如幻觀，圓滿十住菩薩之證境。

6、**阿含經**詳解　選擇重要之阿含部經典，依無餘涅槃之實際而加以詳解，令大眾得以現觀諸法緣起性空，亦復不墮斷滅見中，顯示經中所隱說之涅槃實際—如來藏—確實已於四阿含中隱說；令大眾得以聞後觀行，確實斷除我見乃至我執，證得**見到**眞現觀，乃至**身證**……等眞現觀；已得大乘或二乘見道者，亦可由此聞熏及聞後之觀行，除斷我所之貪著，成就慧解脫果。由平實導師詳解。不限制聽講資格。

7、**解深密經**詳解　重講本經之目的，在於令諸已悟之人明解大乘法道之成佛次第，以及悟後進修一切種智之內涵，確實證知三種自性性，並得據此證解七眞如、十眞如等正理。每逢週二 18.50~20.50 開示，由平實導師詳解。將於《**不退轉法輪經**》講畢後開講。不限制聽講資格。

8、**成唯識論**詳解　詳解一切種智眞實正理，詳細剖析一切種智之微細深妙廣大正理；並加以舉例說明，使已悟之會員深入體驗所證如來藏之微密行相；及證驗見分相分與所生一切法，皆由如來藏—阿賴耶識—直接或展轉而生，因此證知一切法無我，證知無餘涅槃之本際。將於增上班《瑜伽師地論》講畢後，由平實導師重講。僅限已明心之會員參加。

9、**精選如來藏系經典**詳解　精選如來藏系經典一部，詳細解說，以此完全印證會員所悟如來藏之眞實，得入不退轉住。另行擇期詳細解說之，由平實導師講解。僅限已明心之會員參加。

10、**禪門差別智**　藉禪宗公案之微細淆訛難知難解之處，加以宣說及剖析，以增進明心、見性之功德，啓發差別智，建立擇法眼。每月第一週日全天，由平實導師開示，僅限破參明心後，復又眼見佛性者參加（事冗暫停）。

11、**枯木禪**　先講智者大師的《小止觀》，後說《釋禪波羅蜜》，詳解四禪八定之修證理論與實修方法，細述一般學人修定之邪見與岔路，及對禪定證境之誤會，消除枉用功夫、浪費生命之現象。已悟般若者，可以藉此而實修初禪，進入大乘通教及聲聞教的三果心解脫境界，配合應有的大福德及後得無分別智、十無盡願，即可進入初地心中。親教師：平實導師。未來緣熟時將於正覺寺開講。不限制聽講資格。

註：本會例行年假，自 2004 年起，改爲每年農曆新年前七天開始停息弘法事務及共修課程，農曆正月 8 日回復所有共修及弘法事務。新春期間（每日 9.00~17.00）開放台北講堂，方便會員禮佛祈福及會外人士請書。大溪區的正覺祖師堂，開放參訪時間，詳見〈正覺電子報〉或成佛之道網站。本表得因時節因緣需要而隨時修改之，不另作通知。

佛教正覺同修會　贈閱書籍 目錄　2018/10/20

1.**無相念佛**　平實導師著　回郵 36 元
2.**念佛三昧修學次第**　平實導師述著　回郵 52 元
3.**正法眼藏—護法集**　平實導師述著　回郵 76 元
4.**真假開悟簡易辨正法&佛子之省思**　平實導師著　回郵 26 元
5.**生命實相之辨正**　平實導師著　回郵 31 元
6.**如何契入念佛法門**（**附**：印順法師否定極樂世界）平實導師著　回郵 26 元
7.**平實書箋**—答元覽居士書　平實導師著　回郵 52 元
8.**三乘唯識**—如來藏系經律彙編　平實導師編　回郵 80 元
（精裝本　長 27 cm　寬 21 cm　高 7.5 cm　重 2.8 公斤）
9.**三時繫念全集**—修正本　回郵掛號 52 元（長 26.5 cm×寬 19 cm）
10.**明心與初地**　平實導師述　回郵 31 元
11.**邪見與佛法**　平實導師述著　回郵 36 元
12.**甘露法雨**　平實導師述　回郵 36 元
13.**我與無我**　平實導師述　回郵 36 元
14.**學佛之心態**—修正錯誤之學佛心態始能與正法相應　孫正德老師著　回郵52元
附錄：平實導師著**《略說八、九識並存…等之過失》**
15.**大乘無我觀**—《悟前與悟後》別說　平實導師述著　回郵 36 元
16.**佛教之危機**—中國台灣地區現代佛教之真相（附錄：公案拈提六則）
平實導師著　回郵 52 元
17.**燈　影**—燈下黑（覆「求教後學」來函等）　平實導師著　回郵 76 元
18.**護法與毀法**—覆上平居士與徐恒志居士網站毀法二文
張正圜老師著　回郵 76 元
19.**淨土聖道**—兼評**選擇本願念佛**　正德老師著　**由正覺同修會購贈**　回郵52 元
20.**辨唯識性相**—對「紫蓮心海《辯唯識性相》書中否定阿賴耶識」之回應
正覺同修會 台南共修處法義組 著　回郵52 元
21.**假如來藏**—對法蓮法師《如來藏與阿賴耶識》書中否定阿賴耶識之回應
正覺同修會 台南共修處法義組 著　回郵 76 元
22.**入不二門**—公案拈提集錦 第一輯（於平實導師公案拈提諸書中選錄約二十則，
合輯爲一冊流通之）平實導師著　回郵52 元
23.**真假邪說**—西藏密宗索達吉喇嘛《破除邪說論》真是邪說
釋正安法師著　上、下冊回郵各 52 元
24.**真假開悟**—真如、如來藏、阿賴耶識間之關係　平實導師述著　回郵 76 元
25.**真假禪和**—辨正釋傳聖之謗法謬說　孫正德老師著　回郵76 元

26.**眼見佛性**—駁慧廣法師眼見佛性的含義文中謬說

游正光老師著　回郵 52 元

27.**普門自在**—公案拈提集錦 第二輯（於平實導師公案拈提諸書中選錄約二十則，合輯為一冊流通之）平實導師著　回郵 52 元

28.**印順法師的悲哀**—以現代禪的質疑為線索　恒毓博士著　回郵 52 元

29.**識蘊真義**—現觀識蘊內涵、取證初果、親斷三縛結之具體行門。

—依《成唯識論》及《惟識述記》正義，略顯安慧《大乘廣五蘊論》之邪謬

平實導師著　回郵 76 元

30.**正覺電子報** 各期紙版本　免附回郵　每次最多函索三期或三本。

（已無存書之較早各期，不另增印贈閱）

31.**現代人應有的宗教觀**　蔡正禮老師 著　回郵 31 元

32.**遠惑趣道**—正覺電子報般若信箱問答錄　第一輯　回郵 52 元

33.**遠惑趣道**—正覺電子報般若信箱問答錄　第二輯　回郵 52 元

34.**確保您的權益**—器官捐贈應注意自我保護　游正光老師 著　回郵 31 元

35.**正覺教團電視弘法三乘菩提 DVD 光碟（一）**

由正覺教團多位親教師共同講述錄製 DVD 8 片，MP3 一片，共 9 片。有二大講題：一為「三乘菩提之意涵」，二為「學佛的正知見」。內容精闢，深入淺出，精彩絕倫，幫助大眾快速建立三乘法道的正知見，免被外道邪見所誤導。有志修學三乘佛法之學人不可不看。（製作工本費 100 元，回郵 52 元）

36.**正覺教團電視弘法 DVD 專輯（二）**

總有二大講題：一為「三乘菩提之念佛法門」，一為「學佛正知見（第二篇）」，由正覺教團多位親教師輪番講述，內容詳細闡述如何修學念佛法門、實證念佛三昧，以及學佛應具有的正確知見，可以幫助發願往生西方極樂淨土之學人，得以把握往生，更可令學人快速建立三乘法道的正知見，免於被外道邪見所誤導。有志修學三乘佛法之學人不可不看。（一套 17 片，工本費 160 元。回郵 76 元）

37.**喇嘛性世界**—揭開假藏傳佛教譚崔瑜伽的面紗　張善思 等人合著

由正覺同修會購贈　回郵 52 元

38.**假藏傳佛教的神話**—性、謊言、喇嘛教　張正玄教授編著

由正覺同修會購贈　回郵 52 元

39.**隨 緣**—理隨緣與事隨緣　平實導師述　回郵 52 元。

40.**學佛的覺醒**　正枝居士 著　回郵 52 元

41.**導師之真實義**　蔡正禮老師 著　回郵 31 元

42.**淺談達賴喇嘛之雙身法**—兼論解讀「密續」之達文西密碼

吳明芷居士 著　回郵 31 元

43.**魔界轉世**　張正玄居士 著　回郵 31 元

44.**一貫道與開悟**　蔡正禮老師 著　回郵 31 元

45.**博愛**—愛盡天下女人　正覺教育基金會 編印　回郵 36 元

46.**意識虛妄經教彙編**—實證解脫道的關鍵經文　正覺同修會編印　回郵36元

47.**邪箭囈語**—破斥藏密外道多識仁波切《破魔金剛箭雨論》之邪說

陸正元老師著　上、下冊回郵各52元

48.**真假沙門**—依 佛聖教闡釋佛教僧寶之定義

蔡正禮老師著　俟正覺電子報連載後結集出版

49.**真假禪宗**—藉評論釋性廣《印順導師對變質禪法之批判

及對禪宗之肯定》以顯示真假禪宗

附論一：凡夫知見 無助於佛法之信解行證

附論二：世間與出世間一切法皆從如來藏實際而生而顯

余正偉老師著　俟正覺電子報連載後結集出版　回郵未定

★ 上列贈書之郵資，係台灣本島地區郵資，大陸、港、澳地區及外國地區，請另計酌增（大陸、港、澳、國外地區之郵票不許通用）。尚未出版之書，請勿先寄來郵資，以免增加作業煩擾。

★ 本目錄若有變動，唯於後印之書籍及「成佛之道」網站上修正公佈之，不另行個別通知。

函索書籍請寄：佛教正覺同修會　103 台北市承德路 3 段 277 號 9 樓
台灣地區函索書籍者請附寄郵票，無時間購買郵票者可以等值現金抵用，但不接受郵政劃撥、支票、匯票。大陸地區得以人民幣計算，國外地區請以美元計算（請勿寄來當地郵票，在台灣地區不能使用）。欲以掛號寄遞者，請另附掛號郵資。

親自索閱：正覺同修會各共修處。　★請於共修時間前往取書，餘時無人在道場，請勿前往索取；共修時間與地點，詳見書末正覺同修會共修現況表（以近期之共修現況表爲準）。

註：正智出版社發售之局版書，請向各大書局購閱。若書局之書架上已經售出而無陳列者，請向書局櫃台指定洽購；若書局不便代購者，請於正覺同修會共修時間前往各共修處請購，正智出版社已派人於共修時間送書前往各共修處流通。 郵政劃撥購書及 大陸地區 購書，請詳別頁正智出版社發售書籍目錄最後頁之說明。

成佛之道 網站：http://www.a202.idv.tw　正覺同修會已出版之結緣書籍，多已登載於 成佛之道 網站，若住外國、或住處遙遠，不便取得正覺同修會贈閱書籍者，可以從本網站閱讀及下載。　書局版之《宗通與說通》亦已上網，台灣讀者可向書局洽購，售價 300 元。《狂密與眞密》第一輯~第四輯，亦於 2003.5.1.全部於本網站登載完畢；台灣地區讀者請向書局洽購，每輯約 400 頁，售價 300 元（網站下載紙張費用較貴，容易散失，難以保存，亦較不精美）。

＊＊假藏傳佛教修雙身法，非佛教＊＊

正智出版社 籌募弘法基金發售書籍目錄 2020/11/14

1.**宗門正眼**—公案拈提 第一輯 重拈 平實導師著 500 元
因重寫內容大幅度增加故，字體必須改小，並增爲 576 頁 主文 546 頁。比初版更精彩、更有內容。初版《禪門摩尼寶聚》之讀者，可寄回本公司免費調換新版書。免附回郵，亦無截止期限。（2007 年起，每冊附贈本公司精製公案拈提〈超意境〉CD 一片。市售價格 280 元，多購多贈。）

2.**禪淨圓融** 平實導師著 200 元（第一版舊書可換新版書。）

3.**真實如來藏** 平實導師著 400 元

4.**禪—悟前與悟後** 平實導師著 上、下冊，每冊 250 元

5.**宗門法眼**—公案拈提 第二輯 平實導師著 500 元
（2007 年起，每冊附贈本公司精製公案拈提〈超意境〉CD 一片）

6.**楞伽經詳解** 平實導師著 全套共 10 輯 每輯 250 元

7.**宗門道眼**—公案拈提 第三輯 平實導師著 500 元
（2007 年起，每冊附贈本公司精製公案拈提〈超意境〉CD 一片）

8.**宗門血脈**—公案拈提 第四輯 平實導師著 500 元
（2007 年起，每冊附贈本公司精製公案拈提〈超意境〉CD 一片）

9.**宗通與說通**—成佛之道 平實導師著 主文 381 頁 全書 400 頁售價 300 元

10.**宗門正道**—公案拈提 第五輯 平實導師著 500 元
（2007 年起，每冊附贈本公司精製公案拈提〈超意境〉CD 一片）

11.**狂密與真密 一～四輯** 平實導師著 西藏密宗是人間最邪淫的宗教，本質不是佛教，只是披著佛教外衣的印度教性力派流毒的喇嘛教。此書中將西藏密宗密傳之男女雙身合修樂空雙運所有祕密與修法，毫無保留完全公開，並將全部喇嘛們所不知道的部分也一併公開。內容比大辣出版社喧騰一時的《西藏慾經》更詳細。並且函蓋藏密的所有祕密及其錯誤的中觀見、如來藏見……等，藏密的所有法義都在書中詳述、分析、辨正。每輯主文三百餘頁 每輯全書約 400 頁 售價每輯 300 元

12.**宗門正義**—公案拈提 第六輯 平實導師著 500 元
（2007 年起，每冊附贈本公司精製公案拈提〈超意境〉CD 一片）

13.**心經密意**—心經與解脫道、佛菩提道、祖師公案之關係與密意 平實導師述 300 元

14.**宗門密意**—公案拈提 第七輯 平實導師著 500 元
（2007 年起，每冊附贈本公司精製公案拈提〈超意境〉CD 一片）

15.**淨土聖道**—兼評「選擇本願念佛」 正德老師著 200 元

16.**起信論講記** 平實導師述著 共六輯 每輯三百餘頁 售價各 250 元

17.**優婆塞戒經講記** 平實導師述著 共八輯 每輯三百餘頁 售價各 250 元

18.**真假活佛**—略論附佛外道盧勝彥之邪說（對前岳靈犀網站主張「盧勝彥是證悟者」之修正） 正犀居士（岳靈犀）著 流通價 140 元

19.**阿含正義**—唯識學探源 平實導師著 共七輯 每輯 300 元

20.**超意境** CD 以平實導師公案拈提書中超越意境之頌詞，加上曲風優美的旋律，錄成令人嚮往的超意境歌曲，其中包括正覺發願文及平實導師親自譜成的黃梅調歌曲一首。詞曲雋永，殊堪翫味，可供學禪者吟詠，有助於見道。內附設計精美的彩色小冊，解說每一首詞的背景本事。每片 280 元。【每購買公案拈提書籍一冊，即贈送一片。】

21.**菩薩底憂鬱** CD 將菩薩情懷及禪宗公案寫成新詞，並製作成超越意境的優美歌曲。 1.主題曲〈菩薩底憂鬱〉，描述地後菩薩能離三界生死而迴向繼續生在人間，但因尚未斷盡習氣種子而有極深沈之憂鬱，非三賢位菩薩及二乘聖者所知，此憂鬱在七地滿心位方才斷盡；本曲之詞中所說義理極深，昔來所未曾見；此曲係以優美的情歌風格寫詞及作曲，聞者得以激發嚮往諸地菩薩境界之大心，詞、曲都非常優美，難得一見；其中勝妙義理之解說，已印在附贈之彩色小冊中。 2.以各輯公案拈提中直示禪門入處之頌文，作成各種不同曲風之超意境歌曲，值得玩味、參究；聆聽公案拈提之優美歌曲時，請同時閱讀內附之印刷精美說明小冊，可以領會超越三界的證悟境界；未悟者可以因此引發求悟之意向及疑情，眞發菩提心而邁向求悟之途，乃至因此眞實悟入般若，成眞菩薩。 3.正覺總持咒新曲，總持佛法大意；總持咒之義理，已加以解說並印在隨附之小冊中。本 CD 共有十首歌曲，長達 63 分鐘。每盒各附贈二張購書優惠券。每片 280 元。

22.**禪意無限** CD 平實導師以公案拈提書中偈頌寫成不同風格曲子，與他人所寫不同風格曲子共同錄製出版，幫助參禪人進入禪門超越意識之境界。盒中附贈彩色印製的精美解說小冊，以供聆聽時閱讀，令參禪人得以發起參禪之疑情，即有機會證悟本來面目而發起實相智慧，實證大乘菩提般若，能如實證知般若經中的眞實意。本 CD 共有十首歌曲，長達 69 分鐘，每盒各附贈二張購書優惠券。每片 280 元。

23.**我的菩提路**第一輯　釋悟圓、釋善藏等人合著　售價 300 元

24.**我的菩提路**第二輯　郭正益等人合著　售價 300 元（停售，俟改版後另行發售）

25.**我的菩提路**第三輯　王美伶等人合著　售價 300 元

26.**我的菩提路**第四輯　陳晏平等人合著　售價 300 元

27.**我的菩提路**第五輯　林慈慧等人合著　售價 300 元

28.**我的菩提路**第六輯　劉惠莉等人合著　售價 300 元

29.**我的菩提路**第七輯　余正偉等人合著　售價 300 元　預定 2021/6/30 出版

30.**鈍鳥與靈龜**—考證後代凡夫對大慧宗杲禪師的無根誹謗。

平實導師著 共 458 頁 售價 350 元

31.**維摩詰經講記** 平實導師述 共六輯 每輯三百餘頁 售價各 250 元

32.**眞假外道**—破劉東亮、杜大威、釋證嚴常見外道見　正光老師著　200 元

33.**勝鬘經講記**—兼論印順《勝鬘經講記》對於《勝鬘經》之誤解。
平實導師述　共六輯　每輯三百餘頁　售價 250 元
34.**楞嚴經講記**　平實導師述　共 **15** 輯，每輯三百餘頁　售價 300 元
35.**明心與眼見佛性**—駁慧廣〈蕭氏「眼見佛性」與「明心」之非〉文中謬說
正光老師著　共 448 頁　售價 300 元
36.**見性與看話頭**　黃正倖老師 著，本書是禪宗參禪的方法論。
內文 375 頁，全書 416 頁，售價 300 元。
37.**達賴真面目**—玩盡天下女人　白正偉老師 等著　中英對照彩色精裝大本 800 元
38.**喇嘛性世界**—揭開假藏傳佛教譚崔瑜伽的面紗　張善思 等人著　200 元
39.**假藏傳佛教的神話**—性、謊言、喇嘛教　正玄教授編著　200 元
40.**金剛經宗通**　平實導師述　共九輯　每輯售價 250 元。
41.**空行母**—性別、身分定位，以及藏傳佛教。
珍妮·坎貝爾著　呂艾倫 中譯　售價 250 元
42.**末代達賴**—性交教主的悲歌　張善思、呂艾倫、辛燕編著　售價 250 元
43.**霧峰無霧**—給哥哥的信　辨正釋印順對佛法的無量誤解
游宗明 老師著　售價 250 元
44.**霧峰無霧**—第二輯—救護佛子向正道　細說釋印順對佛法的各類誤解
游宗明 老師著　售價 250 元
45.**第七意識與第八意識？**—穿越時空「超意識」
平實導師述　每冊 300 元
46.**黯淡的達賴**—失去光彩的諾貝爾和平獎
正覺教育基金會編著　每冊 250 元
47.**童女迦葉考**—論呂凱文〈佛教輪迴思想的論述分析〉之謬。
平實導師 著　定價 180 元
48.**人間佛教**—實證者必定不悖三乘菩提
平實導師 述，定價 400 元
49.**實相經宗通**　平實導師述　共八輯　每輯 250 元
50.**真心告訴您(一)**—達賴喇嘛在幹什麼？
正覺教育基金會編著　售價 250 元
51.**中觀金鑑**—詳述應成派中觀的起源與其破法本質
孫正德老師著　分爲上、中、下三冊，每冊 250 元
52.**藏傳佛教要義**—《狂密與真密》之簡體字版　平實導師 著 上、下冊
僅在大陸流通　每冊 300 元
53.**法華經講義**　平實導師述　共二十五輯　每輯 300 元
已於 2015/05/31 起開始出版，每二個月出版一輯
54.**西藏「活佛轉世」制度**—附佛、造神、世俗法
許正豐、張正玄老師合著　定價 150 元
55.**廣論三部曲**　郭正益老師著　定價 150 元

56.**真心告訴您(二)**—達賴喇嘛是佛教僧侶嗎？
—補祝達賴喇嘛八十大壽
正覺教育基金會編著　售價300元
57.**次法**—實證佛法前應有的條件
張善思居士著　分爲上、下二冊，每冊250元
58.**涅槃**—解說四種涅槃之實證及內涵　平實導師著 上、下冊 各350元
59.**山法**—西藏關於他空與佛藏之根本論
篤補巴．喜饒堅贊著　傑弗里．霍普金斯英譯
張火慶教授、張志成、呂艾倫等中譯　精裝大本1200元
60.**佛藏經講義**　平實導師述　2019年7月31日開始出版　共21輯
每二個月出版一輯，每輯300元。
61.**假鋒虛焰金剛乘**—揭示顯密正理，兼破索達吉師徒《般若鋒兮金剛焰》
釋正安法師著 簡體字版 即將出版 售價未定
62.**廣論之平議**—宗喀巴《菩提道次第廣論》之平議　正雄居士著
約二或三輯　俟正覺電子報連載後結集出版　書價未定
63.**大法鼓經講義**　平實導師講述　《佛藏經講義》出版後發行，每輯300元
64.**不退轉法輪經講義**　平實導師講述　《大法鼓經講義》出版後發行
65.**八識規矩頌**詳解　○○居士 註解　出版日期另訂　書價未定。
66.**中觀正義**—註解平實導師《中論正義頌》。
○○法師（居士）著　出版日期未定　書價未定
67.**中論正義**—釋龍樹菩薩《中論》頌正理。
孫正德老師著　出版日期未定　書價未定
68.**中國佛教史**—依中國佛教正法史實而論。○○老師 著　書價未定。
69.**印度佛教史**—法義與考證。依法義史實評論印順《印度佛教思想史、佛教史地考論》之謬說　正偉老師著　出版日期未定　書價未定
70.**阿含經講記**—將選錄四阿含中數部重要經典全經講解之，講後整理出版。
平實導師述　約二輯　每輯300元　出版日期未定
71.**實積經講記**　平實導師述　每輯三百餘頁 優惠價300元 出版日期未定
72.**解深密經講義**　平實導師述 約四輯　將於重講後整理出版
73.**成唯識論略解**　平實導師著　五～六輯　每輯300元　出版日期未定
74.**修習止觀坐禪法要講記**　平實導師述　每輯三百餘頁
將於正覺寺建成後重講、以講記逐輯出版　出版日期未定
75.**無門關**—《無門關》公案拈提　平實導師著　出版日期未定
76.**中觀再論**—兼述印順《中觀今論》謬誤之平議。正光老師著 出版日期未定
77.**輪迴與超度**—佛教超度法會之真義。
○○法師（居士）著　出版日期未定　書價未定
78.**《釋摩訶衍論》平議**—對偽稱龍樹所造《釋摩訶衍論》之平議
○○法師（居士）著　出版日期未定　書價未定

79.**正覺發願文**註解—以真實大願為因 得證菩提

正德老師著　出版日期未定　書價未定

80.**正覺總持咒**—佛法之總持　正圜老師著　出版日期未定　書價未定

81.**三自性**—依四食、五蘊、十二因緣、十八界法，說三性三無性。

作者未定　出版日期未定

82.**道品**—從三自性說大小乘三十七道品　作者未定　出版日期未定

83.**大乘緣起觀**—依四聖諦七真如現觀十二緣起 作者未定　出版日期未定

84.**三德**—論解脫德、法身德、般若德。　作者未定　出版日期未定

85.**真假如來藏**—對印順《如來藏之研究》謬說之平議　作者未定 出版日期未定

86.**大乘道次第**　作者未定　出版日期未定　書價未定

87.**四緣**—依如來藏故有四緣。　作者未定　出版日期未定

88.**空之探究**—印順《空之探究》謬誤之平議　作者未定 出版日期未定

89.**十法義**—論阿含經中十法之正義　作者未定　出版日期未定

90.**外道見**—論述外道六十二見　作者未定　出版日期未定

正智出版社有限公司 書籍介紹

禪淨圓融：言淨土諸祖所未曾言，示諸宗祖師所未曾示；禪淨圓融，另闢成佛捷徑，兼顧自力他力，闡釋淨土門之速行易行道，亦同時揭櫫聖教門之速行易行道；令廣大淨土行者得免緩行難證之苦，亦令聖道門行者得以藉著淨土速行道而加快成佛之時劫。乃前無古人之超勝見地，非一般弘揚禪淨法門典籍也，先讀為快。平實導師著 200元。

宗門正眼—**公案拈提**第一輯：繼承克勤圜悟大師碧巖錄宗旨之禪門鉅作。先則舉示當代大法師之邪說，消弭當代禪門大師鄉愿之心態，摧破當今禪門「世俗禪」之妄談；次則旁通教法，表顯宗門正理；繼以道之次第，消弭古今狂禪；後藉言語及文字機鋒，直示宗門入處。悲智雙運，禪味十足，數百年來難得一睹之禪門鉅著也。平實導師著 500元（原初版書《禪門摩尼寶聚》，改版後補充為五百餘頁新書，總計多達二十四萬字，內容更精彩，並改名為《宗門正眼》，讀者原購初版《禪門摩尼寶聚》皆可寄回本公司免費換新，免附回郵，亦無截止期限）（2007年起，凡購買公案拈提第一輯至第七輯，每購一輯皆贈送本公司精製公案拈提〈超意境〉CD一片，市售價格280元，多購多贈）。

禪—悟前與悟後：本書能建立學人悟道之信心與正確知見，圓滿具足而有次第地詳述禪悟之功夫與禪悟之內容，指陳參禪中細微淆訛之處，能使學人明自眞心、見自本性。若未能悟入，亦能以正確知見辨別古今中外一切大師究係眞悟？或屬錯悟？便有能力揀擇，捨名師而選明師，後時必有悟道之緣。一旦悟道，遲者七次人天往返，便出三界，速者一生取辦。學人欲求開悟者，不可不讀。平實導師著。上、下冊共500元，單冊250元。

真實如來藏：如來藏眞實存在，乃宇宙萬有之本體，並非印順法師、達賴喇嘛等人所說之「唯有名相、無此心體」。如來藏是涅槃之本際，是一切有智之人竭盡心智、不斷探索而不能得之生命實相；是古今中外許多大師自以爲悟而當面錯過之生命實相。如來藏即是阿賴耶識，乃是一切有情本自具足、不生不滅之眞實心。當代中外大師於此書出版之前所未能言者，作者於本書中盡情流露、詳細闡釋。眞悟者讀之，必能增益悟境、智慧增上；錯悟者讀之，必能檢討自己之錯誤，免犯大妄語業；未悟者讀之，能知參禪之理路，亦能以之檢查一切名師是否眞悟。此書是一切哲學家、宗教家、學佛者及欲昇華心智之人必讀之鉅著。　平實導師著　售價400元。

宗門法眼—**公案拈提**第二輯：列舉實例，闡釋土城廣欽老和尚之悟處；並直示這位不識字的老和尚妙智橫生之根由，繼而剖析禪宗歷代大德之開悟公案，解析當代密宗高僧卡盧仁波切之錯悟證據，並例舉當代顯宗高僧、大居士之錯悟證據（凡健在者，爲免影響其名聞利養，皆隱其名）。藉辨正當代名師之邪見，向廣大佛子指陳禪悟之正道，彰顯宗門法眼。悲勇兼出，強捋虎鬚；慈智雙運，巧探驪龍；摩尼寶珠在手，直示宗門入處，禪味十足；若非大悟徹底，不能爲之。禪門精奇人物，允宜人手一冊，供作參究及悟後印證之圭臬。本書於2008年4月改版，增寫爲大約500頁篇幅，以利學人研讀參究時更易悟入宗門正法，以前所購初版首刷及初版二刷舊書，皆可免費換取新書。平實導師著 500元（2007年起，凡購買公案拈提第一輯至第七輯，每購一輯皆贈送本公司精製公案拈提〈超意境〉CD一片，市售價格280元，多購多贈）。

宗門道眼—**公案拈提**第三輯：繼宗門法眼之後，再以金剛之作略、慈悲之胸懷、犀利之筆觸，舉示寒山、拾得、布袋三大士之悟處，消弭當代錯悟者對於寒山大士……等之誤會及誹謗。亦舉出民初以來與虛雲和尚齊名之蜀郡鹽亭袁煥仙夫子——南懷瑾老師之師，其「悟處」何在？並蒐羅許多眞悟祖師之證悟公案，顯示禪宗歷代祖師之睿智，指陳部分祖師、奧修及當代顯密大師之謬悟，作爲殷鑑，幫助禪子建立及修正參禪之方向及知見。假使讀者閱此書已，一時尚未能悟，亦可一面加功用行，一面以此宗門道眼辨別眞假善知識，避開錯誤之印證及歧路，可免大妄語業之長劫慘痛果報。欲修禪宗之禪者，務請細讀。平實導師著 售價500元（2007年起，凡購買公案拈提第一輯至第七輯，每購一輯皆贈送本公司精製公案拈提〈超意境〉CD一片，市售價格280元，多購多贈）。

楞伽經詳解：本經是禪宗見道者印證所悟眞僞之根本經典，亦是禪宗見道者悟後起修之依據經典；故達摩祖師於印證二祖慧可大師之後，將此經典連同佛鉢祖衣一併交付二祖，令其依此經典佛示金言、進入修道位，修學一切種智。由此可知此經對於眞悟之人修學佛道，是非常重要之一部經典。此經能破外道邪說，亦破佛門中錯悟名師之謬說，亦破禪宗部分祖師之狂禪：不讀經典、一向主張「一悟即成究竟佛」之謬執。並開示愚夫所行禪、觀察義禪、攀緣如禪、如來禪等差別，令行者對於三乘禪法差異有所分辨；亦糾正禪宗祖師古來對於如來禪之誤解，嗣後可免以訛傳訛之弊。此經亦是法相唯識宗之根本經典，禪者悟後欲修一切種智而入初地者，必須詳讀。　平實導師著，全套共十輯，已全部出版完畢，每輯主文約320頁，每冊約352頁，定價250元。

宗門血脈—**公案拈提**第**四**輯：末法怪象—許多修行人自以爲悟，每將無念靈知認作眞實；崇尙二乘法諸師及其徒眾，則將**外於如來藏之緣起性空**—無因論之無常空、斷滅空、一切法空—錯認爲 佛所說之般若空性。這兩種現象已於當今海峽兩岸及美加地區顯密大師之中普遍存在；人人自以爲悟，心高氣壯，便敢寫書解釋祖師證悟之公案，大多出於意識思惟所得，言不及義，錯誤百出，因此誤導廣大佛子同陷大妄語之地獄業中而不能自知。彼等書中所說之悟處，其實處處違背第一義經典之聖言量。彼等諸人不論是否身披袈裟，都非佛法宗門血脈，或雖有禪宗法脈之傳承，亦只徒具形式；猶如螟蛉，非眞血脈，未悟得根本眞實故。禪子欲知佛、祖之眞血脈者，請讀此書，便知分曉。平實導師著，主文452頁，全書464頁，定價500元（2007年起，凡購買公案拈提第一輯至第七輯，每購一輯皆贈送本公司精製公案拈提〈超意境〉CD一片，市售價格280元，多購多贈）。

宗通與說通：古今中外，錯誤之人如麻似粟，每以常見外道所說之靈知心，認作眞心；或妄想虛空之勝性能量爲眞如，或錯認物質四大元素藉冥性（靈知心本體）能成就吾人色身及知覺，或認初禪至四禪中之了知心爲不生不滅之涅槃心。此等皆非通宗者之見地。復有錯悟之人一向主張「宗門與教門不相干」，此即尚未通達宗門之人也。其實宗門與教門互通不二，宗門所證者乃是眞如與佛性，教門所說者乃說宗門證悟之眞如佛性，故教門與宗門不二。本書作者以宗教二門互通之見地，細說「宗通與說通」，從初見道至悟後起修之道、細說分明；並將諸宗諸派在整體佛教中之地位與次第，加以明確之教判，學人讀之即可了知佛法之梗概也。欲擇明師學法之前，允宜先讀。平實導師著，主文共381頁，全書392頁，只售成本價300元。

宗門正道—**公案拈提**第五輯：修學大乘佛法有二果須證—解脫果及大菩提果。二乘人不證大菩提果，唯證解脫果；此果之智慧，名爲聲聞菩提、緣覺菩提。大乘佛子所證二果之菩提果爲佛菩提，故名大菩提果，其慧名爲一切種智—函蓋二乘解脫果。然此大乘二果修證，須經由禪宗之宗門證悟方能相應。而宗門證悟極難，自古已然；其所以難者，咎在古今佛教界普遍存在三種邪見：1.以修定認作佛法，2.以無因論之緣起性空—否定涅槃本際如來藏以後之一切法空作爲佛法，3.以常見外道邪見（離語言妄念之靈知性）作爲佛法。如是邪見，或因自身正見未立所致，或因邪師之邪教導所致，或因無始劫來虛妄熏習所致。若不破除此三種邪見，永劫不悟宗門眞義、不入大乘正道，唯能外門廣修菩薩行。平實導師於此書中，有極爲詳細之說明，有志佛子欲摧邪見、入於內門修菩薩行者，當閱此書。主文共496頁，全書512頁。售價500元（2007年起，凡購買公案拈提第一輯至第七輯，每購一輯皆贈送本公司精製公案拈提〈超意境〉CD一片，市售價格280元，多購多贈）。

狂密與眞密：密教之修學，皆由有相之觀行法門而入，其最終目標仍不離顯教經典所說第一義諦之修證；若離顯教第一義經典、或違背顯教第一義經典，即非佛教。西藏密教之觀行法，如灌頂、觀想、遷識法、寶瓶氣、大聖歡喜雙身修法、喜金剛、無上瑜伽、大樂光明、樂空雙運等，皆是印度教**兩性生生不息思想**之轉化，**自始至終皆以如何能運用交合淫樂之法達到全身受樂**爲其中心思想，純屬欲界五欲的貪愛，不能令人超出欲界輪迴，更不能令人斷除我見；何況大乘之明心與見性，更無論矣！故密宗之法絕非佛法也。而其明光大手印、大圓滿法教，又皆同以常見外道所說**離語言妄念之無念靈知心**錯認爲佛地之眞如，不能直指不生不滅之眞如。西藏密宗所有法王與徒眾，都尚未開頂門眼，不能辨別眞僞，以**依人不依法、依密續不依經典**故，不肯將其上師喇嘛所說對照第一義經典，純依密續之藏密祖師所說爲準，因此而誇大其證德與證量，動輒謂彼祖師上師爲究竟佛、爲地上菩薩；如今台海兩岸亦有自謂其師證量高於 釋迦文佛者，然觀其師所述，猶未見道，仍在觀行即佛階段，尚未到禪宗相似即佛、分證即佛階位，竟敢標榜爲究竟佛及地上法王，誑惑初機學人。凡此怪象皆是狂密，不同於眞密之修行者。近年狂密盛行，密宗行者被誤導者極眾，動輒自謂已證佛地眞如，自視爲究竟佛，陷於大妄語業中而不知自省，反謗顯宗眞修實證者之證量粗淺；或如義雲高與釋性圓…等人，於報紙上公然誹謗眞實證道者爲「騙子、無道人、人妖、癩蛤蟆…」等，造下誹謗大乘勝義僧之大惡業；或以外道法中有爲有作之甘露、魔術……等法，誑騙初機學人，狂言彼外道法爲眞佛法。如是怪象，在西藏密宗及附藏密之外道中，不一而足，舉之不盡，學人宜應愼思明辨，以免上當後又犯毀破菩薩戒之重罪。密宗學人若欲遠離邪知邪見者，請閱此書，即能了知密宗之邪謬，從此遠離邪見與邪修，轉入眞正之佛道。

平實導師著 共四輯 每輯約400頁（主文約340頁）每輯售價300元。

宗門正義—公案拈提第六輯：佛教有六大危機，乃是藏密化、世俗化、膚淺化、學術化、宗門密意失傳、悟後進修諸地之次第混淆；其中尤以宗門密意之失傳，爲當代佛教最大之危機。由宗門密意失傳故，易令世尊本懷普被錯解，易令世尊正法被轉易爲外道法，以及加以淺化、世俗化，是故宗門密意之廣泛弘傳與具緣佛弟子，極爲重要。然而欲令宗門密意之廣泛弘傳予具緣之佛弟子者，必須同時配合錯誤知見之解析、普令佛弟子知之，然後輔以公案解析之直示入處，方能令具緣之佛弟子悟入。而此二者，皆須以公案拈提之方式爲之，方易成其功、竟其業，是故平實導師續作宗門正義一書，以利學人。全書500餘頁，售價500元（2007年起，凡購買公案拈提第一輯至第七輯，每購一輯皆贈送本公司精製公案拈提〈超意境〉CD一片，市售價格280元，多購多贈）。

心經密意—心經與解脫道、佛菩提道、祖師公案之關係與密意。二乘菩提所證之解脫道，實依第八識心之斷除煩惱障現行而立解脫之名；大乘菩提所證之佛菩提道，實依親證第八識如來藏之涅槃性、清淨自性、及其中道性而立般若之名；禪宗祖師公案所證之眞心，即是此第八識如來藏；是故三乘佛法所修所證之三乘菩提，皆依此如來藏心而立名也。此第八識心，即是《心經》所說之心也。證得此如來藏已，即能漸入大乘佛菩提道，亦可因證知此心而了知二乘無學所不能知之無餘涅槃本際，是故《心經》之密意，與三乘佛菩提之關係極爲密切、不可分割，三乘佛法皆依此心而立名故。今者平實導師以其所證解脫道之無生智及佛菩提之般若種智，將《心經》與解脫道、佛菩提道、祖師公案之關係與密意，以演講之方式，用淺顯之語句和盤托出，發前人所未言，呈三乘菩提之眞義，令人藉此《心經密意》一舉而窺三乘菩提之堂奧，迥異諸方言不及義之說；欲求眞實佛智者、不可不讀！主文317頁，連同跋文及序文…等共384頁，售價300元。

宗門密意——**公案拈提**第七輯：佛教之世俗化，將導致學人以信仰作爲學佛，則將以感應及世間法之庇祐，作爲學佛之主要目標，不能了知學佛之主要目標爲親證三乘菩提。大乘菩提則以般若實相智慧爲主要修習目標，以二乘菩提解脫道爲附帶修習之標的；是故學習大乘法者，應以禪宗之證悟爲要務，能親入大乘菩提之實相般若智慧中故，般若實相智慧非二乘聖人所能知故。此書則以台灣世俗化佛教之三大法師，說法似是而非之實例，配合眞悟祖師之公案解析，提示證悟般若之關節，令學人易得悟入。平實導師著，全書五百餘頁，售價500元（2007年起，凡購買公案拈提第一輯至第七輯，每購一輯皆贈送本公司精製公案拈提〈超意境〉CD一片，市售價格280元，多購多贈）。

淨土聖道——兼評日本本願念佛：佛法甚深極廣，般若玄微，非諸二乘聖僧所能知之，一切凡夫更無論矣！所謂一切證量皆歸淨土是也！是故大乘法中「聖道之淨土、淨土之聖道」，其義甚深，難可了知；乃至眞悟之人，初心亦難知也。今有正德老師眞實證悟後，復能深探淨土與聖道之緊密關係，憐憫眾生之誤會淨土實義，亦欲利益廣大淨土行人同入聖道，同獲淨土中之聖道門要義，乃振奮心神、書以成文，今得刊行天下。主文279頁，連同序文等共301頁，總有十一萬六千餘字，正德老師著，成本價200元。

起信論講記：詳解大乘起信論**心生滅門**與**心眞如門**之眞實意旨，消除以往大師與學人對起信論所說**心生滅門**之誤解，由是而得了知眞心如來藏之非常非斷中道正理；亦因此一講解，令此論以往隱晦而被誤解之眞實義，得以如實顯示，令大乘佛菩提道之正理得以顯揚光大；初機學者亦可藉此正論所顯示之法義，對大乘法理生起正信，從此得以眞發菩提心，眞入大乘法中修學，世世常修菩薩正行。平實導師演述，共六輯，都已出版，每輯三百餘頁，售價各250元。

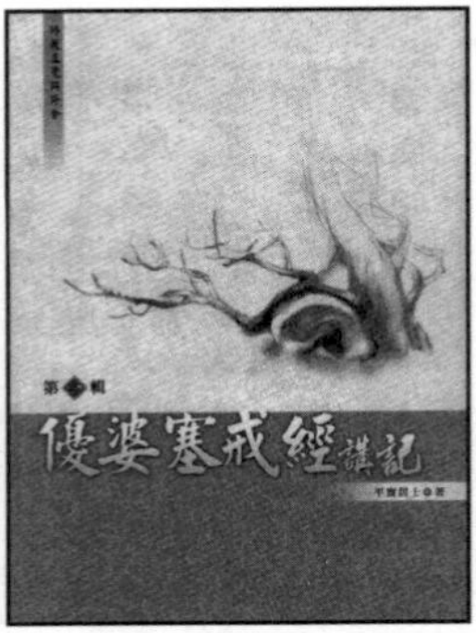

優婆塞戒經講記：本經詳述在家菩薩修學大乘佛法，應如何受持菩薩戒？對人間善行應如何看待？對三寶應如何護持？應如何正確地修集此世後世證法之福德？應如何修集後世「行菩薩道之資糧」？並詳述第一義諦之正義：五蘊非我非異我、自作自受、異作異受、不作不受……等深妙法義，乃是修學大乘佛法、行菩薩行之在家菩薩所應當了知者。出家菩薩今世或未來世登地已，捨報之後多數將如華嚴經中諸大菩薩，以在家菩薩身而修行菩薩行，故亦應以此經所述正理而修之，配合《楞伽經、解深密經、楞嚴經、華嚴經》等道次第正理，方得漸次成就佛道；故此經是一切大乘行者皆應證知之正法。平實導師講述，每輯三百餘頁，售價各250元；共八輯，已全部出版。

真假活佛—略論附佛外道盧勝彥之邪說：人人身中都有眞活佛，永生不滅而有大神用，但眾生都不了知，所以常被身外的西藏密宗假活佛籠罩欺瞞。本來就眞實存在的眞活佛，才是眞正的密宗無上密！諾那活佛因此而說禪宗是大密宗，但藏密的所有活佛都不知道、也不曾實證自身中的眞活佛。本書詳實宣示眞活佛的道理，舉證盧勝彥的「佛法」不是眞佛法，也顯示盧勝彥是假活佛，直接的闡釋第一義佛法見道的眞實正理。眞佛宗的所有上師與學人們，都應該詳細閱讀，包括盧勝彥個人在內。正犀居士著，優惠價140元。

阿含正義—唯識學探源：廣說四大部《阿含經》諸經中隱說之眞正義理，一一舉示佛陀本懷，令阿含時期初轉法輪根本經典之眞義，如實顯現於佛子眼前。並提示末法大師對於阿含眞義誤解之實例，一一比對之，證實唯識增上慧學確於原始佛法之阿含諸經中已隱覆密意而略說之，證實 世尊確於原始佛法中已曾密意而說第八識如來藏之總相；亦證實 世尊在四阿含中已說此藏識是名色十八界之因、之本—證明如來藏是能生萬法之根本心。佛子可據此修正以往受諸大師（譬如西藏密宗應成派中觀師：印順、昭慧、性廣、大願、達賴、宗喀巴、寂天、月稱、……等人）誤導之邪見，建立正見，轉入正道乃至親證初果而無困難；書中並詳說三果所證的**心解脫**，以及四果**慧解脫**的親證，都是如實可行的具體知見與行門。全書共七輯，已出版完畢。平實導師著，每輯三百餘頁，售價300元。

超意境CD：以平實導師公案拈提書中超越意境之頌詞，加上曲風優美的旋律，錄成令人嚮往的超意境歌曲，其中包括正覺發願文及平實導師親自譜成的黃梅調歌曲一首。詞曲雋永，殊堪翫味，可供學禪者吟詠，有助於見道。內附設計精美的彩色小冊，解說每一首詞的背景本事。每片280元。【每購買公案拈提書籍一冊，即贈送一片。】

鈍鳥與靈龜：鈍鳥及靈龜二物，被宗門證悟者說爲二種人：前者是精修禪定而無智慧者，也是以定爲禪的愚癡禪人；後者是或有禪定、或無禪定的宗門證悟者，凡已證悟者皆是靈龜。但後者被人虛造事實，用以嘲笑大慧宗杲禪師，說他雖是靈龜，卻不免被天童禪師預記「患背」痛苦而亡：「**鈍鳥離巢易，靈龜脱殼難。**」藉以貶低大慧宗杲的證量；同時又將天童禪師實證如來藏的證量，曲解爲意識境界的離念靈知。自從大慧禪師入滅以後，錯悟凡夫對他的不實毀謗就一直存在著，不曾止息，並且捏造的假事實也隨著年月的增加而越來越多，終至編成「鈍鳥與靈龜」的假公案、假故事。本書是考證大慧與天童之間的不朽情誼，顯現這件假公案的虛妄不實；更見大慧宗杲面對惡勢力時的正直不阿，亦顯示大慧對天童禪師的至情深義，將使後人對大慧宗杲的誣謗至此而止，不再有人誤犯毀謗賢聖的惡業。書中亦舉出大慧與天童二師的證悟內容，證明宗門的所悟確以第八識如來藏爲標的，詳讀之後必可改正以前被錯悟大師誤導的參禪知見，日後必定有助於實證禪宗的開悟境界，得階大乘眞見道位中，即是實證般若之賢聖。全書459頁，售價350元。

我的菩提路第一輯：凡夫及二乘聖人不能實證的佛菩提證悟，末法時代的今天仍然有人能得實證，由正覺同修會釋悟圓、釋善藏法師等二十餘位實證如來藏者所寫的見道報告，已爲當代學人見證宗門正法之絲縷不絕，證明大乘義學的法脈仍然存在，爲末法時代求悟般若之學人照耀出光明的坦途。由二十餘位大乘見道者所繕，敘述各種不同的學法、見道因緣與過程，參禪求悟者必讀。全書三百餘頁，售價300元。

我的菩提路第二輯：由郭正益老師等人合著，書中詳述彼等諸人歷經各處道場學法，一一修學而加以檢擇之不同過程以後，因閱讀正覺同修會、正智出版社書籍而發起抉擇分，轉入正覺同修會中修學；乃至學法及見道之過程，都一一詳述之。其中張志成等人係由前現代禪轉進正覺同修會，張志成原爲現代禪副宗長，以前未閱本會書籍時，曾被人藉其名義著文評論 平實導師（詳見《宗通與說通》辨正及《眼見佛性》書末附錄…等）；後因偶然接觸正覺同修會書籍，深覺以前聽人評論平實導師之語不實，於是投入極多時間閱讀本會書籍、深入思辨，詳細探索中觀與唯識之關聯與異同，認爲正覺之法義方是正法，深覺相應；亦解開多年來對佛法的迷雲，確定應依八識論正理修學方是正法。乃不顧面子，毅然前往正覺同修會面見平實導師懺悔，並正式學法求悟。今已與其同修王美伶（亦爲前現代禪傳法老師），同樣證悟如來藏而證得法界實相，生起實相般若眞智。此書中尚有七年來本會第一位眼見佛性者之見性報告一篇，一同供養大乘佛弟子。全書四百頁，售價300元。

我的菩提路第三輯：由王美伶老師等人合著。自從正覺同修會成立以來，每年夏初、冬初都舉辦精進禪三共修，藉以助益會中同修們得以證悟明心發起般若實相智慧；凡已實證而被平實導師印證者，皆書具見道報告用以證明佛法之眞實可證而非玄學，證明佛法並非純屬思想、理論而無實質，是故每年都能有人證明正覺同修會的「實證佛教」主張並非虛語。特別是眼見佛性一法，自古以來中國禪宗祖師實證者極寡，較之明心開悟的證境更難令人信受；至2017年初，正覺同修會中的證悟明心者已近五百人，然而其中眼見佛性者至今唯十餘人爾，可謂難能可貴，是故明心後欲冀眼見佛性者實屬不易。黃正倖老師是懸絕七年無人見性後的第一人，她於2009年的見性報告刊於本書的第二輯中，爲大眾證明佛性確實可以眼見；其後七年之中求見性者都屬解悟佛性而無人眼見，幸而又經七年後的2016冬初，以及2017夏初的禪三，復有三人眼見佛性，希冀鼓舞四眾佛子求見佛性之大心，今則具載一則於書末，顯示求見佛性之事實經歷，供養現代佛教界欲得見性之四眾弟子。全書四百頁，售價300元，已於2017年6月30日發行。

我的菩提路第四輯：由陳晏平等人著。中國禪宗祖師往往有所謂「見性」之言，所言多屬看見如來藏具有能令人發起成佛之自性，並非《大般涅槃經》中如來所說之眼見佛性。眼見佛性者，於親見佛性之時，即能於山河大地眼見自己佛性，亦能於他人身上眼見自己佛性及對方之佛性，如是境界無法爲尚未實證者解釋；勉強說之，縱使眞實明心證悟之人聞之，亦只能以自身明心之境界想像之，但不論如何想像多屬非量，能有正確之比量者亦是稀有，故說眼見佛性極爲困難。眼見佛性之人若所見極分明時，在所見佛性之境界下所眼見之山河大地、自己五蘊身心皆是虛幻，自有異於明心者之解脫功德受用，此後永不思證二乘涅槃，必定邁向成佛之道而進入第十住位中，已超第一阿僧祇劫三分有一，可謂之爲超劫精進也。今又有明心之後眼見佛性之人出於人間，將其明心及後來見性之報告，連同其餘證悟明心者之精彩報告一同收錄於此書中，供養眞求佛法實證之四眾佛子。全書380頁，售價300元，已於2018年6月30日發行。

我的菩提路第五輯：林慈慧老師等人著，本輯中所舉學人從相似正法中來到正覺同修會的過程，各人都有不同，發生的因緣亦是各有差別，然而都會指向同一個目標——證實生命實相的源底，確證自己生從何來、死往何去的事實，所以最後都證明佛法眞實而可親證，絕非玄學；本書將彼等諸人的始修及末後證悟之實例，羅列出來以供學人參考。本期亦有一位會裡的老師，是從1995年即開始追隨 平實導師修學，1997年明心後持續進修不斷，直到2017年眼見佛性之實例，足可證明《大般涅槃經》中世尊開示眼見佛性之法正眞無訛，第十住位的實證在末法時代的今天仍有可能，如今一併具載於書中以供學人參考，並供養現代佛教界欲得見性之四眾弟子。全書四百頁，售價300元，已於2019年12月31日發行。

我的菩提路第六輯：劉惠莉老師等人著，本輯中舉示劉老師明心多年以後的眼見佛性實錄，供末法時代學人了知明心之異於見性本質，足可證明《大般涅槃經》中世尊開示眼見佛性之法正眞無訛。亦列舉多篇學人從各道場來到正覺學法之不同過程，以及如何發覺邪見之異於正法的所在，最後終能在正覺禪三中悟入的實況，以證明佛教正法仍在末法時代的人間繼續弘揚的事實，鼓舞一切眞實學法的菩薩大眾思之：我等諸人亦可有因緣證悟，絕非空想白思。約四百頁，售價300元，已於2020年6月30日發行。

勝鬘經講記：如來藏爲三乘菩提之所依，若離如來藏心體及其含藏之一切種子，即無三界有情及一切世間法，亦無二乘菩提緣起性空之出世間法；本經詳說無始無明、一念無明皆依如來藏而有之正理，藉著詳解煩惱障與所知障間之關係，令學人深入了知二乘菩提與佛菩提相異之妙理；聞後即可了知佛菩提之特勝處及三乘修道之方向與原理，邁向攝受正法而速成佛道的境界中。平實導師講述，共六輯，每輯三百餘頁，售價各250元。

菩薩底憂鬱ＣＤ將菩薩情懷及禪宗公案寫成新詞，並製作成超越意境的優美歌曲。1.主題曲〈菩薩底憂鬱〉，描述地後菩薩能離三界生死而迴向繼續生在人間，但因尚未斷盡習氣種子而有極深沈之憂鬱，非三賢位菩薩及二乘聖者所知，此憂鬱在七地滿心位方才斷盡；本曲之詞中所說義理極深，昔來所未曾見；此曲係以優美的情歌風格寫詞及作曲，聞者得以激發嚮往諸地菩薩境界之大心，詞、曲都非常優美，難得一見；其中勝妙義理之解說，已印在附贈之彩色小冊中。2.以各輯公案拈提中直示禪門入處之頌文，作成各種不同曲風之超意境歌曲，值得玩味、參究；聆聽公案拈提之優美歌曲時，請同時閱讀內附之印刷精美說明小冊，可以領會超越三界的證悟境界；未悟者可以因此引發求悟之意向及疑情，眞發菩提心而邁向求悟之途，乃至因此眞實悟入般若，成眞菩薩。3.正覺總持咒新曲，總持佛法大意；總持咒之義理，已加以解說並印在隨附之小冊中。本CD共有十首歌曲，長達63分鐘，附贈二張購書優惠券。每片280元。

禪意無限ＣＤ平實導師以公案拈提書中偈頌寫成不同風格曲子，與他人所寫不同風格曲子共同錄製出版，幫助參禪人進入禪門超越意識之境界。盒中附贈彩色印製的精美解說小冊，以供聆聽時閱讀，令參禪人得以發起參禪之疑情，即有機會證悟本來面目，實證大乘菩提般若。本CD共有十首歌曲，長達69分鐘，每盒各附贈二張購書優惠券。每片280元。

明心與眼見佛性：本書細述明心與眼見佛性之異同，同時顯示了中國禪宗破初參明心與重關眼見佛性二關之間的關聯；書中又藉法義辨正而旁述其他許多勝妙法義，讀後必能遠離佛門長久以來積非成是的錯誤知見，令讀者在佛法的實證上有極大助益。也藉慧廣法師的謬論來教導佛門學人回歸正知正見，遠離古今禪門錯悟者所墮的意識境界，非唯有助於斷我見，也對未來的開悟明心實證第八識如來藏有所助益，是故學禪者都應細讀之。游正光老師著　共448頁　售價300元

見性與看話頭：黃正倖老師的《見性與看話頭》於《正覺電子報》連載完畢，今結集出版。書中詳說禪宗看話頭的詳細方法，並細說看話頭與眼見佛性的關係，以及眼見佛性者求見佛性前必須具備的條件。本書是禪宗實修者追求明心開悟時參禪的方法書，也是求見佛性者作功夫時必讀的方法書，內容兼顧眼見佛性的理論與實修之方法，是依實修之體驗配合理論而詳述，條理分明而且極爲詳實、周全、深入。本書內文375頁，全書416頁，售價300元。

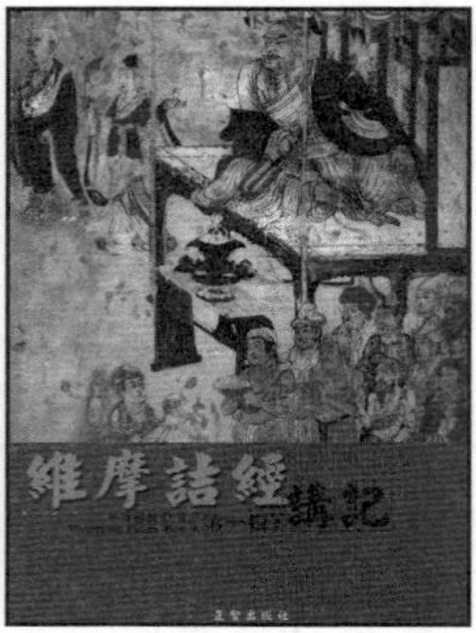

維摩詰經講記：本經係 世尊在世時，由等覺菩薩維摩詰居士藉疾病而演說之大乘菩提無上妙義，所說函蓋甚廣，然極簡略，是故今時諸方大師與學人讀之悉皆錯解，何況能知其中隱含之深妙正義，是故普遍無法爲人解說；若強爲人說，則成依文解義而有諸多過失。今由平實導師公開宣講之後，詳實解釋其中密意，令維摩詰菩薩所說大乘不可思議解脫之深妙正法得以正確宣流於人間，利益當代學人及與諸方大師。書中詳實演述大乘佛法深妙不共二乘之智慧境界，顯示諸法之中絕待之實相境界，建立大乘菩薩妙道於永遠不敗不壞之地，以此成就護法偉功，欲冀永利娑婆人天。已經宣講圓滿整理成書流通，以利諸方大師及諸學人。全書共六輯，每輯三百餘頁，售價各250元。

真假外道：本書具體舉證佛門中的常見外道知見實例，並加以教證及理證上的辨正，幫助讀者輕鬆而快速的了知常見外道的錯誤知見，進而遠離佛門內外的常見外道知見，因此即能改正修學方向而快速實證佛法。游正光老師著 。成本價200元。

金剛經宗通：三界唯心，萬法唯識，是成佛之修證內容，是諸地菩薩之所修；般若則是成佛之道（實證三界唯心、萬法唯識）的入門，若未證悟實相般若，即無成佛之可能，必將永在外門廣行菩薩六度，永在凡夫位中。然而實相般若的發起，全賴實證萬法的實相；若欲證知萬法的眞相，則必須探究萬法之所從來，則須實證自心如來—金剛心如來藏，然後現觀這個金剛心的金剛性、眞實性、如如性、清淨性、涅槃性、能生萬法的自性性、本住性，名爲證眞如；進而現觀三界六道唯是此金剛心所成，人間萬法須藉八識心王和合運作方能現起。如是實證《華嚴經》的「三界唯心、萬法唯識」以後，由此等現觀而發起實相般若智慧，繼續進修第十住位的如幻觀、第十行位的陽焰觀、第十迴向位的如夢觀，再生起增上意樂而勇發十無盡願，方能滿足三賢位的實證，轉入初地；自知成佛之道而無偏倚，從此按部就班、次第進修乃至成佛。第八識自心如來是般若智慧之所依，般若智慧的修證則要從實證金剛心自心如來開始；《金剛經》則是解說自心如來之經典，是一切三賢位菩薩所應進修之實相般若經典。這一套書，是將平實導師宣講的《金剛經》內容，整理成文字而流通之；書中所說義理，迴異古今諸家依文解義之說，指出大乘見道方向與理路，有益於禪宗學人求開悟見道，及轉入內門廣修六度萬行。已於2013年9月出版完畢，總共9輯，每輯約三百餘頁，售價各250元。

空行母—性別、身分定位，以及藏傳佛教　本書作者為蘇格蘭哲學家，因為嚮往佛教深妙的哲學內涵，於是進入當年盛行於歐美的假藏傳佛教密宗，擔任卡盧仁波切的翻譯工作多年以後，被邀請成為卡盧的空行母（又名佛母、明妃），開始了她在密宗裡的實修過程；後來發覺在密宗雙身法中的修行，其實無法使自己成佛，也發覺密宗對女性岐視而處處貶抑，並剝奪女性在雙身法中擔任一半角色時應有的身分定位。當她發覺自己只是雙身法中被喇嘛利用的工具，沒有獲得絲毫應有的尊重與基本定位時，發現了密宗的父權社會控制女性的本質；於是作者傷心地離開了卡盧仁波切與密宗，但是卻被恐嚇不許講出她在密宗裡的經歷，也不許她說出自己對密宗的教義與教制下對女性剝削的本質，否則將被咒殺死亡。後來她去加拿大定居，十餘年後方才擺脫這個恐嚇陰影，下定決心將親身經歷的實情及觀察到的事實寫下來並且出版，公諸於世。出版之後，她被流亡的達賴集團人士大力攻訐，誣指她為精神狀態失常、說謊……等。但有智之士並未被達賴集團的政治操作及各國政府政治運作吹捧達賴的表相所欺，使她的書銷售無阻而又再版。正智出版社鑑於作者此書是親身經歷的事實，所說具有針對「藏傳佛教」而作學術研究的價值，也有使人認清假藏傳佛教剝削佛母、明妃的男性本位實質，因此洽請作者同意中譯而出版於華人地區。珍妮·坎貝爾女士著，呂艾倫 中譯，每冊250元。

假藏傳佛教的神話—性、謊言、喇嘛教　本書編著者是由一首名為「阿姊鼓」的歌曲為緣起，展開了序幕，揭開假藏傳佛教—喇嘛教—的神秘面紗。其重點是蒐集、摘錄網路上質疑「喇嘛教」的帖子，以揭穿「假藏傳佛教的神話」為主題，串聯成書，並附加彩色插圖以及說明，讓讀者們瞭解西藏密宗及相關人事如何被操作為「神話」的過程，以及神話背後的眞相。作者：張正玄教授。售價200元。

霧峰無霧—給哥哥的信　本書作者藉兄弟之間信件往來論義，略述佛法大義；並以多篇短文辨義，舉出釋印順對佛法的無量誤解證據，並一一給予簡單而清晰的辨正，令人一讀即知。久讀、多讀之後即能認清楚釋印順的六識論見解，與眞實佛法之牴觸是多麼嚴重；於是在久讀、多讀之後，於不知不覺之間提升了對佛法的極深入理解，正知正見就在不知不覺間建立起來了。當三乘佛法的正知見建立起來之後，對於三乘菩提的見道條件便將隨之具足，於是聲聞解脫道的見道也就水到渠成；接著大乘見道的因緣也將次第成熟，未來自然也會有親見大乘菩提之道的因緣，悟入大乘實相般若也將自然成功，自能通達般若系列諸經而成實義菩薩。作者居住於南投縣霧峰鄉，自喻見道之後不復再見霧峰之霧，故鄉原野美景一一明見，於是立此書名爲《霧峰無霧》；讀者若欲撥霧見月，可以此書爲緣。游宗明　老師著　已於2015年出版　售價250元。

霧峰無霧—第二輯—救護佛子向正道　本書作者藉釋印順著作中之各種錯謬法義提出辨正，以詳實的文義一一提出理論上及實證上之解析，列舉釋印順對佛法的無量誤解證據，藉此教導佛門大師與學人釐清佛法義理，遠離岐途轉入正道，然後知所進修，久之便能見道明心而入大乘勝義僧數。被釋印順誤導的大師與學人極多，很難救轉，是故作者大發悲心深入解說其錯謬之所在，佐以各種義理辨正而令讀者在不知不覺之間轉歸正道。如是久讀之後欲得斷身見、證初果，即不爲難事；乃至久之亦得大乘見道而得證眞如，脫離空有二邊而住中道，實相般若智慧生起，於佛法不再茫然，漸漸亦知悟後進修之道。屆此之時，對於大乘般若等深妙法之迷雲暗霧亦將一掃而空，生命及宇宙萬物之故鄉原野美景一一明見，是故本書仍名《霧峰無霧》，爲第二輯；讀者若欲撥雲見日、離霧見月，可以此書爲緣。游宗明　老師著　已於2019年出版　售價250元。

達賴真面目—玩盡天下女人：假使您不想戴綠帽子，請記得詳細閱讀此書；假使您不想讓好朋友戴綠帽子，請您將此書介紹給您的好朋友。假使您想保護家中的女性，也想要保護好朋友的女眷，請記得將此書送給家中的女性和好友的女眷都來閱讀。本書爲印刷精美的大本彩色中英對照精裝本，爲您揭開達賴喇嘛的眞面目，內容精彩不容錯過，爲利益社會大眾，特別以優惠價格嘉惠所有讀者。編著者：白志偉等。大開版雪銅紙彩色精裝本。售價800元。

喇嘛性世界—揭開假藏傳佛教譚崔瑜伽的面紗：這個世界中的喇嘛，號稱來自世外桃源的香格里拉，穿著或紅或黃的喇嘛長袍，散布於我們的身邊傳教灌頂，吸引了無數的人嚮往學習；這些喇嘛虔誠地爲大眾祈福，手中拿著寶杵（金剛）與寶鈴（蓮花），口中唸著咒語：「唵．嘛呢．叭咪．吽……」，咒語的意思是說：「我至誠歸命金剛杵上的寶珠伸向蓮花寶穴之中」！「喇嘛性世界」是什麼樣的「世界」呢？本書將爲您呈現喇嘛世界的面貌。當您發現眞相以後，您將會唸：「噢！喇嘛．性．世界，譚崔性交嘛！」作者：張善思、呂艾倫。售價200元。

末代達賴—性交教主的悲歌：簡介從藏傳僞佛教（喇嘛教）的修行核心—性力派男女雙修，探討達賴喇嘛及藏傳僞佛教的修行內涵。書中引用外國知名學者著作、世界各地新聞報導，包含：歷代達賴喇嘛的祕史、達賴六世修雙身法的事蹟，以及《時輪續》中的性交灌頂儀式……等；達賴喇嘛書中開示的雙修法、達賴喇嘛的黑暗政治手段；達賴喇嘛所領導的寺院爆發喇嘛性侵兒童；新聞報導《西藏生死書》作者索甲仁波切性侵女信徒、澳洲喇嘛秋達公開道歉、美國最大假藏傳佛教組織領導人邱陽創巴仁波切的性氾濫，等等事件背後眞相的揭露。作者：張善思、呂艾倫、辛燕。售價250元。

黯淡的達賴—失去光彩的諾貝爾和平獎：本書舉出很多證據與論述，詳述達賴喇嘛不爲世人所知的一面，顯示達賴喇嘛並不是眞正的和平使者，而是假借諾貝爾和平獎的光環來欺騙世人；透過本書的說明與舉證，讀者可以更清楚的瞭解，達賴喇嘛是結合暴力、黑暗、淫欲於喇嘛教裡的集團首領，其政治行爲與宗教主張，早已讓諾貝爾和平獎的光環染污了。本書由財團法人正覺教育基金會寫作、編輯，由正覺出版社印行，每冊250元。

楞嚴經講記：楞嚴經係密教部之重要經典，亦是顯教中普受重視之經典；經中宣說明心與見性之內涵極為詳細，將一切法都會歸如來藏及佛性—妙眞如性；亦闡釋佛菩提道修學過程中之種種魔境，以及外道誤會涅槃之狀況，旁及三界世間之起源。然因言句深澀難解，法義亦復深妙寬廣，學人讀之普難通達，是故讀者大多誤會，不能如實理解佛所說之明心與見性內涵，亦因是故多有悟錯之人引為開悟之證言，成就大妄語罪。今由平實導師詳細講解之後，整理成文，以易讀易懂之語體文刊行天下，以利學人。全書十五輯，全部出版完畢。每輯三百餘頁，售價每輯300元。

第七意識與第八意識？—**穿越時空「超意識」**「三界唯心，萬法唯識」是佛教中應該實證的聖教，也是《華嚴經》中明載而可以實證的法界實相。唯心者，三界一切境界、一切諸法唯是一心所成就，即是每一個有情的第八識如來藏，不是意識心。唯識者，即是人類各各都具足的八識心王——眼識、耳鼻舌身意識、意根、阿賴耶識，第八阿賴耶識又名如來藏，人類五陰相應的萬法，莫不由八識心王共同運作而成就，故說萬法唯識。依聖教量及現量、比量，都可以證明意識是二法因緣生，是由第八識藉意根與法塵二法為因緣而出生，又是夜夜斷滅不存之生滅心，即無可能反過來出生第七識意根、第八識如來藏，當知不可能從生滅性的意識心中，細分出恆審思量的第七識意根，更無可能細分出恆而不審的第八識如來藏。本書是將演講內容整理成文字，細說如是內容，並已在〈正覺電子報〉連載完畢，今彙集成書以廣流通，欲幫助佛門有緣人斷除意識我見，跳脫於識陰之外而取證聲聞初果；嗣後修學禪宗時即得不墮外道神我之中，得以求證第八識金剛心而發起般若實智。平實導師 述，每冊300元。

人間佛教
Humanistic Buddhism
—實證者必定不悖三乘菩提
—Teachings from an enlightened Buddhist do not contradict the Three-Vehicle Bodhi

人間佛教—實證者必定不悖三乘菩提　「大乘非佛說」的講法似乎流傳已久，卻只是日本人企圖擺脫中國正統佛教的影響，而在明治維新時期才開始提出來的說法；台灣佛教、大陸佛教的淺學無智之人，由於未曾實證佛法而迷信日本人錯誤的學術考證，錯認爲這些別有用心的日本佛學考證的講法爲天竺佛教的眞實歷史；甚至還有更激進的反對佛教者提出「**釋迦牟尼佛並非眞實存在，只是後人捏造的假歷史人物**」，竟然也有少數佛教徒願意跟著「學術」的假光環而信受不疑，亦導致部分台灣佛教界人士，造作了反對中國大乘佛教而推崇南洋小乘佛教的行爲，使台灣佛教的信仰者難以檢擇，亦導致一般大陸人士開始轉入基督教的盲目迷信中。在這些佛教及外教人士之中，也就有一分人根據此邪說而大聲主張「大乘非佛說」的謬論，這些人以「人間佛教」的名義來抵制中國正統佛教，公然宣稱中國的大乘佛教是由聲聞部派佛教的凡夫僧所創造出來的。這樣的說法流傳於台灣及大陸佛教界凡夫僧之中已久，卻非眞正的佛教歷史中曾經發生過的事，只是繼承六識論的聲聞法中凡夫僧，以及別有居心的日本佛教界，依自己的意識境界立場，純憑臆想而編造出來的妄想說法，卻已經影響許多無智之凡夫僧俗信受不移。本書則是從佛教的經藏法義實質及實證的現量內涵本質立論，證明大乘佛法本是佛說，是從《阿含正義》尚未說過的不同面向來討論「人間佛教」的議題，證明「大乘眞佛說」。閱讀本書可以斷除六識論邪見，迴入三乘菩提正道發起實證的因緣；也能斷除禪宗學人學禪時普遍存在之錯誤知見，對於建立參禪時的正知見有很深的著墨。平實導師 述，內文488頁，全書528頁，定價400元。

童女迦葉考—論呂凱文〈佛教輪迴思想的論述分析〉之謬　童女迦葉是佛世率領五百大比丘遊行於人間的歷史事實，是以童貞行而依止菩薩戒弘化於人間的大菩薩，不依別解脫戒（聲聞戒）來弘化於人間。這是大乘佛教與聲聞佛教同時存在於佛世的歷史明證，證明大乘佛教不是從聲聞法中分裂出來的部派佛教的產物，卻是聲聞佛教分裂出來的部派佛教聲聞凡夫僧所不樂見的史實；於是古今聲聞法中的凡夫都欲加以扭曲而作詭說，更是末法時代高聲大呼「大乘非佛說」的六識論聲聞凡夫極力想要扭曲的佛教史實之一，於是想方設法扭曲迦葉菩薩爲聲聞僧，以及扭曲迦葉童女爲比丘僧等荒謬不實之論著便陸續出現，古時聲聞僧寫作的《分別功德論》是最具體之事例，現代之代表作則是呂凱文先生的〈佛教輪迴思想的論述分析〉論文。鑑於如是假藉學術考證以籠罩大眾之不實謬論，未來仍將繼續造作及流竄於佛教界，繼續扼殺大乘佛教學人法身慧命，必須舉證辨正之，遂成此書。平實導師　著，每冊180元。

中觀金鑑—詳述應成派中觀的起源與其破法本質　學佛人往往迷於中觀學派之不同學說，被應成派與自續派所迷惑；修學般若中觀二十年後自以爲實證般若中觀了，卻仍不曾入門，甫聞實證般若中觀者之所說，則茫無所知，迷惑不解；隨後信心盡失，不知如何實證佛法；凡此，皆因惑於這二派中觀學說所致。自續派中觀所說同於常見，以意識境界立爲第八識如來藏之境界，應成派所說則同於斷見，但又同立意識爲常住法，故亦具足斷常二見。今者孫正德老師有鑑於此，乃將起源於密宗的應成派中觀學說，追本溯源，詳考其來源之外，亦一一舉證其立論內容，詳加辨正，令密宗雙身法祖師以識陰境界而造之應成派中觀學說本質，詳細呈現於學人眼前，令其維護雙身法之目的無所遁形。若欲遠離密宗此二大派中觀謬說，欲於三乘菩提有所進道者，允宜具足閱讀並細加思惟，反覆讀之以後將可捨棄邪道返歸正道，則於般若之實證即有可能，證後自能現觀如來藏之中道境界而成就中觀。本書分上、中、下三冊，每冊250元，已全部出版完畢。

實相經宗通：學佛之目的在於實證一切法界背後之實相，禪宗稱之爲本來面目或本地風光，佛菩提道中稱之爲實相法界；此實相法界即是金剛藏，又名佛法之祕密藏，即是能生有情五陰、十八界及宇宙萬有（山河大地、諸天、三惡道世間）的第八識如來藏，又名阿賴耶識心，即是禪宗祖師所說的眞如心，此心即是三界萬有背後的實相。證得此第八識心時，自能瞭解般若諸經中隱說的種種密意，即得發起實相般若——實相智慧。每見學佛人修學佛法二十年後仍對實相般若茫然無知，亦不知如何入門，茫無所趣；更因不知三乘菩提的互異互同，是故越是久學者對佛法越覺茫然，都肇因於尚未瞭解佛法的全貌，亦未瞭解佛法的修證內容即是第八識心所致。本書對於修學佛法者所應實證的實相境界提出明確解析，並提示趣入佛菩提道的入手處，有心親證實相般若的佛法實修者，宜詳讀之，於佛菩提道之實證即有下手處。平實導師述著，共八輯，已於2016年出版完畢，每輯成本價250元。

真心告訴您（一）——達賴喇嘛在幹什麼？ 這是一本報導篇章的選集，更是「破邪顯正」的暮鼓晨鐘。「破邪」是戳破假象，說明達賴喇嘛及其所率領的密宗四大派法王、喇嘛們，弘傳的佛法是仿冒的佛法；他們是假藏傳佛教，是坦特羅（譚崔性交）外道法和藏地崇奉鬼神的苯教混合成的「喇嘛教」，推廣的是以所謂「無上瑜伽」的男女雙身法冒充佛法的假佛教，詐財騙色誤導眾生，常常造成信徒家庭破碎、家中兒少失怙的嚴重後果。「顯正」是揭櫫眞相，指出眞正的藏傳佛教只有一個，就是覺囊巴，傳的是　釋迦牟尼佛演繹的第八識如來藏妙法，稱爲他空見大中觀。正覺教育基金會即以此古今輝映的如藏正法正知見，在眞心新聞網中逐次報導出來，將箇中原委「眞心告訴您」，如今結集成書，與想要知道密宗眞相的您分享。售價250元。

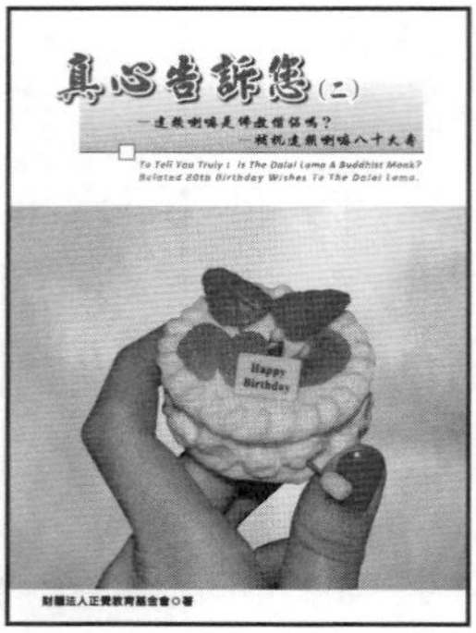

真心告訴您（二）——達賴喇嘛是佛教僧侶嗎？補祝達賴喇嘛八十大壽：這是一本針對當今達賴喇嘛所領導的喇嘛教，冒用佛教名相、於師徒間或師兄姊間，實修男女邪淫，而從佛法三乘菩提的現量與聖教量，揭發其謊言與邪術，證明達賴及其喇嘛教是仿冒佛教的外道，是「假藏傳佛教」。藏密四大派教義雖有「八識論」與「六識論」的表面差異，然其實修之內容，皆共許「無上瑜伽」四部灌頂爲究竟「成佛」之法門，也就是共以男女雙修之邪淫法爲「即身成佛」之密要，雖美其名曰「欲貪爲道」之「金剛乘」，並誇稱其成就超越於（應身佛）釋迦牟尼佛所傳之顯教般若乘之上；然詳考其理論，則或以意識離念時之粗細心爲第八識如來藏，或以中脈裡的明點爲第八識如來藏，或如宗喀巴與達賴堅決主張第六意識爲常恆不變之眞心者，分別墮於外道之常見與斷見中；全然違背 佛說能生五蘊之如來藏的實質。售價300元。

西藏「活佛轉世」制度——附佛、造神、世俗法：歷來關於喇嘛教活佛轉世的研究，多針對歷史及文化兩部分，於其所以成立的理論基礎，較少系統化的探討。尤其是此制度是否依據「佛法」而施設？是否合乎佛法眞實義？現有的文獻大多含糊其詞，或人云亦云，不曾有明確的闡釋與如實的見解。因此本文先從活佛轉世的由來，探索此制度的起源、背景與功能，並進而從活佛的尋訪與認證之過程，發掘活佛轉世的特徵，以確認「活佛轉世」在佛法中應具足何種果德。定價150元。

法華經講義：此書為平實導師始從2009/7/21演述至2014/1/14之講經錄音整理所成。世尊一代時教，總分五時三教，即是華嚴時、聲聞緣覺教、般若教、種智唯識教、法華時；依此五時三教區分為藏、通、別、圓四教。本經是最後一時的圓教經典，圓滿收攝一切法教於本經中，是故最後的圓教聖訓中，特地指出無有三乘菩提，其實唯有一佛乘；皆因眾生愚迷故，方便區分為三乘菩提以助眾生證道。世尊於此經中特地說明如來示現於人間的唯一大事因緣，便是為有緣眾生「開、示、悟、入」諸佛的所知所見——第八識如來藏妙真如心，並於諸品中隱說「妙法蓮花」如來藏心的密意。然因此經所說甚深難解，真義隱晦，古來難得有人能窺堂奧；平實導師以知如是密意故，特為末法佛門四眾演述《妙法蓮華經》中各品蘊含之密意，使古來未曾被古德註解出來的「此經」密意，如實顯示於當代學人眼前。乃至〈藥王菩薩本事品〉、〈妙音菩薩品〉、〈觀世音菩薩普門品〉、〈普賢菩薩勸發品〉中的微細密意，亦皆一併詳述之，可謂開前人所未曾言之密意，示前人所未見之妙法。最後乃至以〈法華大義〉而總其成，全經妙旨貫通始終，而依佛旨圓攝於一心如來藏妙心，厥為曠古未有之大說也。平實導師述　，共有25輯，已於2019/05/31出版完畢。每輯300元。

涅槃——解說四種涅槃之實證及內涵：真正學佛之人，首要即是見道，由見道故方有涅槃之實證，證涅槃者方能出生死，但涅槃有四種：二乘聖者的有餘涅槃、無餘涅槃，以及大乘聖者的本來自性清淨涅槃、佛地的無住處涅槃。大乘聖者實證本來自性清淨涅槃，入地前再取證二乘涅槃，然後起惑潤生捨離二乘涅槃，繼續進修而在七地心前斷盡三界愛之習氣種子，依七地無生法忍之具足而證得念念入滅盡定；八地後進斷異熟生死，直至妙覺地下生人間成佛，具足四種涅槃，方是真正成佛。此理古來少人言，以致誤會涅槃正理者比比皆是，今於此書中廣說四種涅槃、如何實證之理、實證前應有之條件，實屬本世紀佛教界極重要之著作，令人對涅槃有正確無訛之認識，然後可以依之實行而得實證。本書共有上下二冊，每冊各四百餘頁，對涅槃詳加解說，每冊各350元。

佛藏經講義：本經說明爲何佛菩提難以實證之原因，都因往昔無數阿僧祇劫前的邪見，引生此世求證時之業障而難以實證。即以諸法實相詳細解說，繼之以念佛品、念法品、念僧品，說明諸佛與法之實質；然後以淨戒品之說明，期待佛弟子四眾堅持清淨戒而轉化心性，並以往古品的實例說明，教導四眾務必滅除邪見轉入正見中，然後以了戒品的說明和囑累品的付囑，期望末法時代的佛門四眾弟子皆能清淨知見而得以實證。平實導師於此經中有極深入的解說，總共21輯，每輯300元，於2019/07/31開始每二個月發行一輯。

我的菩提路第七輯：余正偉老師等人著，本輯中舉示余老師明心二十餘年以後的眼見佛性實錄，供末法時代學人了知明心異於見性之本質，並且舉示其見性後與平實導師互相討論眼見佛性之諸多疑訛處；除了證明《大般涅槃經》中世尊開示眼見佛性之法正眞無訛以外，亦得一解明心後尚未見性者之所未知處，甚爲精彩。此外亦列舉多篇學人從各不同宗教進入正覺學法之不同過程，以及發覺諸方道場邪見之內容與過程，最終得於正覺精進禪三中悟入的實況，足供末法精進學人借鑑，以彼鑑己而生信心，得以投入了義正法中修學及實證。凡此，皆足以證明不唯明心所證之第七住位般若智慧及解脫功德仍可實證，乃至第十住位的實證與當場發起如幻觀之實證，於末法時代的今天皆仍有可能。本書約四百頁，售價300元，將於2021年6月30日發行。

大法鼓經講義：本經解說佛法的總成：法、非法。由開解法、非法二義，說明了義佛法與世間戲論法的差異，指出佛法實證之標的即是法第八識如來藏；並顯示實證後的智慧，如實擊大法鼓、演深妙法，演說如來祕密教法，非二乘定性及諸凡夫所能得聞，唯有具足菩薩性者方能得聞。正聞之後即得依於 世尊大願而拔除邪見，入於正法而得實證；深解不了義經之方便說，亦能實解了義經所說之眞實義，得以證法如來藏，而得發起根本無分別智，乃至進修而發起後得無分別智；並堅持布施及受持清淨戒而轉化心性，得以現觀眞我如來藏之各種層面。此爲第一義諦聖教，於末法最後餘四十年時，一切世間樂見離車童子將繼續護持此經所說正法。平實導師於此經中有極深入的解說，總共約六輯，每輯300元，於《佛藏經講義》出版完畢後開始發行，每二個月發行一輯。

解深密經講義：本經係 世尊晚年第三轉法輪，宣說地上菩薩所應熏修之唯識正義經典，經中所說義理乃是大乘一切種智增上慧學，以阿陀那識—如來藏—阿賴耶識爲主體。禪宗之證悟者，若欲修證初地無生法忍乃至八地無生法忍者，必須修學《楞伽經、解深密經》所說之八識心王一切種智；此二經所說正法，方是眞正成佛之道；印順法師否定第八識如來藏之後所說萬法緣起性空之法，是以誤會後之二乘解脫道取代大乘眞正成佛之道，尚且不符二乘解脫道正理，亦已墮於斷滅見中，不可謂爲成佛之道也。平實導師曾於本會郭故理事長往生時，於喪宅中從首七開始宣講，於每一七各宣講三小時，至第十七而快速略講圓滿，作爲郭老之往生佛事功德，迴向郭老早證八地、速返娑婆住持正法。茲爲今時後世學人故，將擇期重講《解深密經》，以淺顯之語句講畢後，將會整理成文，用供證悟者進道；亦令諸方未悟者，據此經中佛語正義，修正邪見，依之速能入道。平實導師述著，全書輯數未定，每輯三百餘頁，將於未來重講完畢後逐輯出版。

修習止觀坐禪法要講記：修學四禪八定之人，往往錯會禪定之修學知見，欲以無止盡之坐禪而證禪定境界，卻不知修除性障之行門才是修證四禪八定不可或缺之要素，故智者大師云「性障初禪」；性障不除，初禪永不現前，云何修證二禪等？又：行者學定，若唯知數息，而不解六妙門之方便善巧者，欲求一心入定，未到地定極難可得，智者大師名之爲「事障未來」：障礙未到地定之修證。又禪定之修證，不可違背二乘菩提及第一義法，否則縱使具足四禪八定，亦不能實證涅槃而出三界。此諸知見，智者大師於《修習止觀坐禪法要》中皆有闡釋。作者平實導師以其第一義之見地及禪定之實證證量，曾加以詳細解析。將俟正覺寺竣工啓用後重講，不限制聽講者資格；講後將以語體文整理出版。欲修習世間定及增上定之學者，宜細讀之。平實導師述著。

阿含經講記——小乘解脫道之修證：數百年來，南傳佛法所說證果之不實，所說解脫道之虛妄，所弘解脫道法義之世俗化，皆已少人知之；從南洋傳入台灣與大陸之後，所說法義虛謬之事，亦復少人知之；今時台灣全島印順系統之法師居士，多不知南傳佛法數百年來所說解脫道之義理已然偏斜、已然世俗化、已非眞正之二乘解脫正道，猶極力推崇與弘揚。彼等南傳佛法近代所謂之證果者皆非眞實證果者，譬如阿迦曼、葛印卡、帕奧禪師、一行禪師……等人，悉皆未斷我見故。近年更有台灣南部大願法師，高抬南傳佛法之二乘修證行門爲「捷徑究竟解脫之道」者，然而南傳佛法縱使眞修實證，得成阿羅漢，至高唯是二乘菩提解脫之道，絕非**究竟**解脫，無餘涅槃中之實際尚未得證故，法界之實相尚未了知故，習氣種子待除故，一切種智未實證故，焉得謂爲「究竟解脫」？即使南傳佛法近代眞有實證之阿羅漢，尚且不及三賢位中之七住明心菩薩本來自性清淨涅槃智慧境界，則不能知此賢位菩薩所證之無餘涅槃實際，仍非大乘佛法中之見道者，何況普未實證聲聞果乃至未斷我見之人？謬充證果已屬逾越，更何況是誤會二乘菩提之後，以未斷我見之凡夫知見所說之二乘菩提解脫偏斜法道，焉可高抬爲「究竟解脫」？而且自稱「捷徑之道」？又妄言解脫之道即是成佛之道，完全否定般若實智、否定三乘菩提所依之如來藏心體，此理大大不通也！平實導師爲令修學二乘菩提欲證解脫果者，普得迴入二乘菩提正見、正道中，是故選錄四阿含諸經中，對於二乘解脫道法義有具足圓滿說明之經典，預定未來十年內將會加以詳細講解，令學佛人得以了知二乘解脫道之修證理路與行門，庶免被人誤導之後，未證言證，梵行未立，干犯道禁自稱阿羅漢或成佛，成大妄語，欲升反墮。本書首重斷除我見，以助行者斷除我見而實證初果爲著眼之目標，若能根據此書內容，配合平實導師所著《識蘊眞義》《阿含正義》內涵而作實地觀行，實證初果非爲難事，行者可以藉此三書自行確認聲聞初果爲實際可得現觀成就之事。此書中除依二乘經典所說加以宣示外，亦依斷除我見等之證量，及大乘法中道種智之證量，對於意識心之體性加以細述，令諸二乘學人必定得斷我見、常見，免除三縛結之繫縛。次則宣示斷除我執之理，欲令升進而得薄貪瞋痴，乃至斷五下分結…等。平實導師將擇期講述，然後整理成書。共二冊，每冊三百餘頁。每輯300元。

總經銷： 聯合發行股份有限公司

231 新北市新店區寶橋路 235 巷 6 弄 6 號 4F

Tel.02－2917-8022（代表號） Fax.02－2915-6275（代表號）

零售：1.**全台連鎖經銷書局：**

三民書局、誠品書局、何嘉仁書店

敦煌書店、紀伊國屋、金石堂書局、建宏書局

諾貝爾圖書城、墊腳石圖書文化廣場

2.**台北市：**佛化人生 **大安區**羅斯福路 3 段 325 號 6 樓之 4 台電大樓對面

3.**新北市：**春大地書店 **蘆洲區**中正路 117 號

4.**桃園市：**御書堂 **龍潭區**中正路 123 號

5.**新竹市：**大學書局 **東區**建功路 10 號

6.**台中市：**瑞成書局 **東區**雙十路 1 段 4 之 33 號

佛教詠春書局 **南屯區**永春東路 884 號

文春書店 **霧峰區**中正路 1087 號

7.**彰化市：**心泉佛教文化中心 南瑤路 286 號

8.**高雄市：**政大書城 **前鎮區**中華五路 789 號 2 樓（高雄夢時代店）

明儀書局 **三民區**明福街 2 號

青年書局 **苓雅區**青年一路 141 號

9.**台東市：**東普佛教文物流通處 博愛路 282 號

10.**其餘鄉鎮市經銷書局：**請電詢總經銷**聯合**公司。

11.**大陸地區請洽：**

香港：樂文書店

旺角店 :香港九龍旺角西洋菜街 62 號 3 樓

電話 : (852) 2390 3723 email: luckwinbooks@gmail.com

銅鑼灣店 :香港銅鑼灣駱克道 506 號 2 樓

電話 : (852) 2881 1150 email: luckwinbs@gmail.com

廈門：廈門外圖臺灣書店有限公司

地址：廈門市思明區湖濱南路809 號 廈門外圖書城3 樓 郵編：361004

電話：0592-5061658（臺灣地區請撥打 86-592-5061658）

E-mail：JKB118＠188.COM

12.**美國：世界日報圖書部：**紐約圖書部 電話 7187468889#6262

洛杉磯圖書部 電話 3232616972#202

13.**國內外地區網路購書：**

正智出版社 書香園地 http://books.enlighten.org.tw/

（書籍簡介、經銷書局可直接聯結下列網路書局購書）

三民 網路書局 http://www.sanmin.com.tw

誠品 網路書局 http://www.eslitebooks.com

博客來 網路書局　http://www.books.com.tw
金石堂 網路書局　http://www.kingstone.com.tw
聯合 網路書局　http:// www.nh.com.tw

附註：1.請儘量向各經銷書局購買：郵政劃撥需要八天才能寄到（本公司在您劃撥後第四天才能接到劃撥單，次日寄出後第二天您才能收到書籍，此六天中可能會遇到週休二日，是故共需八天才能收到書籍）若想要早日收到書籍者，請劃撥完畢後，將劃撥收據貼在紙上，旁邊寫上您的姓名、住址、郵區、電話、買書詳細內容，直接傳眞到本公司 02-28344822，並來電 02-28316727、28327495 確認是否已收到您的傳眞，即可提前收到書籍。 **2**.因台灣每月皆有五十餘種宗教類書籍上架，書局書架空間有限，故唯有新書方有機會上架，通常每次只能有一本新書上架；本公司出版新書，大多上架不久便已售出，若書局未再叫貨補充者，書架上即無新書陳列，則請直接向書局櫃台訂購。 **3**.若書局不便代購時，可於晚上共修時間向正覺同修會各共修處請購（共修時間及地點，詳閱**共修現況表**。每年例行年假期間請勿前往請書，年假期間請見共修現況表）。 **4**. 郵購：郵政劃撥帳號 19068241。 **5**. 正覺同修會會員購書都以八折計價（戶籍台北市者爲一般會員，外縣市爲護持會員）都可獲得優待，欲一次購買全部書籍者，可以考慮入會，節省書費。入會費一千元（第一年初加入時才需要繳），年費二千元。**6.尚未出版之書籍，請勿預先郵寄書款與本公司，謝謝您！** **7**.若欲一次購齊本公司書籍，或同時取得正覺同修會贈閱之全部書籍者，請於正覺同修會共修時間，親到各共修處請購及索取；**台北市讀者**請洽：103 台北市承德路三段 267 號 10 樓（捷運淡水線 圓山站旁）請書時間：週一至週五爲 18.00~21.00，第一、三、五週週六爲 10.00~21.00，雙週之週六爲 10.00~18.00 請購處專線電話：25957295-分機 14（於請書時間方有人接聽）。

敬告大陸讀者：

大陸讀者購書、索書捷徑（尚未在大陸出版的書籍，以下二個途徑都可以購得，電子書另包括結緣書籍）：

1.**廈門外國圖書公司**：廈門市思明區湖濱南路 809 號 廈門外圖書城 3F
郵編：361004 電話：0592-5061658 網址：http://www.xibc.com.cn/

2.**電子書**：正智出版社有限公司及正覺同修會在台灣印行的各種局版書、結緣書，已有『**正覺電子書**』陸續上線中，提供讀者於手機、平板電腦上購書、下載、閱讀正智出版社、正覺同修會及正覺教育基金會所出版之電子書，詳細訊息敬請參閱『正覺電子書』專頁：
http://books.enlighten.org.tw/ebook

關於平實導師的書訊，請上網查閱：

成佛之道 http://www.a202.idv.tw

正智出版社 書香園地 http://books.enlighten.org.tw/

★ 正智出版社有限公司售書之稅後盈餘，全部捐助財團法人正覺寺籌備處、佛教正覺同修會、正覺教育基金會，供作弘法及購建道場之用；懇請諸方大德支持，功德無量。

★ 聲 明 ★

本社於 2015/01/01 開始調整本目錄中部分書籍之售價，以因應各項成本的持續增加。

＊ 喇嘛教修外道雙身法、墮識陰境界，非佛教 ＊

＊ 弘揚如來藏他空見的覺囊派才是真正藏傳佛教 ＊

換書及道歉公告

《法華經講義》第十三輯，因謄稿、印製等相關人員作業疏失，導致該書中的經文及內文用字將「**親近**」誤植成「清淨」。茲為顧及讀者權益，自 2017/8/30 開始免費調換新書；敬請所有讀者將以前所購第十三輯初版首刷及二刷本，攜回或寄回本社免費換新，或請自行更正其中的錯誤之處；郵寄者之回郵由本社負擔，不需寄來郵票。同時對因此而造成讀者閱讀、以及換書的困擾及不便，在此向所有讀者致上最誠懇的歉意，祈請讀者大眾見諒！錯誤更正說明如下：

一、第 256 頁第 10 行~第 14 行：【就是先要具備「**法親近處**」、「**眾生親近處**」；法**親近**處就是在實相之法有所實證，如果在實相法上有所實證，他在二乘菩提中自然也能有所實證，以這個作為第一個**親近**處——第一個基礎。然後還要有第二個基礎，就是瞭解應該如何善待眾生；對於眾生不要有排斥或者是貪取之心，平等觀待而攝受、親近一切有情。以這兩個**親近**處作為基礎，來實行其他三個安樂行法。】。

二、第 268 頁第 13 行：【具足了那兩個「**親近處**」，使你能夠在末法時代，如實而圓滿的演述《法華經》時，那麼你作這個夢，它就是如理作意的，完全符合邏輯去完成這個過程，就表示你那個晚上，在那短短的一場夢中，已經度了不少眾生了。】

正智出版社有限公司 敬啓

國家圖書館出版品預行編目資料

優婆塞戒經講記／平實導師講述.　—初版—
臺北市：正智，2005—　〔民94—　〕
冊；　公分

ISBN 978-986-81358-2-6（第1輯：平裝）
ISBN 978-986-81358-3-3（第2輯：平裝）
ISBN 978-986-81358-5-7（第3輯：平裝）
ISBN 978-986-81358-7-1（第4輯：平裝）
ISBN 978-986-82992-0-7（第5輯：平裝）
ISBN 978-986-82992-3-8（第6輯：平裝）
ISBN 978-986-82992-6-9（第7輯：平裝）
ISBN 978-986-82992-8-3（第8輯：平裝）

1.律藏

223.1　　94024925

優婆塞戒經講記

——第二輯

著述者：平實導師
音文轉換：正覺同修會編譯組
校　對：章乃鈞 陳介源 白志偉 崔世偉
出版者：正智出版社有限公司
電話：〇二 28327495　28316727（白天）
傳眞：〇二 28344822
111台北郵政73-151號信箱
郵政劃撥帳號：一九〇六八二四一
正覺講堂：總機〇二25957295（夜間）
總經銷：聯合發行股份有限公司
231新北市新店區寶橋路235巷6弄6號4樓
電話：〇二29178022（代表號）
傳眞：〇二29156275
初版首刷：公元二〇〇六年三月底 二千冊
初版八刷：公元二〇二〇年十一月 二千冊
定　價：二五〇元

國家圖書館出版品預行編目資料

30歲之後，才是你大腦的全盛期 / 加藤俊德 著；連雪雅譯. -- 初版. -- 臺北市：平安文化有限公司, 2024. 01
256面； 21×14.8公分. --（平安叢書；第784種）(樂在學習；16)
譯自：一生頭がよくなり続ける すごい脳の使い方
ISBN 978-626-7397-11-4(平裝)

521.1　　112020703

平安叢書第0784種
樂在學習 16

30歲之後，才是你大腦的全盛期

日本首席腦科學名醫親授，打造終生進化的最強大腦！

作　者—加藤俊德
譯　者—連雪雅
發行人—平　雲
出版發行—平安文化有限公司
臺北市敦化北路120巷50號
電話◎02-27168888
郵撥帳號◎18420815號
皇冠出版社(香港)有限公司
香港銅鑼灣道180號百樂商業中心
19字樓1903室
電話◎2529-1778　傳真◎2527-0904
總編輯—許婷婷
執行主編—平　靜
美術設計—江孟達、單宇
行銷企劃—謝乙甄
著作完成日期—2022年
初版一刷日期—2024年01月
初版四刷日期—2024年07月
法律顧問—王惠光律師

讀者服務傳真專線◎02-27150507
電腦編號◎520016
ISBN◎978-626-7397-11-4
Printed in Taiwan
本書定價◎新臺幣360元/港幣120元

60歲～

特徵

- 根據使用大腦的方法，腦力落差開始變大的世代。
- 身體運動功能衰退，導致運動系腦區也跟著衰退。

⚠ 請你這樣使用大腦

雖然大腦的結構衰退，但腦細胞的成長力依然不變，所以在日常生活中刺激大腦很重要。活動雙手、與人對話、找到新的興趣，積極地刺激大腦。

明白身體和大腦的功能會一起衰退，多走路、使用雙手、活動眼球，充分活動全身，讓運動系腦區不退化。

六十歲以後開拓新社群，積極地接觸他人，不要讓行動範圍縮小。透過行動能夠刺激運動系、視覺系、聽覺系，與人對話也能活絡記憶系、傳達系腦區。

說話機會減少，語言能力衰退，溝通能力也會變差，建議養成習慣，把學習到的資訊唸出來。

✸✸ # 50歲

特徵

- 有些人會感受到比起過去，記憶系腦區開始衰退。
- 掌管執行力與判斷力的額葉聯合區達到成長的顚峰期。

⚠ 請你這樣使用大腦

五十歲之後，因爲上了年紀，大腦容易累積老廢物質，有意識地提升睡眠品質與運動，有助於排除老廢物質。確保睡眠與運動時間，建立讓大腦不衰退的生活很重要。

由於在社會上的地位通常較高，傾聽的機會變多，於是聽覺系腦區變得發達。另一方面，因爲離開業務現場，有些人的運動系與視覺系腦區開始衰退。養成健走的習慣能夠避免運動系腦區衰退。

試著接觸其他領域，保持興奮的情緒，是讓大腦不衰老的關鍵。找不到生存意義的人，不妨重新挑戰十多歲或二十多歲時熱中的事物（音樂、運動等興趣）。

40歲

特徵

- 理解力豐富，大腦具備綜合力，可說是大腦的成熟期！
- 分析、理解資訊的頂葉聯合區達到成長的顛峰期。

請你這樣使用大腦

四十多歲的人理解系腦區十分發達，將學到的事物傳達給他人，能夠維持知識，進而有新的發現。

因爲具有自我客觀性與應用力，試著培養將以往累積的知識或學問回饋給社會的思維，這個時期也適合獨立創業。個人的強烈意識與社會連結，能夠爲自己的人生建立新紀錄。

即使生活十分忙碌，也必須確保學習時間。這時候若是挑戰新的學習，五十歲以後的腦力會與一般人漸漸產生落差。